L'OMBRE DU GALILÉEN

GERD THEISSEN

L'OMBRE DU GALILÉEN

Récit historique

LES ÉDITIONS DU CERF
29, bd Latour-Maubourg, Paris
1988

ISBN 2-204-02850-9

À Oliver et Gunnar

EN GUISE D'AVANT-PROPOS

Cher Monsieur Kratzinger,

Merci beaucoup pour votre lettre. Ce que vous avez entendu dire est bien exact : je suis en train d'écrire un roman sur Jésus. Vous me suppliez de ne pas publier ce livre. Vous craignez que ma réputation de savant n'en soit ternie et vous vous préoccupez du prestige de l'exégèse. Vos soucis seraient justifiés s'il s'agissait d'un écrit où l'imagination pourvoirait aux déficiences des sources historiques et où l'on sacrifierait la vérité historique à l'action. Rassurez-vous. Je n'ai aucune envie d'écrire quelque chose sur Jésus qui ne se baserait pas sur les textes. Dans mon livre, il n'y a rien sur lui que je n'enseigne aussi à l'Université.

Ce que j'ai inventé en revanche, c'est le cadre de l'action. Le personnage principal, André, n'a jamais existé, même si on peut s'imaginer quelqu'un de ce genre au temps de Jésus. Ses aventures ont uniquement pour but de faire voir ce que les gens de Palestine pouvaient connaître en ce temps-là. Par contre mon récit sur lui recourt à différentes sources historiques.

Vous demanderez comment le lecteur pourra démêler le mélange de fiction et de réalité, de vérité historique et de produit de l'imagination ? Pour que cela soit possible, j'ai joint au texte des notes citant mes sources. Le lecteur est évidemment libre de les sauter.

Quel est donc le but de ce livre ? demandez-vous. Finalement une seule chose : sous forme de récit, je voudrais proposer une image de Jésus correspondant à l'état présent de la recherche sur lui et compréhensible aux lecteurs de notre temps. Mon écrit doit être agencé de telle sorte que l'on puisse saisir, non seulement les résultats de la recherche moderne, mais aussi la façon dont les historiens avancent. J'ai choisi cette forme pour mettre les données et les arguments de la science à la portée de ceux qui ne peuvent avoir accès aux études historiques.

Mais peut-être accepterez-vous que je vous envoie le premier chapitre, pour que vous voyiez de quoi il retourne ? Je serais heureux que sa lecture vous permette de voir les choses de façon plus positive.

Croyez en mes meilleurs sentiments.

Gerd Theissen.

1

L'INTERROGATOIRE

La pénombre régnait dans la cellule. Quelques instants plus tôt, la foule se pressait autour de moi. Maintenant, j'étais seul, j'avais la tête en feu et les membres rompus. Les soldats avaient pris une allure bon enfant ; ils avaient pris part à la manifestation, crié avec les gens. Personne n'avait pensé que c'étaient des espions jusqu'au moment où ils avaient tiré de dessous leurs vêtements les gourdins qu'ils y avaient camouflés et s'étaient mis à nous frapper. La plupart d'entre nous avaient fui. Certains étaient morts piétinés et d'autres étaient tombés sous les coups des soldats.

Je n'avais aucune raison de fuir. Je ne faisais que passer par là avec Simon et Malchus. La manifestation ne m'intéressait pas. Je ne m'inquiétais que de Barabbas, que j'avais aperçu parmi les manifestants. J'étais en train de chercher à l'atteindre lorsque la panique s'était déclenchée en provoquant confusion, cris, bagarres, sifflements et coups de pieds. Quand j'étais revenu à moi, je me trouvais en prison. Timon aussi. Malchus avait-il réussi à s'échapper ?

Maintenant j'étais accroupi dans les ténèbres. J'avais mal partout. Ce n'était pas seulement les coups et les chaînes qui me faisaient mal. La crispation de tous mes membres tenait avant tout à l'humiliation d'avoir dû subir la force brutale. J'avais aussi peur de celle qui pourrait suivre et à laquelle je me trouverais soumis sans défense.

Dehors, un garde allait et venait. J'entendais des voix. Quelqu'un ouvrit la porte. Toujours enchaîné, on me traîna à l'interrogatoire, quelque part à Jérusalem, au prétoire du préfet romain. Un officier s'assit en face de moi. Un greffier écrivait le compte rendu.

« Est-ce que tu parles grec ? me demanda-t-on d'abord.

— Chez nous, tous les gens cultivés parlent grec », répondis-je.

L'homme qui m'interrogeait avait un visage aux traits fins. Ses yeux vifs me scrutaient attentivement. Dans d'autres circonstances, il m'aurait peut-être été sympathique.

« Comment t'appelles-tu ?

— André, fils de Jean.

— D'où viens-tu ?

— De Séphoris, en Galilée.

— Profession ?

— Marchand de fruits et de céréales. »

L'officier fit une pause et attendit que le greffier ait pris note de sa plume grinçante.

« Que faisais-tu à Jérusalem ?

— J'étais venu pour la fête de la Pentecôte. »

Il leva le regard et me regarda droit dans les yeux : « Pourquoi as-tu manifesté contre Pilate ?

— Je n'ai rien fait. J'ai été pris par hasard dans la manifestation. »

Aurais-je dû dire que, dans la foule en train de manifester, j'avais reconnu un vieil ami ? Surtout pas ! Barabbas haïssait les Romains. Il était peut-être sur les listes de suspects. Il ne fallait pas qu'on puisse établir une relation entre moi et lui.

« Tu affirmes n'avoir pas crié avec tout le monde : pas d'argent pour César ?

— Je ne sais même pas de quoi il s'agit », mentis-je.

Le fonctionnaire sourit d'un air entendu. Tous les gens alors présents à Jérusalem savaient pourtant bien qu'il s'agissait de l'argent du Temple dont Pilate voulait s'emparer pour construire une nouvelle canalisation[1].

---

1. Cf. Flavius Josèphe : « Après cette affaire, il provoqua une nouvelle agitation en épuisant le trésor sacré, dit Korbônas, pour un aqueduc qui devait amener l'eau de quatre cents stades. Le peuple s'indignait du procédé, et comme Pilate était venu à Jérusalem, les gens entourèrent son estrade en poussant des cris hostiles. Pilate, qui avait eu vent de l'agitation qu'ils préparaient, avait dû mêler à la foule ses soldats armés mais camouflés en civil. Ils avaient l'interdiction de se servir de leur épée et l'ordre de ne frapper les manifestants qu'avec des gourdins. De son estrade, il donna le signal convenu. Au cours de cette

« Tu devais savoir qu'il faut rester à l'écart d'une foule qui manifeste.

— Personne n'avait d'armes. Tout se passait en paix jusqu'à l'attaque des soldats, objectai-je en hâte.

— Mais la manifestation était contre nous, les Romains. Cela la rendait suspecte. N'as-tu encore jamais été pris dans une bagarre entre juifs et non-juifs ? N'es-tu pas déjà de nos connaissances ?

— Quelles bagarres ?

— Je parle de celles qui se passent dans nos villes, celles où des cerveaux brûlés de ton âge se tombent dessus. Cela commence par quelques coups idiots et cela se termine par des guerres de rue, comme à Césarée[2].

— Séphoris, ma ville natale, est calme. La plupart des habitants sont juifs, mais ont reçu une éducation grecque.

— Séphoris dis-tu ? Est-ce qu'il n'y a pas eu aussi des troubles à Séphoris après la mort d'Hérode ? Votre ville est un vrai nid de terroristes[3], se mit-il à vociférer.

— Ce n'est pas vrai. Il y a trente-trois ans qu'a eu lieu dans toute la Palestine le soulèvement contre Rome et les hérodiens. Les insurgés ont pris la ville dans un coup de main et ont forcé ses habitants à entrer en guerre contre les Romains. On l'a payé cher. Le général romain Quintilius Varus a envoyé des troupes contre elle. Il l'a prise, l'a brûlée et en a tué la population ou l'a réduite en esclavage. Cela a été une vraie catastrophe pour nous. »

Comment le distraire de ce sujet ? À cette époque, tout le

---

bagarre, beaucoup de Juifs périrent, les uns sous les coups, les autres en s'écrasant mutuellement dans leur fuite. Décontenancés devant le sort des victimes du massacre, la foule cessa de crier » (*La Guerre juive*, 2, 175-177).

2. Josèphe rapporte qu'il y eut des bagarres à Césarée peu avant le déclenchement de la Guerre juive, donc en 66 (*ibid.*, 2, 284-292). La ville avait sans doute été fondée par Hérode, un juif, mais ce dernier y avait fait ériger des temples païens, ce qui autorisait les non-juifs à élever des prétentions sur elle. On peut prouver qu'il y eut déjà lutte pour le droit de citoyenneté vers les années 50 (*ibid.* 2, 266-270). Mais ce conflit devait avoir des racines beaucoup plus anciennes.

3. En ce qui concerne le soulèvement de Séphoris, *ibid.*, 2, 56. Pour la destruction de la ville et la réduction en esclavage de sa population par Quintilius Varus, *ibid.* 2, 68.

monde n'avait pas été tué ou réduit en esclavage. Certains avaient réussi à fuir. Parmi eux, il y avait eu le père de Barabbas. Celui-ci me l'avait souvent raconté. Était-ce à cause de lui qu'on m'interrogeait ? Mais comment aurait-on pu connaître notre amitié ? Je devais en tout cas détourner l'attention de tous les liens existant entre lui et moi. J'affirmai une fois de plus :

« Tous les habitants de Séphoris ont dû payer pour le soulèvement — mais le destin a aussi frappé Varus : il a disparu un peu plus tard en Germanie avec trois légions.

— Ce dont tout le monde s'est réjoui à Séphoris ! » La voix de l'officier claquait toujours furieuse.

« Personne ne pouvait plus s'y réjouir. Tout le monde était mort ou en esclavage. La ville n'était plus qu'un tas de ruines. C'est Hérode Antipas, le fils d'Hérode, qui l'a rebâtie. Il y a installé des gens qui avaient été pour les Romains. C'est aussi à ce moment que mon père y est venu. Nous sommes une ville nouvelle. Interroge les Galiléens autour de nous : on considère notre ville comme pro-romaine. C'est de cette ville-là que je viens[4].

— Nous vérifierons tout. Encore une question : Quelle est la situation de ta famille dans la ville ?

— Mon père est décurion, membre du conseil. »

Notre ville était organisée comme une cité grecque. Il y avait une assemblée des citoyens, un conseil, des élections et des employés municipaux. Je jouais consciemment sur cela car, je le savais, les Romains soutenaient les villes républicaines et leurs citoyens aisés.

« Si ton père fait partie des décurions de Séphoris, il doit être riche. Quelle est sa profession ?

— Commerçant en grain, comme moi.

— Avec qui traite-t-il ?

— La Galilée fournit les villes de la côte méditerranéenne en produits agricoles : Césarée, Dor, Ptolémaïs, Tyr et Sidon. J'ai aussi livré du grain aux cohortes romaines de Césarée.

— On vérifiera. Faites-vous aussi affaire avec Hérode Antipas ?

---

4. Pendant la Guerre juive, contrairement à presque toute la Galilée, Séphoris fut pro-romaine. Cf. Josèphe, *Autobiographie*, 346.

— Naturellement ! Il possède les plus grosses propriétés de Galilée. Avant, il avait sa résidence à Séphoris. J'ai souvent eu affaire à ses intendants.

Je notais combien l'officier d'instruction semblait intéressé par le sujet « Hérode Antipas ».

« Qu'est-ce qu'on pense d'Hérode Antipas à Séphoris ?

— Il peut avoir toute confiance en notre ville. En revanche, dans la campagne, on se méfie encore des hérodiens. »

L'officier prit une note. Il sembla la parcourir rapidement, jeta un coup d'œil interrogatif sur moi et poursuivit :

« J'ai ici le compte rendu de l'interrogatoire de votre esclave Timon. Beaucoup de différences ! Veux-tu vraiment dire que vous êtes loyaux partisans d'Hérode Antipas ? »

Je fus saisi de frayeur. Ils avaient questionné Timon ! Pour des esclaves, cela se passait sous la torture. Timon pouvait avoir raconté n'importe quoi sur moi et sur ma famille. Je me sentis pâlir et la peur me paralysa.

« Allons, vas-y ! Qu'est-ce que vous avez contre Hérode Antipas ?

Nous appuyons son pouvoir. Tous les gens importants de Séphoris et de Tibériade le soutiennent, affirmai-je.

— Pourquoi alors vous moquez-vous de lui chez vous ?

— Comment ?

— Votre esclave le dit : vous déclarez que c'est un roi dégénéré, un roseau qui se balance au vent, un renard ! »

Soulagé, je me mis à rire.

« Il devait être le successeur du roi Hérode. Mais celui-ci a changé plusieurs fois son testament. Antipas n'a hérité ni de la dignité royale ni du royaume, pas même de sa partie la plus importante et la meilleure, mais seulement d'un quart : la Galilée et le Pérée.

— Et maintenant il rêve de tout avoir ? »

Soudain, le calme régna dans la salle. Même le secrétaire avait arrêté d'écrire et me regardait.

« Peut-être. En tout cas il en a rêvé, répondis-je.

— Et l'histoire du roseau qui se balance au vent ? »

J'eus le sentiment rassurant qu'Antipas était plus important que moi. L'officier voulait-il recueillir des informations sur lui ? Je poursuivis avec plus de confiance :

« Roseau branlant, c'est une manière de parler. Quand, il

y a dix ans, Antipas a déplacé sa capitale de notre ville à Tibériade, une cité qu'il avait construite en l'honneur de l'empereur, il y a eu des critiques. Évidemment, à Séphoris, on n'était pas heureux de ce changement. Dans une capitale, on fait de meilleures affaires qu'en province. C'est pourquoi on l'a beaucoup critiqué.

— Et qu'est-ce que cela a à voir avec un roseau agité par le vent ?

— Voilà comment c'est venu. Dans sa nouvelle capitale, Antipas a fait frapper de la monnaie. Normalement, sur les pièces, on voit figurer les profils de princes. Mais, selon la loi juive, c'est interdit de représenter des personnes ou des animaux. Antipas a alors choisi un motif sans danger, quelque chose de très caractéristique de sa capitale sur le bord du lac : un roseau. Il figure juste à la place de la face des anciennes monnaies. C'est pourquoi on s'est moqué de lui en le traitant de "roseau oscillant au vent". C'est tout[5].

— Entre qui Antipas oscille-t-il ?

— Entre Séphoris et Tibériade.

— Rien qu'entre des villes ?

— Aussi entre des femmes.

— Tu veux parler de l'affaire avec Hérodiade ?

— Oui ! Il oscille entre sa première femme, la princesse nabatéenne, et Hérodiade.

— Est-ce qu'il n'oscillerait pas non plus entre les Nabatéens et les Romains ? En plus il était marié avec une fille du roi nabatéen ! »

Ha ! ha ! voilà pourquoi les Romains s'intéressaient à Antipas le branlant ! Je déclarais tranquillement, et cela correspondait à la vérité :

« Non. Antipas est absolument pro-romain, comme son père.

— Mais comment se fait-il alors qu'il soit en même temps juif strict ? Il refuse les images, comme tu le dis bien !

— C'est ce que font tous les juifs.

— Vraiment ? Votre esclave Timon nous a raconté que dans une salle annexe de votre maison il y avait une image de divinité.

---

5. Les monnaies de fondation de Tibériade ont de fait un roseau comme emblème d'Hérode Antipas.

— C'est une statue que nous a donnée un ami païen avec qui nous étions en affaire. Nous ne voulions pas l'offenser en lui refusant son présent, expliquai-je embarrassé.

— Intéressant ! Vous avez caché des images d'idoles chez vous !

— Même Antipas a des figures animales dans son palais[6] ! Et, comme vous le savez, son frère Philippe fait même représenter l'empereur sur ses monnaies.

— Quoi, des figures animales ? Est-ce bien vrai ?

— Je les ai vues moi-même. Avec les lois juives, les gens riches en prennent plus à leur aise en privé qu'en public.

— Ça par exemple ! Qu'est-ce qui se passerait si on disait aux gens qu'Antipas fricote secrètement avec les idoles ! Et bien des gens à Séphoris ne valent pas beaucoup mieux !

— Les images ne sont pas des dieux. Ce ne sont que des choses faites à la main. Ce sont des objets comme d'autres. Ce n'est pas parce qu'il y a des choses comme cela autour de nous qu'on fricote avec les idoles.

— Ça, je ne comprends pas. Tout le monde rend un culte aux dieux à travers leurs statues.

— Nous ne rendrons jamais de culte à ce que l'homme a fabriqué. Dieu est invisible. On ne peut pas se faire d'image de lui.

Il y eut une pause. L'officier me considérait pensivement. Dans ma situation, est-ce que ce n'était pas une bêtise d'affirmer ce qui différenciait les juifs des autres peuples, y compris de cet officier romain devant moi ? Enfin il me déclara tranquillement :

« Sur ce point, en ce qui concerne ce dieu sans image, j'ai entendu raconter l'histoire suivante : il y a longtemps, il y eut une épidémie de peste en Égypte. Le pharaon se tourna vers l'oracle du dieu Amon pour lui demander conseil et il obtint l'avis qu'il lui fallait purifier son royaume de vous, ces juifs haïs des dieux, et que l'épidémie cesserait. On chassa tous les juifs

---

6. Les images d'animaux du palais d'Hérode Antipas furent détruites par les insurgés au début de la Guerre juive. Elles constituaient un scandale public. Josèphe avait reçu de Jérusalem l'ordre de les éloigner. Quand il arrriva à Tibériade, d'autres groupes de révoltés l'avaient déjà précédé (Josèphe *Autobiographie*, 65 sq.).

dans le désert où on les abandonna à leur destin. La plupart d'entre eux errèrent, démoralisés par la solitude. Mais l'un de vous, nommé Moïse, les conjura de ne pas attendre l'intervention des dieux ou l'aide d'autres hommes : ils étaient de toute façon abandonnés de tous. Ils devaient avoir confiance en lui et surmonter leur malheur présent[7]. Quand j'ai entendu cette histoire, je me suis demandé si seulement vous croyiez en un dieu ? »

Où voulait-il en venir avec cette caricature de l'histoire biblique ? Voulait-il me provoquer ? S'intéressait-il à notre religion ? Difficile à imaginer ! Que devais-je répondre ? Quelque chose de vague, d'imprécis. N'importe quoi sur le Dieu invisible que personne ne peut voir ni comprendre, ni lui ni moi. Que personne ne connaît. Quelque chose détournant des questions importantes. Mais il me vint à l'idée que, si je l'embarquais dans un débat de fond, je l'aurais définitivement détourné de Barabbas. C'est ainsi que je m'entendis déclarer avec arrogance :

« Dieu est tout différent des dieux des autres peuples. Le Dieu invisible n'est pas du côté des puissants, mais de celui des déchets que l'on jette dans le désert. »

Je remarquai que l'officier sursautait.

« Douterais-tu que les dieux soient du côté des Romains ? Comment ceux-ci auraient-ils pu se répandre si loin ? Comment une petite ville aurait-elle pu devenir empire mondial ?

— Tous les peuples pensent que les dieux sont du côté des vainqueurs. Mais nous le savons bien : le Dieu invisible peut être du côté des perdants. »

L'officier me regarda interdit. Sa voix se fit étouffée :

« Il y a dans votre foi quelque chose qui s'oppose à tous les pouvoirs de ce monde. Mais vous aussi vous trouverez votre place dans l'Empire romain, comme tous les autres peuples. Car il est de notre devoir d'apporter la paix au monde, d'épargner ceux qui sont soumis et de combattre les rebelles[8] — dans ce pays et partout dans le monde. »

---

7. Cette vision antisémite de l'histoire de la fuite d'Égypte du Peuple se retrouve dans plusieurs versions. Celle que nous reprenons ici librement est tirée de Tacite, *Histoires* V, 3.

8. C'est par ces mots (*pacique imponere morem, parcere subjectis et debellare superbos*) que le poète latin Virgile (70-19 av. J.-C.) décrit la mission historique universelle de l'Empire romain.

Après un bref arrêt, il ajouta : « Ton cas va encore prendre un peu de temps. Nous allons vérifier tes déclarations et nous déciderons alors s'il y a lieu de te mettre en accusation ou non. »

Puis on me renvoya. On me reconduisit à ma cellule. Cela voulait dire attendre ! Combien de temps cela durerait-il jusqu'à ce qu'ils obtiennent des renseignements sur moi ? À vrai dire, j'étais vraiment plein d'espoir. J'étais d'une famille en vue, en bonnes relations avec les Romains. Cependant j'avais aussi un motif d'inquiétude : qu'est-ce que pourrait bien encore leur sortir Timon ? Saurait-il tenir sa langue sur Barabbas ? Il ne l'avait jamais vu. Mais il pourrait bien en avoir entendu parler. Si mes rapports avec Barabbas restaient dans l'ombre, il ne pourrait pas se passer grand-chose — si...

J'avais de sombres pressentiments. Mon destin me semblait augurer des événements menaçant notre peuple tout entier. Toutes les tensions entre juifs et Romains qui avaient conduit à ces démonstrations contre Pilate ne cesseraient de croître — jusqu'à déboucher sur une révolte ouverte contre les occupants. Des malheurs sans nombre surviendraient sur notre pays, la guerre et la répression[9]. À côté d'eux, mon incarcération n'était que peu de chose. Mais cette pensée ne me donna que peu de consolation. Dans cette sinistre prison de Pilate, le temps de l'attente me parut interminable. Ce fut pour moi une sombre période.

*

---

9. L'ombre de la guerre planait de fait souvent sur le pays. Quand, en 40 ap. J.-C., l'empereur Caligula voulut introduire sa statue dans le Temple, de nombreux juifs prirent les armes. Seule la mort soudaine de l'empereur, en janvier 44, empêcha une guerre. En 66 ap. J.-C., il y eut un important soulèvement. Après quelques premiers succès contre le légat Cestius Gallus, les insurgés furent battus au cours de deux campagnes sous Vespasien et Trajan. En 70 ap. J.-C., Jérusalem tomba. En 73 (ou 74 ?), ce fut le tour de Massada, le dernier bastion des révoltés. Josèphe vécut le début de cette guerre comme général juif, donc au côté des insurgés. Puis, fait prisonnier, il passa du côté des Romains. C'est à ces événements qu'il consacra son ouvrage *La Guerre juive*.

Cher Monsieur Kratzinger,

Merci beaucoup pour votre prise de position sur le premier chapitre. Vous regrettez l'absence de piste menant à Jésus. S'il vous plaît, prenez un peu patience. En commençant par décrire un peu le temps où il vivait, je ne fais rien d'autre que ce que font tous les historiens : rendre un phénomène intelligible à partir de son contexte. Pour Jésus, ce contexte est le monde social et religieux du judaïsme.

Les Évangiles ne nous transmettent sur ce point qu'une vision partielle. Ils ont été écrits à une époque (vers 70-100) où le mouvement de renouvellement à l'intérieur du judaïsme, tel que l'avait déclenché Jésus, était devenu une religion parallèle à ce judaïsme, concurrent de la religion-mère. Ces écrits nous offrent par conséquent une image déformée de celle-ci. Le lecteur de la Bible ne se rend donc pas clairement compte à quel point Jésus s'enracinait en elle.

Les Évangiles laissent de plus entendre que Jésus aurait été au centre de l'histoire de la Palestine de cette époque. Mais, historiquement parlant, ce ne fut qu'une figure marginale. Quand on s'attaque à la Palestine du 1er siècle, on ne tombe pas tout de suite sur ses traces. Il faut bien faire saisir au lecteur cette découverte de l'historien. Mais, je vous le promets, vous trouverez dans mon récit nombre d'autres traces conduisant à Jésus.

Votre lettre me laisse penser que vous ne souhaitez juger définitivement mon livre qu'après en avoir lu davantage. Me faut-il comprendre cela comme un appel à vous envoyer le chapitre suivant ? Je viens de le terminer.

Croyez en mes sentiments distingués.

Gerd Theissen.

2

LE CHANTAGE

Le pire était que je ne pouvais parler de ma situation à personne. Qui en savait rien ? Mes parents se doutaient-ils du lieu où je me trouvais ? Malchus avait-il pu regagner la maison ? Timon était-il dans un autre coin de la prison ? De sombres images me venaient à l'esprit : combien de juifs n'avait-on pas incarcérés ici, torturés, mis à mort ? Combien n'avaient-ils pas disparu ? Qu'en adviendrait-il de moi ?

Dans ce trou où le soleil ne perçait pas, où l'on n'entendait aucun bruit sinon le pas des gardiens, on perdait le sens du temps. Cette cellule était un tombeau où j'étais enfermé vivant. Dans l'atmosphère étouffante, je ressentis une peur mortelle. Désespéré, je priais :

Seigneur notre Dieu, rends-moi justice
car je suis innocent.
J'ai mis en toi ma confiance.
Scrute-moi,
mets-moi à l'épreuve.
Tu me connais mieux que je ne me connais moi-même.
Défends-moi contre leur tribunal,
contre leurs fausses déclarations et leurs calomnies.
Garde-moi des intrigues de leur police secrète !
Je n'ai jamais été le complice des grands.
Je méprise ceux qui méprisent la vie des gens,
ceux qui vivent dans la boue,
ceux qui nous jettent en prison,
ceux qui nous humilient et nous maltraitent.

Ne me laisse pas succomber entre leurs mains !
Ils ont du sang qui leur colle aux mains.
Ils s'enrichissent par la corruption,
et n'exercent leur pouvoir qu'en rançonnant les gens.
Qui les critique disparaît dans leurs geôles !
Qui les refuse est rejeté.
Dieu, laisse-moi revoir ta maison,
celle où habite ta gloire.
Sauve-moi des mains de ces bandits.
Je veux te chanter et te louer
au milieu de ton assemblée[1].

Je comptais les jours aux chiches rations de nourriture qu'on poussait régulièrement devant moi. La première semaine s'écoula. Rien ne se passa. Puis une seconde. Elle me parut durer un an. Enfin, la troisième semaine, on vint me chercher.

Voulait-on me libérer ? Je repris espoir. On traversa d'abord un labyrinthe de couloirs. Puis je fus poussé dans une grande salle. La lumière, qui entrait à flots par une fenêtre, m'aveuglait. Je pus progressivement distinguer les détails. Devant moi, un tribunal sur une haute estrade. Assis, un homme de courte taille. Il portait une toge blanche de tissu précieux, galonnée de pourpre. À sa main droite, un anneau d'or — signe que c'était un chevalier romain. Le soldat qui m'avait introduit me souffla : « le préfet ». C'était donc là Ponce Pilate, le préfet de Judée et de Samarie[2].

Un interrogatoire au sommet ! C'est là que mon cas devait se décider. Si seulement rien n'avait transpiré de Barabbas !

À mon entrée, Pilate lisait un rouleau. À sa droite et à sa gauche, deux soldats de la garde du corps, debout. Un greffier pour le compte rendu. Sans même lever les yeux, Pilate commença :

---

1. La prière s'inspire de thèmes du Ps 26.

2. Une inscription trouvée à Césarée montre que Pilate avait le rang de « préfet » et non de procurateur. Les deux charges étaient souvent confiées à des représentants de la chevalerie. Un chevalier était un citoyen qui disposait d'un revenu de 400 000 sesterces. Au-dessus des chevaliers, il y avait les sénateurs, avec un revenu minimal de 1 000 000 de sesterces. Ces données valent pour le Ier s. ap. J.-C.

« André, fils de Jean, j'ai lu le compte rendu de l'interrogatoire. Tu affirmes n'être tombé dans la manifestation contre moi que par pur hasard. Nous avons entre-temps pris des informations sur toi. Nous en avons beaucoup appris. Pourquoi nous as-tu caché des choses importantes ?

— Je n'ai pas idée de ce qui aurait encore pu être important, répondis-je en hésitant.

— Tout est important. »

Il me regarda sans s'en laisser accroire et poursuivit d'une voix monotone :

« Il manque quelque chose dans ton emploi du temps.

— Je ne sais pas ce qui pourrait encore intéresser les autorités romaines.

— Où as-tu été après ta sortie du gymmase[3] ? »

Ah ! C'était donc ça ! Quelqu'un m'avait conseillé un jour de dire la vérité devant la police, mais aussi peu que possible. Je déclarais donc :

« J'ai été dans le désert, chez un ascète, un certain Bannus, un an[4].

— Bon ! Et tu n'as pratiqué que l'ascèse ? Rien d'autre ?

— Je voulais trouver la voie de la vraie vie. J'ai étudié la Loi de notre Dieu.

— Pourquoi as-tu fait silence là-dessus ?

— Pourquoi en aurais-je fait mention ? C'était une affaire purement religieuse.

— Cette "affaire purement religieuse" autorise aussi d'autres interprétations. Premièrement : tu as passé un an au milieu des résistants. Deuxièmement, tu es arrêté au cours d'une manifestation contre les Romains. Troisièmement, cette manifestation est guidée par des provocateurs clandestins.

— Devrais-je être ce clandestin qui tire les ficelles ? Absurde !

---

3. Les gymnases sont des écoles grecques. Il y en avait dans toutes les villes de Palestine. À Ptolémaïs, le roi Hérode le Grand en avait lui-même fait construire un (*La Guerre juive*, 1, 422). En ce qui concerne Séphoris, on ne peut qu'en supposer l'existence. De plus, la ville eut (par la suite ?) un théâtre, donc une institution étroitement liée à l'éducation grecque. À cette époque, le judaïsme connaissait aussi sûrement des écoles de la Torah. Le grand-prêtre Jésus, fils de Gamaliel, introduisit une réforme de l'institution scolaire juive, sans doute vers 63/65.

— Mais possible.

— J'étais dans le désert pour pouvoir réfléchir dans la solitude. Tous ceux qui renoncent un moment à la vie normale ne sont pas des excitateurs ni des terroristes. Je suis pour la paix. »

— Tu as passé sous silence ton séjour au désert. C'est suspect. »

Je me mis à transpirer. Les cheveux me collaient au front. Mes vêtements puaient. Je n'avais pas pu les changer depuis trois semaines, ni me laver. Extérieurement, je devais présenter un piteux spectacle. Mais tout se brouillait en moi aussi. Sans doute avais-je vraiment passé un an au désert, pour des raisons religieuses, comme beaucoup d'autres. J'avais cherché la solitude d'une oasis pour réfléchir à la vie et m'interroger sur la volonté divine[4]. Mais c'est aussi là que j'avais fait connaissance de Barabbas. Pilate le savait-il ? Mais il se contenta de répéter :

« Tout cela est très suspect !

— Ce n'est suspect que si on le regarde avec des yeux soupçonneux. Je ne suis tombé dans la manifestation que par hasard. J'ai bonne conscience. C'est pourquoi je ne me suis pas enfui comme les autres », affirmai-je.

Pilate continuait toujours à jouer l'indifférence totale. Que voulait-il de moi ?

« Je pourrais engager une procédure pénale », déclara-t-il après une courte pause.

« On me relaxera.

— Peut-être. Mais je pourrais t'envoyer à Rome pour enquête complémentaire.

— Là aussi, on me relaxera.

— Mais cela prendra deux ans. Tu ne couperas pas de deux ans de prison. » Il me regarda et sourit d'un air entendu.

Où voulait-il en venir ? Il ne pouvait envoyer tous les suspects à Rome. Par ailleurs il était manifeste qu'il pouvait me

4. Josèphe peut lui-même servir d'exemple du fait que des fils de familles aisées pouvaient se retirer dans le désert pour y faire des études religieuses. Dans son *Autobiographie*, il raconte que, insatisfait de ses trois ans d'étude des différents courants religieux du judaïsme, il se joignit à un certain Bannus, ermite du désert qui se nourrissait de plantes sauvages et pratiquait (souvent dans le Jourdain) des ablutions rituelles (11 sq.)

nuire, indépendamment du fait qu'on me reconnaîtrait ou non innocent. Pilate poursuivit :

« Je te fais une offre loyale. Tu es libre tout de suite si tu te déclares prêt à nous donner quelques renseignements sur certains mouvements religieux du pays.

— C'est du chantage ! »

Je bouillais de colère et de révolte. J'aurais voulu lui cracher à la figure. Cet homme essayait de me faire chanter de façon éhontée, et il parlait de loyauté !

« Disons que c'est une affaire qui va dans le sens de l'intérêt des deux parties.

— Je ne veux pas faire de l'espionnage.

— Nous n'avons pas à utiliser le mot "espion" dans ce cas. Parlons plutôt de "recherches". Tu n'as à nommer ni à dénoncer personne. »

Quel cynisme ! Comme si je ne savais pas que cela revenait au même, dès lors que je me mettais à fournir des rapports sur un groupe de gens dont les idées n'étaient pas en accord avec celles des occupants romains. Je me maîtrisai et m'efforçai de dire aussi tranquillement que possible :

« Il n'y a pas un de mes concitoyens qui fera la distinction entre espionner et rechercher.

— Nous te considérerions... » Pilate détourna un peu la tête. Puis il sembla avoir trouvé le mot juste : « ... comme conseiller en matière religieuse. »

Je me tus.

« Bien ! Comme tu veux. Alors nous allons introduire une action contre toi et examiner à la loupe ton séjour dans le désert — où en tout autre lieu.

— Donc du chantage ! »

Pilate avait-il découvert quelque chose sur mes relations avec Barabbas ? Jusqu'où pouvait-il aller ? Il courait de mauvais bruits sur lui, des rumeurs de brutalités et de violences. Ne pouvait-il pas me faire tout simplement disparaître ? N'était-il pas capable de combiner à chaque instant de faux témoignages contre moi ? Me contraindre à avouer n'importe quoi sous la torture ? Et si je cédais ? Mais je me défendais de toutes mes forces contre cette seule idée.

« André, tu t'énerves. Je te comprends. Tu es encore jeune. Mais mon expérience m'a fait comprendre que les hommes ne se résolvent que difficilement à traiter de façon valable si on les laisse libres. Il faut les aider. »

Sa voix résonnait toujours comme à distance, aussi sèche qu'au début de notre entretien. J'avais l'impression que mon destin personnel le laissait totalement froid. Au fond, il semblait lui être absolument indifférent que j'accepte ou non son offre. Et cela me fit peur.

« Appelle cela chantage de ma part. Mais essaye seulement de voir les choses de mon point de vue. Je suis responsable de l'ordre et de la paix dans ce pays. C'est une tâche difficile. Pourquoi ? Parce que les Romains ne cessent de blesser vos sentiments religieux, même s'ils ne le souhaitent pas. Prends cette affaire de canalisation par exemple. Mon idée était de faire construire enfin pour Jérusalem une adduction d'eau rationnelle. Mes meilleurs architectes et mes entrepreneurs devaient s'en charger. Simplement, l'argent ne suffisait pas au financement. Les experts m'affirmaient que la caisse du Temple était prévue pour payer entre autres choses l'alimentation d'eau de la ville[5]. Là, il y a suffisamment d'argent. Tous les juifs payent un impôt annuel au Temple. Je vais donc au Temple avec l'idée de financer l'adduction d'eau avec ses ressources. Cela colle parfaitement avec vos lois. Que se passe-t-il ? Une poignée de fanatiques pieusards flairent le désastre. Ils ont passé le mot. Pas d'argent sacré pour ce païen de Pilate ! Pas un denier du trésor du Temple pour les Romains ! Comme s'il s'était agi de réquisitionner l'argent du Temple pour des buts irreligieux ! Comme s'il ne s'agissait pas de construire des canalisations d'eau dont auraient profité le Temple et la ville tout entière ! Et voilà que nous, les Romains, nous passons pour des tyrans qui ne tiennent aucun compte de vos lois religieuse — et qui entendent même piller le trésor du Temple. »

Voilà donc ce qu'il avait cherché, dans cette histoire d'adduction d'eau. Il voulait se rendre populaire. Il avait totalement raté. Est-ce qu'il me fallait maintenant l'aider à améliorer sa propagande ? L'excitation que j'avais un instant saisie dans sa voix était retombée. Pilate poursuivit :

---

5. Dans le traité *Shekalim* (De l'impôt du Temple) du talmud babylonien, il est explicitement question de la canalisation d'eau comme d'un devoir relevant du trésor du Temple (IV, 2).

« Cela a été un échec total. Mais il nous faut malgré tout faire tout le possible pour maintenir la paix dans ce pays. Il y a des chances à saisir. Ma confiance repose sur deux réflexions.

« D'une part, le principe constant de la politique romaine concernant les peuples soumis. Nous le considérons comme le secret de notre réussite à transformer l'inimitié en amitié. Car quels meilleurs alliés le peuple romain a-t-il que les gens lui ayant résisté avec acharnement ? Que serait aujourd'hui l'Empire s'il n'avait pas eu la clairvoyance de faire fusionner vaincus et vainqueurs[6] ? Les juifs n'ont pas toujours été nos ennemis. Au contraire : c'est en tant qu'alliés de Rome qu'ils se sont libérés de la tutelle des rois de Syrie[7]. C'est avec notre soutien qu'ils ont alors réussi à maintenir leur culture et leur religion. Ce n'est que plus tard, lorsque vos voisins nous ont appelés à les protéger contre vos attaques militaires, que vous êtes tombés sous notre domination — et cela juste à temps pour pallier la menace d'une guerre civile qui aurait plongé votre pays dans la misère[8]. Mais même dans cette situation nous n'avons pas touché à votre religion ! Et notre politique se poursuivra : respect de vos croyances, de votre Dieu, de vos mœurs, de vos sentiments. Nous respectons même ce qui nous est étranger. Nous attendons seulement que vous fassiez de même pour ce qui nous est sacré, que vous teniez compte de la vénération que nos soldats portent à l'empereur et que vous concédiez à tout le monde le droit d'adorer ses dieux. Le respect doit être réciproque.

« Et maintenant ma seconde réflexion. Les entretiens que j'ai eus avec vos grands prêtres m'ont appris que vous admettez notre pouvoir pour l'essentiel. Dieu a déjà depuis longtemps

---

6. Les deux dernières phrases sont des citations textuelles d'un écrit du philosophe romain Sénèque (environ 4 av. J.-C. - 65 ap. J.-C.) : « De la colère » II,34,4.

7. En 161 av. J.-C., Judas Maccabée, le chef de la révolte contre les Syriens, conclut un pacte d'assistance avec les Romains (1 Mc 8; Josèphe Ant 12,414-419), pacte qui fut plus tard renouvelé par Simon (vers 139 av. J.-C.) (Cf. 1 Mc 14,16 sv.; 15,15 sv.).

8. Les successeurs des Maccabées, en particulier Alexandre Jannée (103-76 av. J.-C.) avaient soumis les villes non juives de Judée (et de Galilée). En 63, sous Pompée, une querelle dynastique entre Aristobule II et Hyrcan II fournit aux Romains l'occasion rêvée d'assujettir à leur empire le petit royaume juif et de « libérer » les villes non juives de Judée.

accepté que d'autres peuples vous dominent. Vous avez supporté les Perses et les Grecs, les Chaldéens. Pourquoi pas aussi les Romains qui sont beaucoup plus prévenants à l'égard des peuples soumis que ne l'ont jamais été les autres empires ? Vous dites : tout ce qui arrive est dû au seul et unique Dieu, celui que nous adorons à Jérusalem. » Il fit une pause, comme s'il voulait se donner le temps de réfléchir. « Alors, vous devez aussi le reconnaître : Il a voulu que nous, les Romains, bâtissions notre empire. Il a voulu que vous perdiez de notre fait cette indépendance que vous avez acquise avec notre aide contre les Syriens[9]. Il n'y a aucune raison pour le peuple juif de ne pas nous accepter comme les maîtres du monde — d'autant que nous comprenons fort bien votre refus de faire comme les autres peuples orientaux en adorant l'empereur comme un dieu.

« Au fond, il ne devrait donc pas y avoir de problème. Mais, concrètement, nous avons d'immenses difficultés. Avant tout celle-ci : ce que vos dirigeants sacerdotaux nous disent, ce n'est pas ce qui touche le peuple. Nous avons l'impression qu'il y a beaucoup de choses qui changent actuellement dans votre religion. Chez les gens, cela fermente. On voit partout surgir des idées neuves, des mouvements. Prophètes et prédicateurs parcourent le pays. Il nous est difficile de nous y retrouver dans tous ces nouveaux courants. Cela n'est pas beaucoup plus brillant pour vos prêtres. Dans certains cercles de la population, ils ont perdu leur rôle de dirigeants spirituels. Or c'est de ces cercles que dépend la stabilité du pays. Nous avons besoin d'informations sur eux. Nous sommes prêts à respecter vos sentiments religieux et à éliminer tout ce qui vous contrarierait inutilement. Mais pour cela nous devons savoir ce qui se passe dans le peuple. Nous n'avons que trop peu d'experts en judaïsme. Nous avons besoin de quelqu'un qui soit sur le terrain. Seules ces informations supplémentaires nous permettront de faire échouer les conflits avant même qu'ils se déclenchent.

— Mais pourquoi devrais-je justement être cet homme ?

— Tu es instruit. Tu parles notre langue et la leur. Tu t'y connais en matière de judaïsme, mais aussi dans notre religion.

---

9. Telle est la vision des choses présentée par Josèphe (après la guerre perdue de 66-70 ap. J.-C.). Il met dans la bouche d'Hérode Agrippa II un discours aux meneurs au début de la guerre juive (*La Guerre juive*, 2,345-401).

Tu viens d'une famille bien disposée à l'égard des Romains. Tu n'es pas un fanatique. Tu es pour la paix. Le fait que vous ayez une petite idole dans une pièce annexe vous rend directement sympathiques. Il y a longtemps que j'ai demandé qu'on me trouve un homme comme toi. Tu es celui qu'il nous faut.

— Mais je ne veux pas ! »

Je ne le voulais vraiment pas. Cela aurait été un double jeu insupportable ! Comment aurais-je pu allier mon amitié pour Barabbas et mon travail pour les Romains ? Je pourrais facilement me trouver coincé. Pilate me déclara alors tranquillement :

« Réfléchis ! Il y a toujours quelque chose qui ne va pas. Même si tu es libéré. Je n'ai besoin que de raconter à Césarée que tu es suspect d'avoir des relations avec les terroristes. Cela ne t'aidera sûrement pas dans tes affaires. Cela serait ta ruine. Et celle de ton père. »

Encore du chantage ! Je sentis un profond sentiment de mépris monter en moi. Chez ces puissants, tout était tactique, calcul. Leurs sentiments et leurs idées véritables restaient cachés. Il n'y avait qu'une chose certaine : leur volonté de garder le pouvoir ! Pilate devina-t-il mes pensées ? Il insista encore :

« Trouve-moi dans ce pays quelqu'un qui fasse quelque chose pour nous sans chantage ! Tu me tiens sans doute maintenant pour un monstre, tout comme d'autres me considèrent comme inhumain. Il y a peu de temps, j'ai entendu raconter ce que les juifs d'Alexandrie disaient de ma gestion : ce ne serait qu'une suite de concussions, de violences, de rapines, de brutalités, de tortures, d'exécutions sans jugement, de cruautés épouvantables et sans fin[10]. Je l'accorde : je suis prêt à tout quand il s'agit de la paix. Mais je ne suis pas un tel monstre ! »

Il ricana. Il remarqua sans doute lui-même que ses mots n'étaient pas particulièrement convaincants. Mais c'était peut-être pure tactique. Je cherchai à gagner du temps :

« Comment entrerais-je en relation avec tous ces mouvements ? »

Je ne devais en aucun cas donner l'impression que j'étais déjà en contact avec eux.

« Ne t'en fais pas ! Tu resteras encore un peu en prison. On

10. Citation de Philon : *Legatio ad Gaium*, 302. Philon était un contemporain de Jésus. Il vivait à Alexandrie.

te traitera bien. Rien ne doit te manquer. Nous nous arrangerons pour laisser partout filtrer le bruit que les Romains ont arrêté un jeune homme bien connu pour son attachement et sa fidélité à sa religion; que cela va mal pour lui; qu'il n'en déclare pas moins ouvertement que les Romains n'ont pas le droit d'être dans un pays qui n'appartient qu'à Dieu. Bref, nous te fabriquons une auréole. Puis nous te relâchons. Tous les cercles de stricte observance auront confiance en toi. Tu n'auras qu'à te promener dans le pays pour nous faire un rapport sur l'état d'esprit religieux du peuple. Ce qui nous intéresse avant tout, c'est ce qui pourrait mettre en danger la stabilité du pays, ce qui pourrait remettre en question notre pouvoir. Mon adjoint, Métilius, dont tu as déjà fait la connaissance, t'expliquera ce que tu dois faire. Il te fournira toutes les indications dont nous disposons pour le moment. D'accord ?

— Je voudrais encore réfléchir un peu.

— Bon ! Pense à la question. Et dis-toi bien qu'en dépit des racontars je ne suis pas un monstre. »

Son visage prit de nouveau une expression sarcastique. L'entretien était-il fini ? Non. Pilate s'adressa encore à moi :

« J'ai lu dans le compte rendu de ton interrogatoire l'histoire des images qu'Antipas a dans son palais. Est-ce que tu les as vues ?

— Oui. Et il y en a beaucoup qui pourraient en témoigner.

— Quel hypocrite ! Il fourre des images d'animaux chez lui et il proteste quand je veux simplement suspendre dans mon bureau un portrait de l'empereur[11]. Cela contredirait vos lois ! Quelle fourberies ! on s'excite contre les symboles anodins de sacrifice sur ma monnaie[12], mais on ne peut payer l'impôt du Temple qu'en monnaie tyrienne. Et qu'est-ce qu'il y a de gravé dessus ? Le dieu Melkart — une idole[13] ! Dans le parvis du Temple on change l'argent contre cette monnaie idolâtre. Quand je passe par là, j'ai souvent envie de fiche en l'air toutes les

11. Philon raconte ce différend dans *op. cit*, 299-305.

12. Pilate est le premier préfet de Judée à avoir osé employer des symboles païens sur ses monnaies : le bâton des augures et un vase de boisson sacrificielle. Avant et après lui, les préfets évitèrent soigneusement de blesser les sentiments religieux des juifs par des images païennes relatives au culte idolâtrique.

13. Cf. les reproductions dans A. Ben David : *Jerusalem und Tyros*, 1969.

tables de changeurs. Cependant là, personne ne proteste. Mais sur mes pauvres pièces, quels cris ! Mais laissons cela ! »

Pilate avait parlé avec colère. Il paraissait presque avoir oublié ma présence. Mais soudain il se retourna vers moi. Sa voix retentit de nouveau, calme, froide, morte. Elle me fit peur :

« Réfléchis bien à ta décision. Et n'oublie pas que je ne suis pas le monstre que certains voient en moi. Je ne suis qu'un préfet romain qui veut maintenir l'ordre dans le pays. »

On m'entraîna et je me retrouvai assis dans ma cellule obscure. On m'avait montré l'issue qui me permettrait de sortir. Je maudis ma situation et, dans mon impuissance, je me tournai une fois encore vers le Dieu de mes pères.

Libère-nous de ces gredins, Seigneur !
Il n'y a plus de gens convenables.
Toute l'humanité est maudite.
Les puissants nous embrouillent avec leurs discours de propagande.
Ils se moquent de nous.
Leurs lèvres nous filent de bonnes paroles
mais en pensée ils ne songent qu'à opprimer.
Ils proclament la paix et brandissent les armes.
Ils parlent de tolérance et ne songent qu'à leur pouvoir.
Fais qu'ils s'étouffent dans leur discours,
dans leurs paroles incohérentes
qui ne parlent que du bien de l'État
et ne visent qu'à nous briser la nuque.
Détruis l'arrogance de ce pouvoir
et le cynisme de leur domination.
Parle, Seigneur :
« En faveur des opprimés,
en faveur des prisonniers,
je vais me lever
je vais sauver
ceux qui soupirent après la liberté. »
O Dieu, tu nous garderas et tu nous protégeras
des bandits et des dictateurs !
Tu es notre soutien
au milieu des gens pour lesquels il n'est rien de sacré.

L'impudence se généralise partout.
Mais on peut compter sur ta parole ;
c'est une lumière dans les ténèbres[14].

*

Cher collègue Kratzinger,

Vous « admirez » l'audace avec laquelle j'invente des histoires sur Pilate. Comme historien et comme exégète, vous ne le feriez qu'avec mauvaise conscience.

Il est évident que Pilate n'a jamais tenu les propos que je lui prête. Mais les circonstances de son action, telles que je les décris dans ce dialogue, sont bien celles que j'analyse dans mon enseignement sur le Nouveau Testament. La recherche historique ne porte pas sur les seuls événements personnels, mais sur les conflits typiques et sur les structures. Celles-ci nous fournissent les « règles du jeu » déterminant le cours des événements que nous découvrons.

Si je puis recourir à notre vocabulaire universitaire technique, je dirais que l' « exégèse narrative » — c'est ainsi qu'on appelle aujourd'hui des récits tels que mon livre sur Jésus — consiste à montrer les structures de l'histoire (types de comportements, conflits, tensions) à travers des événements imaginaires fondés sur des sources historiques qu'ils mettent littérairement en valeur. À mon goût, cette définition est quelque peu prétentieuse. Mais vous savez bien que le monde universitaire n'arrive pas à prendre au sérieux ce qui n'est pas dit de façon compliquée.

Du reste, dans une « exégèse narrative », quand on recourt aux sources, il faut parfois abandonner la chronologie. Même les événements postérieurs à la mort de Jésus peuvent illustrer les conditions structurelles des événements de son temps. C'est avec bonne conscience par exemple que j'antidate d'environ vingt-cinq ans « Bannus », l'ascète qui intervint dans le désert de Jordanie vers l'an 50. Vous critiquez cet « anachronisme ».

14. Sur des thèmes du Ps 12.

Mais la science en commet bien souvent de semblables. N'est-ce pas à bon droit que nous critiquerions un traité scientifique sur Jean le Baptiste qui ne ferait pas le rapprochement avec Bannus, l'ascète du désert ?

Votre opinion sur le chapitre suivant m'intéresserait beaucoup.

Avec mes meilleurs sentiments.

Gerd Theissen.

3

LA DÉCISION D'ANDRÉ

André, espion de Pilate ? Jamais ! Tout en moi se hérissait là contre. Pilate pouvait me garder des années dans ce cul de basse fosse, je n'accepterais jamais de livrer quelqu'un aux Romains. Sans doute ceux-ci avaient-ils apporté repos et paix à notre pays. Mais qu'est-ce que cette paix vendue à prix d'oppression et d'exactions ? Qu'est-ce que cette tranquilité toujours menacée si on ne réduisait pas par la force les gens au silence ? Telles étaient les idées qui se bousculaient sous mon crâne.

Mais que faire ? Qu'est-ce qui se passerait si je disais non ? Pilate me ferait-il torturer pour m'extorquer des informations sur mes amis, ma famille, peut-être même sur Barabbas ? Me ferait-il supprimer secrètement pour empêcher que personne ne sache rien de son chantage ? Ou bien me ferait-il crucifier publiquement pour effrayer les gens ? Ruinerait-il ma famille ? Qu'est-ce qu'il en serait de Timon ? Les dernières paroles de notre entretien me résonnaient encore aux oreilles : « Je ne suis pas le monstre que les autres voient en moi. » N'était-ce pas un clair avertissement ? Cela ne voulait-il pas dire : fais attention à toi ! Je suis peut-être plus monstrueux que ne le pensent les autres.

Si je pouvais seulement m'arracher à cette torture ! N'importe où, là où aucun chantage ne pourrait plus m'atteindre ! Où personne ne me commanderait ni ne menacerait plus. Où toutes ces voix qui m'obsédaient se tairaient et où je trouverais la paix.

J'aspirai à mourir. Les philosophes ne m'avaient-ils pas

appris qu'il existe toujours une solution dans les pires situations[1] ? Il y a toujours une porte ouverte : la mort. Elle permet d'échapper aux tyrans les plus cruels. Mais le suicide était-il la bonne solution ? Les Romains admiraient Caton et Brutus qui, sur une voie sans issue, s'étaient donné la mort. On pouvait aussi trouver cette idée chez certains juifs. Mais, fondamentalement, nous avions une autre vision des choses. Nous avions reçu de Dieu la mission de vivre. Nous ne pouvions la refuser sous prétexte qu'elle était trop difficile. Car qui peut savoir ce que Dieu nous réserve, lui qui redonne courage aux êtres perdus et rejetés. Nos ancêtres, eux aussi, s'étaient trouvés abandonnés — abandonnés de la multitude de dieux qu'on vénérait dans le monde, abandonnés des hommes. Ils avaient erré dans le désert, désemparés et désespérés. Mais ils n'avaient pas renoncé. Ils avaient cru en Moïse quand il leur parlait d'une mission à ne pas trahir.

Si j'avais eu au moins la liberté d'errer dans la solitude ! C'est alors que me vint l'idée de feindre d'accepter l'offre de Pilate pour disparaître dans le désert sans laisser de traces. Je savais comment y survivre: Bannus me l'avait appris. Je pouvais me rendre auprès de lui. Peut-être étais-je maintenant apte à comprendre sa doctrine. À l'époque, elle m'était restée étrangère.

Qu'est-ce qui avait pu jadis me pousser vers lui ? En ce temps-là, j'avais connu une inquiétude que je ne pouvais que difficilement m'expliquer. J'avais grandi dans une famille libérale. Nous interprétions philosophiquement les coutumes et les convictions juives. Mon père disait toujours que la Bible exprimait en images la pensée des philosophes grecs. Je me rappelle qu'un jour nous admirions le lever du soleil. Nous avions fait l'ascension d'une montagne pour l'attendre. Il perça tout d'un coup à travers la brume matinale et il métamorphosa tout le

---

1. La philosophie stoïcienne était fort répandue dans les couches instruites de la société romaine. Elle enseignait la maîtrise de soi et l'accomplissement du devoir. Elle considérait le suicide comme légitime si c'était l'unique possibilité d'échapper à une situation sans issue. On retrouvait également cette idée chez certains juifs : en 73 (ou 74) ap. J.-C., pendant la guerre juive, les assiégés de la forteresse de Massada, réduits à toute extrémité, se donnèrent la mort pour ne pas tomber vivants aux mains des Romains. Selon Josèphe (*La Guerre juive*, 7,400), 960 hommes, femmes et enfants périrent.

paysage en un magnifique jeu de couleurs et de lumière. Mon père déclara : « Comme je comprends que les païens aient pu adorer le soleil. Ce n'est qu'un reflet du vrai Dieu. Mais son éclat leur en fait découvrir les traces. Ils ont sans doute confondu le créateur et sa créature, mais ils ont le sens de la beauté de ce monde[2]. »

Il aimait les belles choses. C'est pourquoi un hôte lui avait fait cadeau d'une petite statuette de divinité. Pour mon père, c'était là une simple représentation d'un homme beau, rien de plus. Il la dissimula dans une pièce retirée. Il était persuadé qu'une fois tous les cœurs pénétrés de l'idée du caractère unique de Dieu, il serait possible de représenter tranquillement toutes les réalités de ce monde[3] !

C'est dans cette atmosphère que j'avais grandi. Mais j'avais alors découvert que tout le monde ne pensait pas comme mes parents. J'avais appris à connaître la foi de gens simples, sans aucun besoin de se prouver que leur foi était équivalente à la philosophie grecque. Ils considéraient comme allant de soi l'unicité de Dieu, sans qu'on ait besoin de la défendre ou de la justifier. Ce qui était capital à leurs yeux, c'était d'accomplir sa volonté et de prendre chaque jour au sérieux ses commandements. Je découvris un nouveau monde.

C'est alors que naquit en moi le désir de connaître à fond ma foi juive. Je voulais en reprendre les bases dans toute ma vie. Je rêvai de quelque chose de clair et de catégorique. J'entendis parler de Bannus. Le fait qu'il enseignait dans le désert — au-delà des frontières de la vie normale — me séduisit. Lui aussi pensait que nous, les juifs, devions une fois repartir du début. Tout comme nous étions jadis passé par le désert pour venir en ce pays, ainsi nous fallait-il une fois encore y retourner et réentendre la voix qui avait résonné au buisson ardent : « Je suis celui qui suis ! »

Les idées de Bannus étaient radicales : non seulement les

2. On trouve ce raisonnement dans Le Livre de la Sagesse (Sg 13,6-9), un écrit dont on situe la composition au IIe s. av. J.-C. Il provient de la diaspora juive, peut-être d'Égypte.

3. De fait, au Ier s. ap. J.-C., le judaïsme connut un art florissant où on outrepassa l'interdit absolu des images. Les fresques de Dura-Europos, sur l'Euphrate, constituent un de ses sommets.

juifs, mais le monde entier devaient tout reprendre au départ. Car ce monde était raté. Il était fait d'injustice et d'oppression, d'exploitation et de peur. Du fait de ses contradictions, il devait s'effondrer sous le jugement de Dieu. Mais alors commencerait un monde nouveau. J'entendais encore sa voix :

Alors Dieu créera un royaume éternel pour tous les hommes,
ce même Dieu qui donna un jour la loi.
Tous viendront adorer le Seigneur
ils afflueront dans sa maison.
Il n'y aura plus qu'un seul Temple.
Tous les chemins convergeront vers lui.
Les montagnes deviendront praticables,
et les mers navigables.
Tous les peuples vivront en paix.
Toutes les armes disparaîtront.
On partagera les richesses avec justice.
Dieu habitera parmi les hommes.
Loups et brebis viendront ensemble
manger de l'herbe sur la montagne,
la panthère paîtra avec le chevreau.
Les ours se coucheront près du veau
et le lion se nourrira de paille de la crèche
comme un bœuf
et le jeune enfant les conduira par une corde.
Dragons et vipères dormiront avec le nouveau-né
et ne lui feront aucun mal.
Car la main de Dieu sera sur eux[4].

Beaux rêves que tout cela ! Songes de fuite dans un monde nouveau et meilleur ! Cela ne valait pas beaucoup mieux que mon rêve de fuite dans le désert. Quel irréalisme ! Les Romains étaient bien au courant de mon séjour là-bas. Ils me feraient

4. Sur des thèmes de l'« Oracle de la Sybille » (III, 767-795), section juive de ce recueil d'oracles fort répandus durant l'Antiquité, eux aussi composés au IIe s. av. J.-C. comme l'ensemble du IIIe livre de cette collection. Les thèmes de cette prophétie remontent à Isaïe 11,1 sq.

chercher partout. Je ne ferais qu'entraîner Bannus dans ma perte. Et ils en arriveraient probablement à retomber sur les traces de Barabbas.

J'étais déjà depuis quelque temps chez Bannus quand Barabbas se joignit à nous. Lui aussi venait de Galilée, et il était de Séphoris comme moi. Encore jeunes mariés, ses parents avaient à peine échappé à la catastrophe de notre cité. Ils avaient perdu leur maison et leurs biens. Ils habitaient maintenant dans des conditions difficiles à Gishala, en Galilée du Nord. La fuite de Séphoris et le traitement barbare infligé à la ville avaient profondément marqué la vie de la famille : chez lui, on refusait totalement les Romains — et même les princes hérodiens dans lesquels on ne voyait que leurs marionnettes. Ce n'était pas un rejet des étrangers en tant que tels. Mais on ne pouvait les admettre du fait qu'ils n'apportaient qu'esclavage et oppression.

Qu'est-ce que Barabbas était venu chercher dans le désert ? Voulait-il se cacher des Romains ? Avait-il commis un crime contre eux ? Je n'en savais rien. Une seule chose était claire : tandis que j'étais en train de chercher une patrie dans le vaste univers du judaïsme, lui avait déjà pris sa décision. Il avait trouvé son chez-soi. Il ne se préoccupait que de l'affirmer contre la séduction du monde romain et grec. Il rayonnait de certitudes. C'était ce qui m'attirait. Il savait quel sens et quel contenu donner à sa vie. Moi, j'étais en quête de quelque chose.

Nous réagissions différemment à l'enseignement de Bannus. L'annonce d'un monde nouveau ne me prenait pas aux entrailles. Chez moi, j'avais appris à aimer ce monde-ci, tandis que Barabbas avait appris à le mépriser. Il adhérait avec passion à l'idée d'un univers neuf. Il ne différait de Bannus que sur un point : pour lui, ce monde renouvelé ne pouvait venir tout seul. Dieu voulait que nous fassions quelque chose pour lui, autrement dit que nous l'introduisions de force[5]. Les juifs fuyant l'Égypte étaient eux aussi allés vers un monde nouveau. Mais

5. Barabbas représente ici la « philosophie » de Judas Galilaios dont le soulèvement contre les Romains provoqua la destruction de Séphoris. Josèphe nous renseigne sur elle dans Ant XVIII 1 sq. et dans *La Guerre juive*, 2,117 sq. La déclaration suivante est caractéristique : « La divinité ne contribuerait volontiers à cette entreprise (de lutte pour la liberté) qu'à condition qu'on y participe soi-même activement. »

il ne leur avait pas été donné. Ils avaient dû prendre sur eux la fatigue, il leur avait fallu lutter contre d'autres ennemis et s'enfermer dans leurs retranchements pour combattre les traîtres.

Malgré toute ma sympathie pour Barabbas, j'étais plein de frayeur à l'idée de créer ce monde neuf par la violence. La force dégénère. Le pouvoir corrompt. Mais mon compagnon me séduisait pourtant par sa volonté de faire quelque chose. Il se refusait à attendre. Il était persuadé que le monde, si mauvais qu'il fût, offrait une chance. Je ne pouvais cependant me convaincre de la possibilité de réussite de son entreprise. Je la tenais pour irréaliste. Les Romains étaient trop puissants.

Dans ma situation présente, je commençais à mieux comprendre mes compagnons de désert. Bannus ne voulait rien avoir à faire avec ce monde de chantage et d'oppression. Le mieux n'était-il pas de le quitter, de se débarrasser de sa boue et de son ordure en les jetant au Jourdain ? Qu'avait-il mérité d'autre que de s'effondrer ? Si j'en avais eu le pouvoir, j'aurais fait tomber sur lui le feu du ciel pour engloutir Pilate et ses soldats.

Et je comprenais Barabbas : ne fallait-il pas faire quelque chose contre les Romains ? Ne devait-on pas se défendre ? Mais toute résistance ouverte n'était-elle pas acte de pur désespoir ?

C'est alors que me vint une idée. Avec des gens comme Pilate, ne fallait-il pas faire semblant d'entrer dans ce jeu dégoûtant ? Si Pilate travaillait à coups de chantage, que méritait-il d'autre que d'être trompé ? Ne devais-je pas répondre positivement à son offre, mais ne lui livrer que les informations dont la livraison aux Romains pouvait être intéressante pour nous, juifs ? Je pourrai peut-être passer sous silence les autres renseignements ? Oui... est-ce que je ne pourrais pas apprendre des Romains beaucoup de choses susceptibles d'aider mes compatriotes ? C'était certainement là un jeu douteux ! Un jeu de mensonge et de tricherie ! Pouvait-on y consentir ? Pouvait-on mentir en cas de besoin ?

Qu'en avait-il été d'Abraham ? N'avait-il pas lui-même présenté sa femme comme sa sœur pour éviter d'être tué en tant qu'époux par les hommes du Pharaon[6] ? Cela avait bien été un mensonge ! Jacob n'avait-il pas extorqué la bénédiction par ruse

6. Cf. Gn 12,10-20

et perfidie — et il ne s'en était pas moins trouvé béni[7] ! David n'avait-il pas servi comme soldat chez les Philistins[8] — et il n'en était pas moins devenu le grand roi des Juifs ! L'histoire de mon peuple ne me montrait-elle pas qu'il n'y avait pas eu que les auteurs d'exploits héroïques à être porteurs de la bénédiction, mais aussi les petits, les persécutés, ceux qui luttaient moins pour leur honneur que pour leur survie ! Est-ce que ne s'accomplissait pas dans mon destin ce qui avait toujours été la part de mon peuple : devoir renoncer à un idéal supérieur pour pouvoir simplement survivre et échapper à la mort ? N'étais-je pas Abraham le fuyard, Jacob le persécuté, David le meneur de bandes ?

En insérant ainsi mon sort dans celui de l'ensemble de mon peuple, je ressentis une grande paix. J'avais enfin une certitude : en acceptant le chantage de Pilate, je ne trahirais pas les miens ! Car en moi se réaliserait une fois de plus la destinée de mon peuple.

Je restai encore longtemps éveillé. Quand je m'endormis enfin, j'eus un rêve : Pilate était debout devant moi, dans sa toge bordée de pourpre. Il répétait sans cesse : « Je ne suis pas un monstre, je ne suis pas une bête. » Ses traits se défigurèrent. De grosses dents luisaient au milieu de sa bouche. Il serrait les poings. En place d'anneau, on voyait briller des griffes. Son corps se mit à enfler jusqu'à devenir un énorme animal, un monstre hurlant debout devant moi ; de ses griffes, il menaçait avec mépris le monde entier et ne cessait de hurler : « Je ne suis pas un monstre ! Je ne suis pas une bête ! »

Je voulus m'enfuir. Mais mes jambes refusaient de se mouvoir. Je ne pouvais bouger. Pendant ce temps, le monstre s'avançait. Il reniflait maintenant à mes pieds. Puis il me toucha les genoux de ses griffes. Il se dressa enfin pour me saisir à la gorge. Mais soudain il se recroquevilla, courba l'échine, se fit tout petit. Il gémit et se roula dans la poussière. Sa morgue et son orgueil avaient disparu comme si une puissance invisible, debout derrière moi, l'avait forcé à se mettre à genoux.

Je me retournai. Derrière moi, il y avait un homme debout. Il était entouré de gardiens qui portaient des livres où étaient

7. Cf. Gn 27
8. Cf. 1S 27

inscrits tous les méfaits de la Bête, non seulement ceux de Pilate, mais aussi tous ceux de l'Empire romain. On les lut les uns après les autres, et chaque fois le monstre gémissait et se roulait dans la poussière. Le jugement tomba enfin : l'animal fut expulsé et tué. L'homme entouré de ses gardes du corps prit le pouvoir.

Je me réveillai. N'avais-je pas lu quelque chose de ce genre dans les livres ? Je me le rappelai maintenant : c'était le songe de Daniel, celui des quatre animaux surgis de l'abîme[9]. Mais dans mon rêve je n'avais vu que la dernière bête. Je fus déconcerté. Car on interprétait habituellement les quatre animaux comme les quatre empires de Babylone, des Mèdes, des Perses et des Hellènes. Le songe affirmait que tous ces royaumes bestiaux n'avaient pas de consistance. Tous devaient être détruits par le royaume de l'homme, par un personnage mystérieux venant du ciel sous une apparence d'homme.

Certains avaient compris le songe comme déjà réalisé. Après l'effondrement de l'Empire grec, l'Empire romain avait surgi. Il avait apporté la paix là où n'avaient jusque-là régné que la guerre et la destruction. C'était un règne humain.

Mais mon rêve montrait le contraire. Le dernier animal, c'était l'Empire romain. Celui-ci était aussi bestial. Le véritable royaume humain était encore à venir.

Je me trouvais encore au pouvoir de la Bête. Mais, j'en étais maintenant sûr, elle ne pouvait vaincre. Il y avait quelque chose de plus fort qu'elle. Sans doute régnait-elle encore sur moi. Elle avait pouvoir sur mon corps, encore enchaîné. Mais elle avait perdu son pouvoir sur mon être intérieur — sur ce domaine dont viennent les songes. N'était-il pas de mon devoir de vaincre ce règne par la ruse ?

Dès le point du jour, je fis dire à Pilate que j'acceptais son offre à condition que Timon fût libéré en même temps que moi.

9. Cf. Dn 7

*

Cher Collègue,

Merci beaucoup pour votre lettre si amicale. J'accueille volontiers vos propositions de changer certains détails de mon texte. J'ai aussi réfléchi à votre suggestion de renoncer à faire mon récit à la première personne. Quand le personnage principal est en prison, on découvre évidemment vite les limites du « je » : narrateur et lecteurs sont eux aussi emprisonnés. Un conteur omniscient, qui parlerait à la troisième personne, pourrait se rendre présent partout. Il serait comparable à l'historien.

Je m'en tiendrai pourtant au récit à la première personne. Sans doute celui-ci tient-il essentiellement de l'exposé historique. Mais l'historien n'oublie-t-il pas trop vite que l'objet de sa recherche, actes et souffrances de personnes individuelles, se situe entre la naissance et la mort ? Toutes les histoires sont vécues et façonnées par des gens aux perspectives limitées. Autrement dit, il n'existe pas d'Histoire en soi, mais seulement des histoires perçues en perspective. Même le point de vue de l'historien reste une perspective à côté d'autres, et il peut donc fort bien court-circuiter un côté des choses, tandis qu'un récit à la première personne pourra l'exprimer.

Contre votre avis, j'en resterai donc au « je ». Vos remarques m'ont cependant été très précieuses. Puis-je vous envoyer aussi le quatrième chapitre ?

Avec mes meilleurs sentiments.

Gerd Theissen.

4

MISSION DE RENSEIGNEMENT

Enfin libre ! Ils avaient fini par me relâcher. Timon, lui, était encore en prison. Les derniers jours de captivité avaient été supportables. Bien sûr, on m'avait remis dans ma sombre cellule, mais j'avais pu me laver, j'avais eu droit à la même nourriture que les soldats et, avant ma libération, on m'avait donné des vêtements neufs. Mais il avait fallu les premiers pas à l'air libre pour refaire du pitoyable prisonnier que j'étais devenu un homme en lequel je puisse me reconnaître. J'allais par les ruelles de Jérusalem, jouissant des bruits et des odeurs du marché, observant les gens que je côtoyais au passage : pèlerins, commerçants, paysans, prêtres et soldats, bref, une foule caractéristique de l'image de la cité.

Comme c'était bon de revoir enfin le soleil ! Je sentais ses rayons m'inonder le corps, la figure, les mains. Il jouait en cascades d'ombre et de lumière. Il s'épanchait en vagues de chaleur. J'avais soudain l'impression de découvrir, partout tapie au sein des choses, une joie muette n'attendant que moi pour s'exprimer. Aussi, presque sans le vouloir, murmurai-je :

Seigneur, notre Dieu,
le ciel reflète ta beauté
et la terre est ton écho,
chaque grain de poussière est ta demeure,
chaque jour te célèbre.
C'est toi qui fais resplendir l'univers.
Sa langue est sans mots,
mais tout te loue d'une voix qu'on ne peut entendre.
Voici que le soleil entreprend sa course

comme épris du chatoiement de la terre.
Les planètes l'accompagnent.
Rien ne peut lui rester caché[1].

Mais il me fallut bientôt me reprendre pour revenir au réel : pour revoir le soleil, je m'étais laissé embarquer dans une entreprise pleine de risques. Impossible de l'oublier, quand je me retrouvai devant l'officier qui avait conduit mon premier interrogatoire. Il s'appelait Métilius.

« André, je suis content de voir que nous allons collaborer, me déclara-t-il d'emblée. Venons-en au fait. Nous souhaitons des informations sur certaines personnes bizarres. » Il déroula une carte sur la table et me montra le coin nord-ouest de la mer Morte :

« Connais-tu cette région ? »

Sa question me mit mal à l'aise. Car c'était non loin de la mer Morte que j'avais passé un an chez Bannus. Je préférai feindre l'ignorance. Peut-être y avait-il certaines choses que je connaissais, mais que je pourrais plus tard présenter comme le fruit de patientes recherches. Je me contentai donc de déclarer :

« Je ne connais la région qu'en passant.

— C'est ici, dans cet oasis, que les Esséniens ont leur centre. Les renseignements dont nous disposons pour le moment nous viennent de voyageurs romains. D'après eux, ces Esséniens y vivraient en célibataires, sans enfants, sans biens privés, au milieu des palmiers, au bord de la mer Morte. Leur recrutement semble consister en personnes dégoûtées de la vie normale, ou de gens auxquels un accident tragique a soudain ôté le goût de vivre[2]. Va un peu voir ce que sont ces saints-là. Ils sembleraient pacifiques, n'avoir aucune arme. Ils ne prêtent aucun serment. Ils condamnent l'esclavage et font très attention à respecter tous les commandements religieux[3]. Nous aimerions

1. D'après le Ps 19.

2. La description de la colonie essénienne vient de Pline l'Ancien, *Naturalis Historia* V, 73. Les fouilles de la mer Morte (Qumrân) ont remis au jour le site. De plus, dans une grotte voisine, on a retrouvé quantité d'écrits esséniens qui permettent de se faire une idée précise de la vie que menait cette communauté dans le désert.

3. Cf. Philon : *Quod omnis probus liber sit*, 75-87 : « On chercherait en

savoir ce que sont ces hommes qui se refusent à vivre comme tout le monde. Qu'est-ce qu'ils vont faire au désert ? Des victimes de la malchance ? Des déprimés ? Mais est-ce que certaines personnes désireuses de nous échapper pour avoir commis quelque méfait n'auraient pas été s'y fourrer ? Peut-on vraiment se fier à ceux qui y voient des pacifistes de principe ? Tâche de nous avoir quelques renseignements là-dessus.

— C'est presque impossible ! Les Esséniens ne racontent jamais rien aux étrangers. Ils ont fait serment de garder le secret sur tout ce qui concerne leur communauté[4]. C'est bien connu. Même nous, les juifs, nous ne savons pas grand-chose sur eux.

— C'est d'autant plus important d'arriver à savoir quelque chose. Va donc savoir quels secrets cela cache — peut-être au reste seulement des mystères religieux.

— Ce sera difficile de les atteindre.

— Nous savons qu'il y a aussi près de la mer Morte certains autres Esséniens qui vivent dispersés dans le pays. Peut-être pourrait-on savoir quelque chose par eux[5].

— J'essaierai. Mais il faut se dire que ceux-là ne sont peut-être pas au courant de tous les secrets.

— On peut sûrement en tirer quelque chose. Même nous, nous avons réussi à glaner quelques informations. Des prêtres de Jérusalem nous ont raconté que les Esséniens refusaient le culte du Temple et le ministère des prêtres actuels. Cela se serait produit il y a quelque deux cents ans. Un grand prêtre de la maison de Saddoq aurait été chassé de son poste par un parvenu. En guise de protestation, il se serait retiré au désert, y

---

vain chez eux quelques fabricants de traits, de javelots, d'épées ou de casques, de cuirasses, de boucliers, en un mot un armurier ou un constructeur de machines et d'autres instruments de guerre, ou même d'objets pacifiques qui pourraient être tournés au mal » (78). « Il n'y a chez eux aucun esclave, mais tous sont libres ; ils s'entraident les uns les autres. Ils condamnent les maîtres, non seulement comme injustes, en ce qu'ils portent atteinte à l'égalité, mais encore comme impies en ce qu'ils enfreignent les lois de la nature, laquelle ayant enfanté et nourri pareillement tous les hommes à la manière d'une mère, en a fait des frères véritables, non pas de nom, mais en réalité » (79). C'est un des rares textes de l'Antiquité où l'esclavage est clairement condamné comme injuste.

4. Cf. Josèphe, *La Guerre juive* 2,141.

5. À la différence des Esséniens de la mer Morte (Qumrân) qui restaient célibataires, il y en avait d'autres qui se mariaient et vivaient dispersés dans le pays (*ibid.*, 2,160-161).

aurait retrouvé quelques marginaux et aurait constitué avec eux la communauté — un succédané du Temple où il était interdit[6]. Quelle est la force de l'opposition au Temple et au ministère établi ? Cette opposition trouve-t-elle un appui dans le peuple ? Peut-on jouer des Esséniens contre les grands prêtres ? Ou, en cas de conflits, se mettront-ils du côté de l'aristocratie sacerdotale ?

« Nous savons de plus que les Esséniens ont soutenu Hérode. Alors qu'il n'était pas encore roi, un de leurs prophètes, du nom de Menahem, lui avait prédit le pouvoir[7]. Hérode n'a cessé de citer cette prédiction. Il n'était pas de maison royale, mais elle justifiait sa royauté.

« Je me demande bien si les Esséniens ont soutenu Hérode parce qu'il rognait sur le pouvoir des grands prêtres, donc sur celui de leurs ennemis ? Quelle est maintenant leur attitude vis-à-vis des princes hérodiens ? On doit bien tenir compte du fait que leur prédiction a un jour permis à un des hérodiens de l'époque de devenir "roi". Nous avons besoin d'en savoir plus long sur tout cela.

« Le chapitre "prophète" nous amène à un second point : nous aimerions avoir quelques renseignements sur un prophète qui pourrait être en lien avec les Esséniens. Il vit dans le désert, lui aussi. À quelques kilomètres plus au nord. »

J'eus un coup au coeur. Les Romains voulaient-ils m'amener à Bannus ? Prudemment, je demandai :

« En quoi vous intéresse-t-il ?

— Il nous intéresse parce qu'il ne se contente pas de s'opposer carrément à la société, mais parce qu'il est aussi contre Antipas. »

Se pouvait-il que ce fût Bannus ? Opposition à la société ? Cela collait. Mais qu'avait-il à voir avec Antipas ? Pour plus de sûreté, je demandai encore :

---

6. Le grand prêtre chassé de son poste est celui qu'on appelle « maître de justice » ; d'après les écrits esséniens, ce fut lui qui créa la communauté essénienne et lui donna sa forme définitive. Les écrits esséniens lui prêtent pour adversaire un grand prêtre sacrilège en qui on peut à coup sûr voir un grand prêtre juif. On discute seulement pour savoir lequel ce fut. Peut-être Jonathan, qui fut grand prêtre en 152 av. J.-C., ou son successeur Simon (143-135 av. J.-C.).

7. Cf. Josèphe, Ant XV,10,5.

« Qu'est-ce qu'il a contre Antipas ? »

Métilius fit un geste de la main, comme pour dire qu'il en aurait long à dire. Puis il reprit avec volubilité :

« Tu sais peut-être que les relations entre Pilate et Hérode Antipas, tétrarque de Galilée et de Pérée, ne sont pas des meilleures[8]. Après la mort d'Hérode le Grand, on a partagé la Palestine entre ses trois fils. Archelaüs en a eu la plus grande part, la Judée et la Samarie. Mais, au bout de dix ans, il a été déposé. On a mis un préfet romain à sa place. Évidemment les deux autres fils d'Hérode, Antipas et Philippe, avaient espéré recueillir son héritage. Le plus déçu a été Antipas qui avait jadis été prévu pour être l'unique héritier. Depuis, il ne rate pas une occasion de montrer que les préfets romains gèrent très mal le pays, que lui ferait beaucoup mieux du fait de sa connaissance intime des moeurs et de la sensibilité juives. Il rapporte à l'empereur tout le mal qu'il peut sur Pilate.

« Pilate a fini par s'en rendre compte. Tu connais sûrement l'histoire des boucliers sur lesquels on avait gravé les initiales de l'empereur. Pilate les avait fait amener à Jérusalem et suspendre aux murs de l'Antonia où la cohorte est de service. On voit mal comment cela pouvait aller à l'encontre d'un interdit religieux ou constituer la preuve d'un culte rendu à l'empereur. Mais il y a eu des protestataires. Antipas en a pris la tête pour jouer au défenseur de la foi juive. On est allé jusqu'à affirmer que c'était une façon évidente de blesser la loi religieuse. Cela montrait une fois de plus combien peu Pilate comprenait la religion de ses administrés. Antipas a formellement protesté auprès de l'empereur. D'en-haut, on a ordonné à Pilate d'enlever les boucliers[9]. Celui-ci ne l'a jamais pardonné à Antipas. D'autant plus qu'entre-temps nous savons, grâce à toi, que celui-ci en prend très à son aise avec la loi. Quand on pense à ses images d'animaux à Tibériade ! Mais il n'y a pas que cela. Il a épousé la femme de son frère du vivant de celui-ci. C'était aussi une atteinte à votre loi. Il y a eu des critiques. Mais qu'est-ce que fait Antipas ? Il enferme le critique, un homme du nom de Jean, un saint, un prophète à l'oeuvre dans le désert de Judée. Même

8. Cf. Lc 23,12

9. Dans la *Legatio ad Gaium*, Philon raconte la tentative d'introduire dans l'Antonia des boucliers sans images, mais avec une dédicace à l'empereur.

nous, les Romains, nous ne nous sommes jusqu'ici jamais permis rien de tel. On dit que ce Jean a trouvé un large écho dans le peuple. Mais dans nos dossiers nous n'avons qu'une description assez vague à son sujet. Je te lis :

Jean, surnommé le Baptiste, est un homme exemplaire. Il enseigne que les juifs doivent s'efforcer de faire le bien, autrement dit d'être justes envers les autres et de rendre hommage à Dieu. Ceci dit, ils doivent se faire baptiser. Selon son enseignement, ce baptême n'a de valeur devant Dieu que si l'homme se trouve déjà justifié intérieurement par la pratique de la justice ; il ne sert qu'à la pureté du corps, mais non à la rédemption de tous les péchés[10].

« Pour parler franchement, nous ne pouvons tirer grand-chose d'une description aussi vague. On pourrait dire cela de beaucoup de saints. Nous avons besoin de témoignages plus précis. Nous avons en effet appris qu'Hérode Antipas a mis le Baptiste en prison parce qu'il craignait un soulèvement du peuple[11]. Nous nous demandons comment un saint aussi inoffensif pourrait provoquer une révolution. Je suis certain que ce que je viens de te lire se tait sur l'essentiel. La note ne dit rien sur trois problèmes :

« Premièrement, pourquoi Jean intervenait-il au désert ? Pourquoi ce retrait de la vie normale comme chez les Esséniens ? Pourquoi ce mépris des hommes ? Surtout, y a-t-il un lien avec les Nabatéens, vos voisins du sud ?

« Deuxièmement, que sont devenus les disciples de Jean depuis qu'on l'a jeté en prison ? Ont-ils déplacé leur activité en Judée du fait que le sol leur brûlait les pieds dans le pays d'Antipas ? Doit-on craindre de les voir susciter des troubles ?

« Troisièmement, que va faire Antipas ? Veut-il éternellement laisser croupir Jean en prison ? Est-ce que l'opposition suscitée par Jean met son régime en danger ? Nous sommes évidemment très intéressés par tout ce qui pourrait venir à charge d'Antipas. Il trouve toutes les occasions de nous noircir à Rome. Nous entendons bien lui rendre la pareille. Peut-être pourrions-nous

---

10. Presque textuellement repris de Josèphe, Ant XVIII,5,2. Josèphe décrit le Baptiste de façon à le rendre compréhensible à ses lecteurs grecs et romains.

11. C'est la raison que Josèphe donne de l'incarcération et de l'exécution du Baptiste (*ibid.* XVIII,5,2).

nous servir de cette histoire de saint emprisonné. Hérode Antipas se fait toujours valoir en se réclamant de son adresse supérieure à traiter de ces questions compliquées de religion juive.

« Voilà ! Comme commerçant en grain, tu peux voyager dans le pays. Quand tu auras récolté quelques premiers renseignements, fais-le-nous savoir par l'organisation postale romaine. Autrement, nous t'attendons au rapport à Jérusalem, disons dans deux mois. »

Je voulus m'en aller, mais Métilius se remit à causer.

« Depuis notre premier entretien, j'ai beaucoup réfléchi à votre religion. En recueillant les renseignements sur les Esséniens, j'ai eu l'idée suivante : est-ce que ce groupe ne traduit pas quelque chose qui serait essentiel à votre peuple ? Ces gens se coupent de tous les autres. Ils se retirent dans le désert, exactement comme votre peuple a jadis fui l'Égypte pour le désert. N'y a-t-il pas derrière cela un mépris des hommes ? Un refus des étrangers et des autres peuples ? Oui, un refus de l'humanité en général ? »

Les mots de Métilius me firent mal. Je souffrai de le voir adopter lui-même ces préjugés contre nous. Car ce Métilius était un Romain capable qui avait peut-être un bel avenir devant lui. Il ne m'était pas antipathique. Il était instruit et cherchait à comprendre notre religion. Il avait pourtant le mauvais goût de jouer de celle-ci contre nous. Je lui répliquai amèrement :

« Nous reprocher de haïr les hommes ! Quelle calomnie ! Notre loi nous enseigne à respecter en chacun l'image de Dieu. »

Métilius voulut se justifier :

« Mais pourquoi un de nos meilleurs historiens écrit-il de vous que vous vous serrez étroitement les coudes et que vous êtes prêts à vous soutenir, mais que nous éprouvez une haine mortelle contre tous les autres[12] ? Comment a-t-il pu avoir cette impression ? C'est ce que je cherche à comprendre. C'est pourquoi je te demande si cela a quelque chose à voir avec votre expulsion d'Égypte. Est-ce que cela ne vous a pas laissé une

---

12. Ainsi Tacite, *Histoires* V,5,1 sq. On rencontre aussi en d'autres endroits le reproche de « haine des hommes ». On le retrouve même chez Paul qui applique à son propre peuple ce préjugé antisémite (cf. 1 Th 2,15).

impression de mortification[13] et provoqué chez vous une peur de vous voir encore bannis des autres pays comme des hors-la-loi ? »

En enroulant la carte pour la remettre dans son étui, Métilius semblait masquer son embarras. Je lui expliquai :

« La remontée d'Égypte nous a marqués de façon indélébile. Elle signifie libération de l'esclavage et de la soumission. Nous nous la rappelons, non pas pour prendre nos distances vis-à-vis des autres, mais pour ne pas commettre envers eux l'injustice dont nous avons nous-mêmes souffert en Égypte.

— Concrètement, qu'est-ce que cela veut dire ? » me demanda-t-il tout en bouclant d'un lacet de cuir l'orifice de l'étui.

« Que chez nous nous traitons les étrangers commes des frères ! Moïse nous a commandé : Si un étranger réside avec vous dans votre pays, vous ne le molesterez pas. L'étranger qui réside avec vous sera pour vous comme un compatriote et tu l'aimeras comme toi-même, car vous avez été étrangers au pays d'Égypte[14] !

— Mais, dans ce pays, pourquoi tant de haine contre nous Romains ? »

Nous continuâmes à discuter :

« Il est dit : "Tu ne dois pas opprimer l'étranger". Est-ce que nous opprimons les Romains ? Qui opprime qui ? »

Mon ton agressif l'avait irrité. Il redressa la tête et me regarda en face :

« Nous n'opprimons pas. Nous créons la paix. Nous ne sommes pas si loin que cela de Moïse, votre législateur. Nous aussi, nous pensons que dans notre Empire les étrangers doivent vivre en sécurité sous la protection du droit ».

Je le regardai d'un air sceptique. Il était en train de remettre l'étui dans un placard dans le mur. Du coup, il y eut une pause. Puis il vint vers moi, me mit les mains sur les épaules et me dit :

« Depuis notre premier entretien, j'ai lu des documents sur Moïse. J'ai trouvé une autre présentation de votre sortie

---

13. Même Hékataios (vers 300 av. J.-C.), pourtant bien disposé à l'égard des juifs, fait remonter « le style de vie farouche et xénophobe » des juifs à leur expulsion d'Égypte (cf. Diodore XL,3,4).

14. Lv 19,33 sq. Cf. Dt 10,18 sq.

d'Égypte[15]. Ce Moïse aurait été un prêtre égyptien qui aurait émigré en Judée avec ses partisans parce qu'il était insatisfait de la religion égyptienne. Il avait critiqué les Égyptiens à cause de leur habitude de figurer leurs dieux comme des animaux, mais ausi les Grecs parce qu'ils les représentaient comme des hommes. Le Dieu qui englobe tout, la mer et le sol ferme, le ciel et la terre, tous les êtres, est invisible et ne saurait être comparé à rien de visible. On ne devait faire aucune image de lui. C'est pourquoi Moïse aurait organisé à Jérusalem un culte sans images, et il aurait enseigné Dieu tel que l'homme doit l'adorer. Mais ses successeurs auraient été des prêtres superstitieux. Ils auraient entraîné le peuple à se singulariser des autres — par des interdits en matière de nourriture et la circoncision. Ces coutumes auraient ainsi relégué dans l'ombre la grandiose idée mosaïque d'un culte divin sans images. J'ai trouvé cette présentation des choses fascinante. Je veux dire que, s'il ne s'agissait que du culte au Dieu sans images, juifs et Grecs pourraient s'entendre. Certains philosophes grecs affirment, eux aussi, qu'il est ridicule de se représenter Dieu sous forme animale ou humaine. Qu'en penses-tu ?

— Ces philosophes ont-ils appris aux Grecs à renoncer à leurs images de Dieu ? Ont-ils jamais détourné quelqu'un d'adorer conjointement plusieurs dieux ? Non ! Il leur a manqué le courage de s'opposer à la religion traditionnelle en imposant l'idée du Dieu un et unique. Seul Moïse en a eu la force. Nous, juifs, nous avons tiré pour nous les conséquences de ce fait[16]. »

Métilius recula d'un pas. Sa voix prit un ton passionné : « Mais c'est justement le problème, André ! Mets-toi dans la peau des autres ! Comment votre religion peut-elle les influencer ? Vous adorez un Dieu qui est unique. Il n'a pas de famille ! Il est aussi isolé parmi les dieux que vous parmi les autres peuples. Si les dieux des peuples ne forment pas de famille, com-

---

15. On trouve cette version dans la *Geographica* XVI,2,35 sq. de Strabon d'Amaseia (né en 64/63 av. J.-C.).

16. L'argument selon lequel les philosophes auraient eu connaissance du vrai Dieu, mais, à la différence de Moïse, n'auraient pas eu le courage d'en tirer les conséquences, se trouve dans Josèphe, *Contre Apion* II,16.

ment les peuples peuvent-ils devenir une seule famille ? Comment la paix pourrait-elle régner entre ces peuples ? »

Je protestai. « Vos dieux ne forment en rien une famille en paix. Ils se disputent entre eux, se combattent. Seule l'adoration de tous les hommes envers un Dieu unique pourra créer la paix sur la terre.

— Vraiment ? Ceux qui refusent les autres dieux, comme vous, ne refusent-ils pas de ce fait même les gens qui les vénèrent ? Celui qui proclame la toute-puissance de son Dieu ne prétend-il pas de ce fait même à la toute-puissance ? Est-ce que tu ne peux pas comprendre que les autres s'en sentent menacés ?

— Si le Dieu invisible n'est pas du côté des maîtres, mais de celui des faibles et des perdants, qui menace-t-il ?

— Les juifs n'ont pas toujours été faibles. Ils ont créé des empires puissants.

— Mais maintenant notre peuple est asservi. Qui menaçons-nous ? Pour qui suis-je un danger, moi qui suis entre vos mains ? »

Métilius se renfrogna.

« Oui, vous êtes un peuple réduit en esclavage. Mais le but de la politique romaine est de se faire des amis des peuples asservis. C'est ce à quoi je travaille dans ce pays. C'est pour cela que je m'intéresse à votre religion. Aujourd'hui, j'en ai appris beaucoup à ce sujet. Je comprends ceux qui disent que les juifs sont un peuple de philosophes[17]. Les philosophes ont une vie difficile. On les considère vite comme des athées et comme des fauteurs de troubles. On a chassé Anaxagoras et on a obligé Socrate à boire la ciguë. Pourquoi ? Ils avaient des idées neuves et non conformistes. Vous aussi, les juifs, vous avez une idée neuve et non conformiste : la foi en un Dieu un et unique qui aide les pauvres. C'est une vision grandiose. Mais elle fait peser sur vous une lourde charge : celle d'être différents des autres peuples.

— C'est souvent une charge. Mais c'est aussi une grande mis-

---

17. L'aristotélicien Théophraste (372-288/287 av. J.-C.) voit dans les juifs une « race de philosophes » (cf. Porphyre, *de Abstinentia* II,26). Mais pour l'écrivain juif Aristobule aussi (IIe s. av. J.-C.), les juifs sont une « école philosophique » (cf. Eusèbe, *Praep. evang.* XIII,12,8).

sion que d'être témoin du Dieu vivant jusqu'à ce que tous les peuples le reconnaissent ».

Avant de nous séparer, je l'interrogeai sur Timon. Métilius me répondit qu'on devait le libérer le lendemain. J'insistai pour qu'on lui rende tout de suite la liberté. Métilius hésita. Mais je le pressai, tout comme Moïse avait pressé Pharaon : « Laisse-nous partir ! Nous pourrons nous mettre à la tâche dès aujourd'hui. » Il finit par y consentir.

*

Cher Monsieur Kratzinger,

Après avoir lu mon premier chapitre, vous m'aviez demandé avec ironie si je ne ferais pas mieux d'appeler mon livre *Débat sur le judaïsme*, au lieu de *L'Ombre du Galiléen*. C'est exact. En théologie chrétienne, celui qui discute du Jésus historique se heurte à ses origines juives. Celui qui ne s'intéresse pas au Jésus historique tend à refouler cette origine.

Pour faire comprendre aujourd'hui la prédication de Jésus, il est nécessaire d'introduire à la foi juive. C'est à celle-ci que nous devons la croyance en un Dieu un et unique. Cette vérité nous a longtemps paru aller de soi. Elle n'est plus aujourd'hui affirmée que par une minorité de gens. Il faut la faire redécouvrir comme un des présupposés historiques et objectifs les plus importants du message de Jésus.

Pour cela, il est précieux de connaître l'origine de cette foi. On a souvent profondément compromis la croyance en Dieu en la confondant avec des problèmes de pouvoir et de domination. En tant que minorité persécutée pendant des siècles, les juifs sont des témoins d'autant plus crédibles que le Dieu de la Bible ne se situe pas du côté des forts et des maîtres.

Dans votre lettre, vous notez que l'estime que je porte au judaïsme se ressent de l'horreur inspirée par l'holocauste. Vous avez évidemment raison. C'est vrai que j'ai « des lunettes précises », comme vous le dites. Mais la sympathie ne vaut-elle pas mieux que la répulsion et la haine ? Peut-être devrions-nous moins discuter de nos « lunettes » que de ce qu'elles nous permettent de voir. Il se peut qu'elles nous donnent de découvrir du neuf dans le Jésus historique !

Le chapitre suivant servira, lui aussi, à rendre vie au judaïsme de l'époque. Je suis impatient d'avoir votre avis.

Croyez en mes meilleurs sentiments.

Gerd Theissen.

5

LA COMMUNAUTÉ DU DÉSERT

Nous étions de nouveau tous les trois réunis. Le soir même de la libération de Timon, nous nous étions mis à la recherche de Malchus et l'avions retrouvé à Jérusalem, chez des gens de connaissance. Nous chevauchâmes en direction de la mer Morte. Nous voulions nous rendre chez les Esséniens. Le problème était de savoir si nous y arriverions. Car comment y parvenir ? Comment arriver à vaincre leur méfiance vis-à-vis des étrangers ? Tout le long du chemin, je ne cessai de ruminer ces questions.

Devions-nous leur faire un cadeau ? L'argent ouvre toute les portes ! Pourquoi les gens de Qumrân feraient-ils exception à la règle ? Pourtant ils avaient soi-disant renoncé à la fortune et à la propriété privée. Tout appartenait à la communauté. À ce que j'avais entendu, celle-ci vivait dans le bien-être. Les Esséniens travaillaient la terre, faisaient de la poterie, copiaient des manuscrits. Ils pratiquaient la pisciculture, vendaient du sel et de l'asphalte de la mer Morte[1]. Ils avaient des revenus. Cela les immunisait contre l'argent.

Devais-je faire semblant de vouloir entrer dans leur communauté ? Ne devraient-ils pas alors m'informer sur tous leurs mystères ? Mais je me doutais bien qu'ils récolteraient vraisemblablement plus de renseignements sur moi que moi sur eux. Pour autant qu'on en savait, la probation durait plusieurs

---

1. On a trouvé à Qumrân un atelier de poterie et un scriptorium. On peut penser que les Esséniens vendaient des copies de textes bibliques. Ils cultivaient sûrement la terre. La mer Morte a toujours procuré du sel et de l'asphalte.

années[2]. Il me faudrait beaucoup de temps pour gagner leur confiance.

Peut-être Bannus me donnerait-il la possibilité d'avoir accès à eux : ils devaient bien accepter un ascète du désert à cause de sa parenté d'esprit. Mais comment le pousser à venir avec moi à Qumrân ? Il me fallait d'ailleurs commencer par le trouver. Mais cela ne suffirait pas à surmonter tous les obstacles : Ne verrait-il pas en moi un renégat ?

Il était décidément bien difficile de parvenir chez les Esséniens.

Le chemin déboucha sur un paysage aussi aride que la mer Morte : des collines de sable désolées n'ouvrant la vue que sur quelques centaines de mètres. Ni arbre ni buisson nulle part. Il fallait être à proximité immédiate du Jourdain pour voir croître un épais bosquet. C'était dans un paysage de ce genre que j'avais passé mon temps chez Bannus. Mais c'était bien plus haut, dans le Nord de la vallée du Jourdain.

Nous progressions lentement dans cette sinistre région. Là ! Qu'est-ce que c'était ? Un homme ? Ou la lumière scintillante nous avait-elle trompés ? Mais impossible de faire erreur maintenant ! À quelque distance se mouvait une forme sombre. Un égaré ? Il n'avait ni âne ni cheval.

En nous approchant, nous remarquâmes que la forme bougeait lentement. Elle était maintenant assise par terre. Nous accélérâmes le trot. Peut-être pouvions-nous lui porter secours ?

Mais pourquoi l'homme levait-il les mains ? Voulait-il nous faire signe ? Il paraissait vouloir se défendre. Nous étions maintenant assez près pour le reconnaître : une forme efflanquée accroupie sur le sol. Aucun doute, il avait besoin d'aide ! Il continuait pourtant à lever les mains en signe de refus. Voyait-il en nous des ennemis ? Des voleurs qui le dévaliseraient et le maltraiteraient ? Je descendis de cheval et fis reculer les autres. Dans la main, je tenais bien visible une gourde d'eau pour lui faire comprendre mes bonnes intentions. Je m'approchais ainsi prudemment de lui.

---

2. Selon Josèphe (*La Guerre juive* 2,137 sq.), pour entrer dans la communauté, il fallait commencer par passer un an à l'extérieur (vraisemblablement dans le désert) pour en expérimenter le style avant d'être admis à deux années de noviciat. On ne devenait membre à part entière qu'au bout de trois ans.

Mais l'homme continuait à se défendre. Je l'entendais me crier : « Non ! Non ! »

J'hésitais. Est-ce qu'il délirait déjà ? Ou bien était-ce un pauvre possédé que son démon avait poussé au désert ? Il arrivait que des gens de ce genre y périssent lamentablement si on n'avait pris garde de les conduire à proximité d'endroits habités où ils pouvaient survivre grâce à la mendicité.

Tandis que je m'approchais, l'étranger voulut fuir. Il se leva en chancelant. Il était à bout de force. Je l'eus bientôt rattrapé.

« *Shalom*, dis-je. Je suis André, fils de Jean. »

L'homme se tut.

« Ne veux-tu pas manger et boire ? »

Il secoua la tête : « Je n'en ai pas le droit », murmura-t-il.

Je le regardais interdit : « Tu parais en avoir terriblement besoin.

— Non, je n'en ai pas le droit. On me l'a défendu.

— Je ne comprends pas.

— Personne ne peut comprendre ! Je t'en prie seulement : passe ton chemin. Laisse-moi à mon sort. Va-t-en ! Cela vaut mieux pour tout le monde ! »

Tout cela me mit mal à l'aise. Était-il fou ? Était-il possédé d'un démon qui le poussait inexorablement à l'autodestruction ? Avait-il fait un vœu ? Ou bien était-ce un de ces extrémistes qui jeûnent jusqu'aux limites de la conscience afin d'accéder à des visions et de pénétrer des secrets célestes ? Une chose était certaine : il était en train de mourir de faim et de soif. Pourquoi n'acceptait-il aucune aide ? Je changeai de tactique.

« Nous nous sommes trompés de route, dis-je d'un air implorant. Ne peux-tu pas nous aider ? »

L'étranger sursauta. J'avais trouvé le ton juste. Beaucoup de gens n'acceptent de l'aide que si on les laisse jouer les sauveurs.

« Où voulez-vous aller ? demanda-t-il.

— Chez les Esséniens. »

Il se renfrogna.

« Ne peux-tu pas nous y conduire ? »

Il secoua la tête. Mais ensuite il nous dit : « Je vous montre le chemin. Mais je ne vais pas avec vous. Je ne vous demande qu'une chose : pouvez-vous leur transmettre un message ?

— Évidemment ! Que devons-nous leur dire ?

— Dites-leur que moi, Baruch, fils de Béréchia, je souhaite la paix à mes frères. Je les en prie : qu'ils m'accueillent de nouveau parmi eux. Je suis à bout de force et je ne tiendrai plus longtemps[3].

— Tu es Essénien ! Ils t'ont jeté dehors ? Ils t'ont chassé dans le désert ? Alors pourquoi erres-tu dans ce sinistre paysage au lieu d'aller à Jéricho ou à Jérusalem ?

— Celui qu'on chasse de la communauté ne doit accepter aucun contact avec d'autres. Il ne doit recevoir aucune nourriture d'eux, pas une coupe d'eau. Autrement il n'a aucune chance de pouvoir être réaccepté !

— Mais c'est inhumain ! m'écriai-je. Quel crime as-tu donc commis pour qu'on te traite ainsi ?

— En entrant dans la communauté, nous avons fait serment de nous taire[4]. »

Baruch était-il un criminel ? Non ! C'était exclu ! Est-ce qu'un criminel se serait senti tenu par sa promesse ? En cas de besoin extrême, aurait-il de tels scrupules ? Quel était donc le pouvoir de cette communauté sur ce jeune homme, pour qu'il acceptât de périr de cette façon atroce plutôt que de se séparer d'elle ? Cette force le tenait comme un démon de telle sorte qu'il ne connaissait qu'une alternative : ou bien revenir dans sa communauté, ou bien mourir dans le désert ! Si seulement je savais comment lui redonner le goût de vivre !

Il me vint une idée :

« Si un ascète du désert passait par là, quelqu'un qui attendrait Dieu comme vous, pourrait-il t'aider, lui ? »

Baruch secoua la tête : « Tous ceux qui ne sont pas de la communauté sont des enfants de ténèbres. »

Je semblais impuissant contre l'esprit de cette communauté. Je ne renonçai cependant pas :

---

3. Josèphe écrit au sujet des Esséniens : « Ils expulsent de l'ordre ceux qu'ils prennent en flagrant délit de méfaits graves. Souvent le sujet expulsé périt d'une mort misérable car, lié par ses serments et ses habitudes, il ne peut même pas partager la nourriture des autres juifs. Réduit à manger de l'herbe, il périt, épuisé de faim. C'est justement pourquoi ils en reprennent plus d'un, par pitié, juste avant son dernier souffle, en pensant que la torture subie jusqu'à la mort suffit bien à expier leurs manquements » (*La Guerre juive,* 2,143-144).

4. *Ibid.*, 2, 141.

« Bon ! Tu ne dois accepter ni boisson ni nourriture de personne. Mais dois-tu aussi repousser la main de Dieu ? Il fait pousser des herbes et des fruits sans intervention de l'homme. Ne veux-tu pas prendre de cette nourriture ?

— Mais ici rien ne pousse !

— Viens ! lui dis-je. Je te conduirai en un lieu où tu trouveras de la nourriture qu'aucun homme n'a jamais souillée. »

Bannus m'avait appris comment se nourrir de plantes, de sauterelles et de miel sauvage. Lui-même le tenait de bédouins[5].

Au vu de la réaction de Baruch, je compris que j'avais gagné. Nous le prîmes à tour de rôle sur notre cheval et nous chevauchâmes en direction du Jourdain. Nous approchâmes bientôt de la bande verte qui traversait le désert, rappel de l'impossibilité de désertifier totalement la vie. Nous conduisîmes Baruch au bord de l'eau. Il s'accroupit dans le fleuve et but à même le fleuve. Il était presque totalement sous l'eau. Il ingurgitait à petits coups. Entre-temps, Timon, Malchus et moi-même ramassâmes quelques herbes, des fruits et de ces sauterelles qui sont si bonnes grillées sur le feu. Et Baruch mangea ! Il mangea de tout ce que la nature lui fournissait d'elle-même. Il mangea et il but ! C'était un plaisir de le voir. C'était comme si la vie avait vaincu la mort.

Nous campâmes à l'ombre d'un bosquet. Devant nous s'étendait le désert, semblable à un champ de décombres remontant à une catastrophe des origines du temps. Derrière nous, l'éden du Jourdain. Quel miracle de voir dans ce paysage jaillir plantes, buissons et arbres. Il suffisait d'un peu d'eau pour transformer ce champ sinistre en jardin luxuriant. Je pensai soudain que la vie pousse toujours aux lisières de la mort. La forêt devient désert, l'eau se transforme en mer Morte et la lumière en chaleur accablante.

Il était clair que nous ne pouvions laisser Baruch dans ce désert. Il mourrait ! Mais que faire ? Nous fallait-il transmettre son message ? Devions-nous l'aider à retourner dans sa communauté ? En moi tout se hérissait contre une telle idée. Cette

---

5. Josèphe rapporte que Bannus se nourrissait de « ce qui poussait tout seul » (*Autobiographie* 11). On peut aussi comparer son alimentation à celle de Jean-Baptiste (Mc 1, 6).

communauté disposait sur lui d'un pouvoir étrange, mortifère. Peut-être ce pouvoir était-il le germe d'une vie cachée ? Mais quelle destruction et quelle mort n'engendrait-il pas !

Je me demandais de plus s'ils le réaccepteraient. Qu'avait-il fait ? Peut-être avait-il vraiment commis une faute effroyable ? Mais même en ce cas, Baruch pouvait toujours m'aider. Il pouvait me fournir une masse de renseignements sur les Esséniens, et ceci avec d'autant moins de retenue qu'il aurait rompu avec sa communauté. Il avait dû enregistrer beaucoup de choses. Je n'avais plus qu'à les lui faire sortir !

Sa réponse à ma question fut évasive : « Sur ce point, je ne peux rien dire, car il me faudrait livrer ce qui relève du secret le mieux gardé de notre communauté. »

J'insistai. « Pourquoi jetez-vous le voile du mystère sur tout ?

— Celui qui vient chez nous doit abandonner pour toujours la vie normale. Il a découvert la façon dont les hommes courent à leur perte sans s'en rendre compte, et il ne doit plus avoir aucun rapport avec eux : ils l'entraîneraient à abandonner le chemin qu'il a pris un jour. Il doit brûler tous les ponts, rompre tous les contacts. En entrant dans la communauté, il jure de n'aimer que ses membres, mais de haïr tous les enfants de ténèbres, de ne plus tenir compte de rien d'extérieur à la communauté, mais de celle-ci seulement[6].

— Vous faites serment de haïr tous les autres ?

— Oui. »

Tout en suivant attentivement l'entretien, Timon et Malchus goûtaient des fruits que nous avions trouvés. Ils appréciaient tout particulièrement les figues de Barbarie, mais laissèrent tomber les sauterelles grillées. Puis Timon se mêla à la conversation :

« Est-ce que tu nous hais vraiment ? »

Baruch secoua la tête : « Je hais les enfants de ténèbres qui méprisent les commandements de Dieu », murmura-t-il.

Malchus intervint à son tour :

« Veux-tu vraiment retourner chez ces gens ?

— Que puis-je faire d'autre ?

---

6. Cf. *Règle* I,9-11. Selon ce texte, les Esséniens ont le devoir « d'aimer tous les fils de lumière, chacun selon sa part dans le conseil de Dieu, mais de haïr les fils de ténèbre, chacun selon sa redevance envers la colère de Dieu ».

— Est-ce que tu ne peux pas revenir dans ton village natal ?

— J'ai tout quitté. J'ai vendu mon héritage. J'en ai donné le produit de la vente à la communauté. Je suis totalement livré à elle.

— Est-ce que tu n'as plus de parents, de frères ou de sœurs ?

— J'ai rompu avec ma famille. Impossible de revenir en arrière. Ou je retourne dans ma communauté, ou je dois continuer à vivre dans le désert. »

Il baissa la tête et se tut.

Timon et Malchus se taisaient aussi. Notre silence était comme englouti par celui du désert. Je finis par dire :

« Baruch, moi aussi j'ai un jour abandonné la vie normale, comme toi. Je suis allé chez un ascète du désert. Je cherchais la vraie vie. J'ai découvert que, même dans la solitude, l'homme n'échappe pas aux contradictions de l'existence. Je te fais une proposition : viens avec nous. Tu peux vivre chez nous. Nous t'aiderons à prendre un nouveau départ. »

Baruch refusa : « Nous ne devons faire confiance à personne en dehors de notre communauté.

— Mais Baruch, répliquai-je, tu as déjà fait confiance. »

Embarrassé, il répondit : « Vous avez peut-être raison ».

Je le poussai à fond : « Est-ce que tu peux vraiment faire confiance aux Esséniens ? »

Il se mit alors à crier : « C'est précisément la raison de notre discussion. Je voulais une communauté en laquelle on aurait pu se fier ».

Il se mit soudain à parler avec volubilité. Il raconta l'histoire de son exclusion. Il s'exprimait en phrases hachées. L'excitation le faisait sans cesse s'interrompre. Mais nous finîmes par comprendre.

« Celui qui entre dans la communauté doit renoncer à tous ses biens. C'est pourquoi les membres de ce groupe s'appellent "pauvres en esprit". On considère la richesse comme un pas vers la perdition. Mais, pendant le noviciat, on montre aux nouveaux de curieuses tablettes de cuivre que seuls les surveillants peuvent lire[7]. Il y a des indications gravées portant mention de certains trésors fantastiques ; elles décrivent exactement en quel endroit creuser pour les trouver. On y dit aussi la nature et la quantité des métaux. Personne n'a jamais vu ce trésor. Mais tout le monde y croit. »

Baruch avait alors émis l'idée que la communauté aurait logiquement dû renoncer à ces richesses. Comment se dire « pauvres » alors qu'on gardait une fortune supérieure aux revenus réunis de la Judée, de la Galilée et de la Samarie ? On aurait dû se servir du trésor pour aider les pauvres.

Il y avait alors eu une discussion. Au cours de celle-ci, Baruch avait osé lancer l'hypothèse que le trésor n'existait pas. Peut-être n'en parlait-on aux novices que pour leur faciliter la cession de leurs biens. Il fallait les persuader qu'ils seraient toujours à l'abri du besoin matériel. Mais lui ne pouvait accepter que leur vie commune reposât sur une illusion. Ou bien on devait prouver que ce trésor existait vraiment, ou bien on devait cesser d'en parler !

La majorité des membres n'avait pu supporter le simple soupçon de tromperie. On avait alors chassé sur-le-champ Baruch en l'accusant de porter atteinte à la paix de la communauté.

Je l'interrogeais en détail sur les raisons habituelles de renvoi. Baruch mentionna quelques cas :

« En cas de fausses déclarations de biens lors de l'entrée dans la communauté, il y a un an d'exclusion et diminution d'un quart de la ration de nourriture la vie durant. Une demi-année en cas de mensonge, de colère contre un membre de la communauté, où si l'on s'est promené tout nu. Un mois pour manquement à la discipline lors des rassemblements communautaires, si par exemple quelqu'un s'est éloigné sans permission, crache pendant la réunion ou rit tout haut. Dix jours d'exclusion à celui qui s'endort pendant les réunions ou qui gesticule de la main gauche[8].

7. Dans une des grottes de Qumrân on a en effet trouvé des tablettes de cuivre qu'on a appelés « Rouleaux de cuivre ». Rédigés en hébreu, ils portent des indications sur la quantité et l'emplacement de richesses cachées qu'on n'a jusqu'à présent pas retrouvées. Il s'agirait, soit de trésors des Esséniens ou du Temple, soit de richesses purement imaginaires.

8. On a trouvé ce règlement pénal dans la Règle de la secte). Cf. *Règle* VI-24 - VIII, 25.

— Dures punitions, dis-je. Veux-tu vraiment retourner dans cette communauté ? Pourquoi tiens-tu tellement à elle ? Pourquoi y es-tu entré ?

— La première chose que j'avais entendu dire des Esséniens, c'était qu'ils refusaient l'esclavage. Ils le rejetaient parce qu'ils y voyaient une atteinte à l'égalité des humains : il était en contradiction avec les lois de la nature. Celle-ci avait engendré et nourri tous les hommes, et ceux-ci étaient donc frères. Seule la richesse les aurait divisés ; c'est elle qui avait changé la confiance en méfiance, l'amitié en haine[9]. De telles idées m'avaient fasciné. Où trouver autre part une communauté refusant l'esclavage ? Nulle part !

— Mais n'avez-vous pas échangé l'esclavage des humains contre l'esclavage beaucoup plus dur de la loi ?

— Notre communauté s'oppose au style de vie habituel ! Qui veut ainsi se singulariser doit marquer fortement ce qui le sépare de son entourage. Il faut que notre loi soit dure ! »

Puis, après une pause, il ajouta :

« Tu ne vois que les côtés pénibles de notre vie. Mais tu ne vois pas le reste ! La joie que peut provoquer le fait d'avoir échappé à un monde où les hommes s'oppriment, s'exploitent et se torturent ! Nous attendons une merveilleuse métamorphose de l'univers, et nous vivons dès maintenant à la façon dont on vivra dans ce monde neuf. C'est ce que nous chantons dans un hymne admirable que le fondateur de notre communauté nous a laissé[10] :

Je te loue, Seigneur,
de ce que tu as arraché ma vie à la mort.
Tu m'as libéré d'un enfer !
J'appartiens à un monde nouveau.

---

9. Le dernier chapitre est une reprise très libre de Philon : *Quod omnis probus liber sit*, 79 : les Esséniens s'étaient en effet acquis la réputation de récuser les formes inhumaines de propriété, celle des esclaves. Dans les écrits retrouvés à Qumrân, on ne trouve aucune mention de ce point. Mais la communauté du désert ne connaissait pas l'esclavage.

10. Les cantiques de louanges (dénommés *Hymnes*) trouvés dans les grottes de Qumrân comportent des compositions lyriques du style des psaumes vétérotestamentaires. Certains de ces chants remontent au « maître de justice ». Nous reprenons ici librement le texte de *Hymnes* III, 19 sq.

Je mènerai une existence conforme à ce monde.
Je le sais : je puis vivre dans l'espérance
bien que je ne sois formé que de poussière.
Car tu me libères de toutes les défaillances,
en sorte que je puis entrer dans la communauté des saints.

« C'est le genre de cantiques que nous chantons parfois pendant nos repas[11]. Nous les aimons particulièrement. Nous sommes tous purifiés. Nous sortons d'un bain frais et nous avons laissé nos habits de travail. Le boulanger apporte les pains, le cuisinier donne à chacun à manger. Le prêtre bénit le repas. Tout est tranquille. Un observateur étranger ne pourrait remarquer grand-chose. Mais nous, nous vivons ces repas en communauté comme un avant-goût du festin à venir. Dans le monde nouveau, le Messie s'assoira avec nous à table. Mais, comme je l'ai déjà dit, on ne peut le faire comprendre à un non-initié. Seul celui qui appartient à notre communauté peut sentir cette joie. »

Je l'interrompis : « Je ressentirai aussi cette joie si tu viens manger avec nous. »

Baruch me regarda avec étonnement. Je tirai lentement quelques dattes de notre bagage et les lui offris. Timon, Malchus et moi-même le regardions avec espoir. En prendrait-il ? Il hésita. Personne ne disait mot. Tout était silencieux. La tension faisait vibrer l'air entre nous. Une fois de plus, je lui offris les dattes. Il tendit enfin la main.

« Merci », dit-il en les prenant ; et il les partagea entre tous. Nous nous mîmes à rire. Nous mangeâmes. Baruch était des nôtres !

Le jour même, nous revînmes du désert à la vie, autrement dit à Jéricho. Baruch resta avec nous. Au cours de longs entretiens, j'appris tout sur les Esséniens, plus que je ne l'avais jamais espéré. J'étais fasciné par cette communauté, même si elle me paraissait toujours aussi étrange. À l'auberge de Jéricho, je demandai une feuille de papyrus et jetai un premier rapport sur

---

11. Josèphe dépeint ces repas esséniens dans *La Guerre juive*, 2,129-133. On trouve la description du festin messianique à venir dans la *Règle de la communauté* (II, 11-21).

eux. Les hôtes, le plus souvent des commerçants avec de petites caravanes, reposaient à l'ombre de l'auberge. Pour ma part, j'étais assis dans une petite chambre et j'écrivis :

SUR LES ESSÉNIENS

Les Esséniens forment une communauté très disciplinée centrée sur les problèmes religieux. Ils se sont retirés dans le désert parce qu'ils pensent ne pas pouvoir accomplir les commandements de Dieu en menant une vie normale. Ils diffèrent surtout des autres juifs par leur calendrier : ils fixent leurs fêtes d'après un comput solaire, tandis que tous les autres suivent un comput lunaire. Ils ne peuvent par conséquent pas prendre part au culte du Temple. Les jours de solennités des autres sont pour eux des jours ordinaires. En revanche, leurs jours de fête sont pour les autres des jours normaux[12].

Leurs relations avec l'aristocratie sacerdotale de Jérusalem ne sont plus aussi tendues qu'autrefois. Sans doute ne participent-ils pas au culte sacrificiel, mais ils envoient des offrandes au Temple.

Ils ne présentent aucun danger pour l'État. En entrant dans la communauté, tous les membres doivent jurer de ne jamais commettre aucun brigandage (et donc aucun coup de main contre les Romains). Ils ne cachent pas d'armes. Chacun se contente d'une épée pour se protéger en cas d'attaque[13].

Les Esséniens interprètent très strictement nos lois sur le mariage. Ils refusent la polygamie et disent que Dieu a créé l'humanité homme et femme, et non pas un homme et deux femmes. Si la femme ne doit avoir qu'un mari, la réciproque est également vraie. Ils disent en toute logique que si un homme ne peut épouser sa tante, une femme ne peut non plus épouser son oncle. Ils refusent aussi le divorce[14]. Du fait de cette interprétation du mariage, ils ne peuvent que critiquer nos princes hérodiens : Hérode le Grand vivait avec plusieurs femmes ensemble. Ses fils ont souvent épousé leurs propres nièces. Il est donc évident qu'ils condamnent l'union d'Hérode Antipas avec sa belle-sœur.

---

12. Les raisons du calendrier solaire sont exposées dans le « livre d'astronomie » du Ier livre d'Hénoch (1 Hen 72-82) retrouvé lui aussi à Qumrân. Mais cet ouvrage (ainsi que d'autres écrits qui présupposent ce calendrier solaire), était aussi en circulation en dehors de Qumrân.

13. Selon Josèphe (*La Guerre juive*, 2, 142), les Esséniens devaient jurer « de ne commettre aucun vol », ils n'emportaient en voyage « qu'une arme pour se défendre contre les voleurs », car ils pouvaient compter trouver partout accueil chez d'autres Esséniens (*ibid*., 2, 125).

14. On trouve ces lois du mariage dans le *Manuscrit de Damas* (IV,20 V ,2 ; V, 7-11).

Je n'écrivis pourtant pas que les Esséniens détestaient les Romains. Sans doute renonçaient-ils pour le moment à la résistance armée. Mais ils rêvaient d'une grande guerre à la fin des temps. Les enfants de lumière s'uniraient alors pour vaincre et anéantir les enfants de ténèbres. L'unique question était de savoir quand ils en arriveraient à penser qu'on serait aux derniers jours. Alors, mais alors seulement, ils pourraient devenir dangereux[15].

Je ne rapportai pas non plus leur critique radicale du pouvoir et de la richesse, telle que leur communauté en était arrivée à la formuler. Les puissants ne pouvaient que rejeter ceux qui constituaient la preuve vivante de la possibilité de vivre sans propriété privée : ils étaient trop dangereux pour eux.

Je me tus en outre sur l'attente brûlante d'un prochain retournement des choses et sur la venue d'un roi et d'un nouveau grand prêtre messianiques. Les politiques considéraient toujours comme dangereux toute prophétie parlant de changement. On avait vu des empereurs interdire toute prédiction.

J'étais plongé dans mes pensées sur les Esséniens quand il y eut du bruit devant l'auberge. Il s'était passé quelque chose. Je tendis l'oreille. Je ne pus saisir que des bribes de phrases. On avait tué quelqu'un. J'entendis des voix furieuses, puis des plaintes, enfin un murmure confus. Je voulus vite sortir. Baruch se précipita sur moi :

« Sais-tu la dernière nouvelle ? Ils l'ont tué !

— Qui ?

— Le prophète Jean. »

*

Cher Monsieur Kratzinger,

Les Esséniens vous font penser aux « religions de jeunes » actuelles. De fait, en écrivant le dernier chapitre, je pensais concrètement à certaines sectes. Faut-il donc conclure que j'aurais projeté dans le passé certaines expériences actuelles ?

---

15. La description de la fin des temps se trouve dans un des écrits retrouvés dans les grottes de Qumrân, le rouleau du *Règlement de la guerre*.

Permettez-moi tout d'abord une remarque d'ordre général : si nous ne retrouvions dans le passé que ce qui correspond à notre expérience présente, nous perdrions tout intérêt pour lui. Si nous ne trouvions par contre que ce qui la contredit, il nous resterait incompréhensible. N'est intelligible que ce qui a un rapport avec ce qui nous est familier.

Mais revenons au dernier chapitre. Les Esséniens ne sont pas une secte moderne de jeunes. On ne saurait voir chez eux un retour à l'autoritarisme dans un climat général d'incertitude et de libéralisme. En dépit de la distance qu'ils mettent entre eux et la société, ils la rejoignent sur un point fondamental. Ils pensent comme leur entourage que, dans sa Torah, Dieu a donné des indications valables pour toute la vie. On peut discuter de cette interprétation, mais c'était alors une donnée de fait incontestable. On considérait qu'il fallait défendre la Torah contre la culture envahissante du paganisme héllénique.

En ce temps-là, la question était donc de savoir si on répondait bien aux exigences d'un cadre de vie préalablement donné ! Il n'y avait que peu de gens à se trouver réellement devant l'alternative d'opter en faveur du mode de vie du paganisme hellène. Aujourd'hui, en revanche, les jeunes se demandent vers quoi se tourner. Même si les Esséniens nous font penser aux religions actuelles des jeunes, ils en diffèrent pour l'essentiel.

Ce qui rend la recherche historique intéressante, c'est précisément cet éclairage que s'apportent mutuellement le passé et le présent. Ce que nous apprenons sur la vie de jadis jette une lumière nouvelle sur nous.

En conclusion, laissez-moi vous assurer de l'importance que j'attribue à vos critiques. J'espère que vous trouverez le temps de me dire votre avis sur le prochain chapitre.

Avec mon meilleur souvenir.

Gerd Theissen.

6

ANALYSE D'UN MEURTRE

Baruch était hors d'haleine. « Hérode Antipas a fait exécuter Jean le Baptiste ! Toute la ville bourdonne de rumeurs ! »

J'étais stupéfait. Encore une histoire effroyable ! Il me fallait en savoir plus. Quelle affaire pour Pilate ! Il tenait maintenant en main son triomphe sur Antipas. En arriver à faire supprimer un saint !

Une foule s'était rassemblée sur la place devant l'auberge. Le jeune homme qui avait apporté la terrible nouvelle était au milieu et répondait autant qu'il le pouvait aux questions qui fusaient. Je me frayais un passage jusqu'à portée de voix. Le jeune homme gesticulait : « Hérodiade, sa nouvelle femme, est derrière l'affaire ! Elle voulait à tout prix l'épouser bien que cela ait été contraire à notre loi. Car elle devait d'abord divorcer du demi-frère d'Antipas[1]. Cette femme ne recule devant rien. C'est elle qui est coupable de la mort du prophète. Elle voulait faire taire les critiques contre son nouveau mariage ! »

La foule applaudit. Quelqu'un d'autre intervint : « Hérodiade a été très maligne. Hérode est bien trop brave homme. Il n'avait sûrement rien contre le Baptiste. Il n'a dû ordonner l'exécution qu'à contrecœur. Un jour où il était un peu gai, il a dû se laisser aller à promettre à sa femme de satisfaire un de ses vœux, et elle lui aura alors demandé la tête du Baptiste.

Une femme ne peut pas faire cela toute seule ! cria sur ces entrefaites un troisième. Elles étaient deux : Hérodiade et sa fille

1. Il est dit en Lv 18,16 : « Tu ne découvriras pas la nudité de la femme de ton frère, car c'est la nudité même de ton frère. » Hérodiade avait épousé en premier mariage un fils d'Hérode du nom d'Hérode Philippe.

Salomé. Toute la haute société de Galilée et du Pérée était venue à un banquet. L'ambiance était surchauffée. Antipas avait déjà pas mal bu. Alors Salomé a commencé à danser. Tout le monde fut emballé. Antipas lui promit de satisfaire n'importe lequel de ses vœux, quand même ce serait de lui donner la moitié de son royaume. Il attendait sans doute quelque chose d'inoffensif, un de ces souhaits comme en ont les filles de cet âge. Mais Salomé s'est laissé dicter sa volonté par sa mère : elle voulait la tête du Baptiste. »

Pour moi c'était évident : ce n'était là que commérages de cour[2]. Si cela continuait, on en arriverait à raconter à la fin que Salomé avait séduit son oncle Antipas. Toutes ces histoires correspondaient aux clichés habituels : pour mettre en scène une intrigue de cour, on a besoin de femmes malignes, d'un prince bon enfant, d'une victime, d'une promesse faite par inadvertance, etc. La vérité ne pouvait être aussi simple. Je me tournai vers celui qui avait parlé le premier. On sentait que tout ce qu'il disait était exagéré.

« D'où tiens-tu tes renseignements ?

— Il y a des fonctionnaires d'Antipas qui viennent d'arriver à Jéricho.

— Sont-ils encore là ?

— Ils se sont installés au palais d'hiver d'Hérode[3].

— Sais-tu qui ils sont ?

— Je crois que l'un d'eux s'appelle Chusa. C'est un intendant d'Hérode.

Bonne nouvelle ! Je connaissais bien Chusa. Je l'avais eu plusieurs fois comme partenaire dans des affaires de grain. Personne ne pouvait être mieux renseigné que lui sur ce qui s'était passé chez Hérode. J'envoyais tout de suite Timon lui porter au palais d'Hérode un message l'informant que j'étais à Jéricho. Etait-il possible de lui parler ? Il me fit aussitôt répondre

2. En Mc 6,17-29, on peut trouver le résultat de ce « commérage de cour », qui se répandit dans le simple peuple et devint l'objet d'une véritable fabulation. C'est ainsi que les gens de Palestine se représentèrent les raisons de la mort du Baptiste. Josèphe est plus près de la vérité quand il donne pour véritable motif de celle-ci la crainte qu'avait Hérode d'un soulèvement.

3. Le roi Hérode avait fait construire un palais d'hiver à Jéricho. On l'a remis au jour.

qu'il serait très heureux de me revoir. Il était de passage, en route pour Tibériade. Pourrais-je venir dîner avec lui et sa femme ?

Il me reçut avec son épouse Jeanne dans un magnifique triclinium. Il y avait trois lits autour d'une petite table, comme dans une villa romaine. Le sol était fait d'une splendide mosaïque aux motifs floraux[4]. Les murs, plaqués de marbre rose et bleu, étaient un vrai bijou. À moins que cela ne fût qu'une imitation en peinture ? Nous nous allongeâmes pour le dîner. Les esclaves nous servirent les plats : salades, escargots, œufs, gâteau de riz au miel, avec accompagnement d'olives, de bettes, de concombres et d'oignons[5]. Là-dessus un vin délicieux. Depuis mon séjour en prison, je n'avais rien mangé d'aussi bon. Quels délices ! Il me fallut me retenir pour ne pas paraître glouton.

Sur la coupe à laquelle nous bûmes, il y avait une inscription gravée en grec[6] :

QUE VIENS-TU FAIRE ICI ?
SOIS JOYEUX.

C'était bien là du Chusa ! Il tirait un de ses dictons favoris de l'Ecclésiaste : « Va, mange ton pain avec tes amis et bois ton vin d'un cœur joyeux[7] ! » De façon générale, il appréciait fort les écrits de Salomon : ses proverbes, ses cantiques, sa sagesse. Chusa était sadducéen[8] — forme de foi répandue dans la couche supérieure de notre société. Jouir de la vie, telle était sa devise. Et il en jouissait — en compagnie de sa jeune femme.

---

4. Les motifs des mosaïques du palais d'Hérode ne comportaient que des thèmes végétaux. En ce lieu, il avait manifestement observé l'interdit des images. Il est au reste historiquement certain qu'on prenait pour du vrai marbre les murs peints d'Hérode, ainsi que les visiteurs de Massada (une des forteresses-refuges d'Hérode, sur le bord de la mer Morte) peuvent aisément s'en persuader.

5. Selon Pline le Jeune (*Lettres*, 1,15), il s'agit là d'un menu bien réel.

6. On connaît des coupes de ce genre, provenant de Syrie et datées du Ier s. ap. J.-C. Cf. A. Deissmann : *Licht vom Osten*, Tübingen 1923, p. 104.

7. Qo 9,7.

8. D'après Josèphe (Ant 13,293 = XIII,10,6), les sadducéens recrutaient leurs adhérents chez les gens aisés. Ils ne croyaient pas à la destinée (Ant 13,173 = XIII,5,9) ni à la survie après la mort (*La Guerre juive* 2,165 ; Mc. 12,18-27 ; Ac 23,8) et ne reconnaissaient comme écritures saintes que le Pentateuque.

Notre conversation débuta par des sujets sans importance. Mais il était évident que nous voulions tous les deux en venir au thème du jour. Nous commençâmes pourtant par parler d'autres choses. Chusa était bien informé :

« Pilate a encore eu des problèmes à Jérusalem. En connais-tu les détails ? »

Je fus décontenancé. Savait-il déjà que j'avais été mêlé aux événements ? Devais-je le lui dire ? De toute façon il l'entendrait sûrement raconter à un moment ou autre. Aussi je lui dis : « Cinq hommes de sa police ont été tués au cours d'une démonstration contre lui. J'étais tout près de là, et en passant on m'a arrêté. » Et je lui narrai toute l'histoire. Je notai qu'il buvait mes paroles. En tant que partisan d'Antipas, il était intéressé à toutes les mauvaises nouvelles sur Pilate. J'étais embarrassé : dans quelle mesure pouvais-je noircir Pilate sans me mettre moi-même en danger ? Pilate pouvait apprendre ce que j'aurais répandu sur son compte. Je suppliai donc Chusa :

« Pour l'amour de Dieu, ne raconte à personne que tu tiens l'histoire de moi. Pilate peut être brutal ! Il ne doit jamais savoir ce que je t'ai dit. »

Chusa approuva de la tête et continua : « Du reste, il a encore commis de nouveaux méfaits. J'apprends juste qu'il vient de tuer des pèlerins galiléens, avec en plus leurs animaux d'offrande[9].

— Quoi ? Est-ce qu'il veut mettre tout le pays contre lui ?

— Le climat est tendu. Des faits en eux-mêmes minimes peuvent provoquer des réactions démesurées. De plus il s'agit de Galiléens. C'est donc de la compétence d'Antipas. Nous allons protester. »

C'est alors qu'intervint Jeanne : « Ne faites pas comme si cela ne tombait pas à pic ! Antipas vient de faire exécuter un prophète, et Pilate quelques pèlerins. Cela se vaut. Personne ne pourra aller cancaner sur l'autre auprès de l'empereur ou du légat de Syrie. Les loups ne se mangent pas entre eux. »

Chusa l'admit : « D'accord ! Que Pilate ait des difficultés, cela nous arrange. Car nous ne sommes pas encore sortis de cette histoire de Jean le Baptiste !

— Le connaissais-tu ? demandai-je.

9. Cf. Lc 13,1 sq.

— Évidemment ! Un type étrange ! Rien que son habit ! Une peau de chameau et une ceinture de cuir, c'est tout. Autrement, cheveux longs, barbe, nourriture végétarienne !

— Certains de ces types ne sont pas si mauvais. » Je pensais à Bannus. « Sous la carapace, il y a souvent un brave gars ! Quelle impression te faisait Jean ? Sympathique ?

Couci-couça ! En tant que saduccéen, je ne peux pas sentir ces prophètes de fin du monde. D'abord il y en a trop. Ensuite, la fin du monde n'arrive pas. Il y pourtant une chose que je trouve sympathique. Tu sais que je suis très libéral en matière religieuse. Je ne peux pas piffer nos pieusards et ils me le rendent largement. À leurs yeux, nous ne sommes que des juifs de seconde classe. C'est justement sur ce point que Jean était impressionnant. Il prêchait que Dieu ne fait aucune différence entre les pieusards et les tièdes. En espérant échapper au jugement, les premiers ne sont que race de vipères et engeance de serpent. Tout le monde devait changer radicalement, les pieux comme les impies. Tous se trouvent sous la menace du jugement proche.

— Pourquoi Antipas l'a-t-il fait tuer ? Qu'est-ce qu'il y a derrière cette affaire ? Les gens disent que c'est la faute d'Hérodiade ! »

Jeanne protesta : « Évidemment ! C'est toujours la faute des femmes ! »

Chusa se mit à rire : « Ma femme est très sensible sur ce point, dit-il. Tu sais qu'Antipas était marié à une princesse nabatéenne, la fille du roi Arétas IV. Diplomatiquement, cela avait été un coup de maître. Arétas est notre voisin du sud, et il avait une fâcheuse tendance à s'étendre vers le nord. Le mariage avait pour but de la mettre en échec : on ne fait pas la guerre à un gendre pour lui rafler du pays ! C'est pour cela que les Romains avaient été d'accord avec la chose, bien qu'ils n'apprécient généralement pas les contacts entre leur clientèle de princes et les rois indépendants. C'est alors que s'est produit l'histoire d'Hérodiade. »

Je demandai : « Est-ce que cela a été le grand amour du premier coup ? »

Jeanne répondit : « Cela a bien été une histoire d'amour ! Sinon Antipas aurait tenu compte des inconvénients politiques résultant de cette union. »

Chusa ajouta : « Cela n'a pas été que de l'amour. Il y a aussi eu des raisons politiques. Si les deux se sont si bien entendus, c'est qu'ils avaient la même ambition. Tu sais qu'Hérode avait souvent changé son testament. Il désignait chaque fois un nouveau légataire universel. Antipas avait aussi été l'un d'eux, mais lors du partage des biens il n'a réussi à s'imposer que comme tétrarque. Hérodiade était mariée à l'un des précédents légataires universels, le frère d'Antipas. Lors du partage final, son époux a été encore plus mal loti. Il n'a rien eu ! Mais ne voilà-t-il pas qu'Hérodiade, par sa mère Mariammee, descend de la maison des Asmonéens. C'est une princesse authentique. Les Hérodiens ne sont au contraire que des parvenus. Que veut devenir une vraie princesse ? Reine, évidemment ! Et puisqu'elle ne peut pas le devenir par son mariage avec son premier mari, elle le pourra peut-être en prenant un prince. Ce n'est pas par hasard que les deux se sont amourachés l'un de l'autre au moment précis où Antipas entreprenait son voyage à Rome — on dit avec l'espoir de succéder au préfet Valérius, en devenant ainsi roi de Judée et de Galilée. Tous les deux entendaient bien grimper plus haut. »

Jeanne objecta : « Mais justement ! Le mariage a bien été un fiasco politique pour Antipas ! »

Chusa expliqua : « Il y a eu des ennuis ! D'abord Antipas avait pris la femme de son frère. Cela va contre notre Loi. Deuxièmement Hérodiade avait pris l'initiative. C'est elle qui a mené l'affaire. Cela va à l'encontre des coutumes juives[10]. Troisièmement, Hérodiade a voulu qu'Antipas renvoie sa première femme, alors que la loi juive l'autorisait à vivre avec plu-

---

10. Le comportement d'Hériodade ne différait pas de celui d'autres femmes de son époque. Salomé, sœur d'Hérode Ier, et Drusilla divorcèrent aussi, ce que Josèphe blâme comme manquement à la loi juive (Ant 15,259 = XV,7,10 et Ant 20,143 = XX,72). Josèphe dit explicitement d'Hérodiade que, en divorçant, elle aurait commis une faute contre la loi de ses pères (Ant. 18,136 = XVIII,5,4), ce qui laisse entendre qu'elle aurait eu parfaitement conscience de la signification de son acte. Il est possible qu'elle ne se soit pas seulement conformée à la tradition juridique gréco-romaine, mais aussi à la tradition araméenne : on a prouvé qu'au Ve s. av. J.-C., les juifs de la colonie égyptienne d'Éléphantine admettaient le divorce de la femme. Nous avons également un témoignage semblable en Palestine au temps de la révolte de Bar Kochba (132-136 ap. J.-C.).

sieurs épouses en même temps. Toutes ces atteintes à la Loi ont suscité le mécontentement chez les gens. Le Baptiste s'est fait le porte-parole de l'opposition politique intérieure. »

C'est alors que Jeanne commença à s'animer : « On peut juger les choses d'un tout autre point de vue. Hérodiade n'a rien fait d'autre que de réclamer les droits dont disposent toutes les femmes de l'Empire romain. À Rome, une femme peut demander le divorce, tandis que, chez nous, seul l'homme peut renvoyer sa femme. C'est injuste. Les deux devraient avoir les mêmes droits. Hérodiade n'a prétendu à rien de plus. Cela vaut aussi pour le dernier point : à Rome, un homme n'a pas le droit d'avoir plusieurs épouses à la fois. Je considère cela comme un progrès. Cela montre clairement que la femme a la même valeur que l'homme. Hérodiade a eu raison de refuser d'être la seconde femme auprès de la première. Bref, elle a voulu introduire un peu de progrès dans un pays attardé. Et qu'est-ce qui arrive ? Un prophète sorti de son trou lui barre la route ! Je ne peux vraiment pas voir en Jean le grand prophète que certains voudraient nous faire croire. »

Chusa approuva pensivement : « Quelle que soit la façon dont on juge moralement l'affaire, politiquement Antipas n'en a pas moins sous-estimé la réaction populaire. »

J'opinai : « En ce domaine, on voit ressurgir dans le peuple de très vieilles images : Élie, celui qui s'est opposé à l'influence païenne de Jézabel. C'est ainsi qu'a procédé le Baptiste en jouant à l'adversaire d'Hérodiade. La rumeur affirme qu'il aurait été Élie revenu sur terre. Avec cela, Antipas est totalement du côté de l'injustice. »

Chusa poursuivit : « Les contre coups politiques ont également été désastreux. La femme nabatéenne d'Antipas a eu vent de son renvoi imminent, et elle l'a prévenu en se réfugiant chez son père[11]. Depuis, nous avons dans le sud un ennemi acharné. La situation d'Antipas est précaire, car il doit désormais compter sur une guerre étrangère. En effet son ex-beau-père ne lui pardonnera jamais l'humiliation infligée à sa fille, ce dont notre Loi ne faisait aucune nécessité. À l'intérieur, il doit faire face à une opposition puissante qui cache le déchaînement du fanatisme religieux.

11. C'est ce que raconte Josèphe dans Ant 18,111 = XVIII,5,1).

— Mais cette opposition intérieure peut-elle devenir dangereuse ? Qu'est-ce que peut bien faire un prophète tout seul ?

— Pense au sort d'Archelaüs[12]. Voici près de vingt-cinq ans qu'il a perdu son trône. Sa déposition a eu plusieurs causes. Mais parmi celles-ci, il y a sûrement eu son mariage malheureux avec Glaphyra. Or celui-ci rappelle à bien des égards celui d'Antipas avec Hérodiade. Archelaüs lui aussi a dû se séparer de sa première femme pour épouser Glaphyra. Plus important encore : Glaphyra avait été unie en premières noces avec Alexandre, un demi-frère d'Archelaüs, une des fils d'Hérode que celui-ci n'avait pas fait exécuter. C'était donc un mariage avec une belle-sœur, ce que notre loi n'autorise qu'au cas où le frère est mort sans descendance[13]. Mais ce n'était pas le cas : Glaphyra avait eu des enfants et Archelaüs n'avait donc pas le droit de l'épouser. Cette union illégale lui a fait grand tort. Sa popularité a rapidement décliné. Ses adversaires ont eu du succès en allant se plaindre à l'empereur. On l'a déposé. Tout cela est bien connu ! Si maintenant Antipas se marie comme son frère, cela ne peut pas ne pas inciter ses ennemis politiques intérieurs à manigancer sa déposition.

— Mais est-ce que vous n'aviez pas peur que le Baptiste lui-même ne provoquât un soulèvement et n'en vînt à collaborer avec un ennemi extérieur[14] ?

« Il n'y a jamais eu de danger. Mais on aurait pu en arriver à une malheureuse coalition de l'opposition intérieure et des ennemis de l'extérieur sans qu'il y eut pour autant conjuration. Un des aphorismes préférés de Jean est tiré du prophète Isaïe :

Voix qui crie dans le désert :
Préparez le chemin du Seigneur !
Faites droits ses sentiers !

---

12. Sur ce qui suit, cf. Josèphe, Ant 17,349-353 = XVII,13,4.

13. En ce qui concerne le mariage avec un beau-frère (on parlait de « lévirat », *levir* = beau-frère) cf. Dt 25,5-10.

14. Selon Josèphe, Hérode fit exécuter Jean-Baptiste parce qu'il craignait un soulèvement (Ant 18,118 = XVIII,5,2).Historiquement vraisemblable, cette donnée ne contredit pas la tradition néotestamentaire suivant laquelle le Baptiste aurait été tué à cause de ses critiques contre le mariage d'Hérode. Ce mariage et l'analyse qu'on en faisait étaient des affaires politiques de premier ordre.

Imagine-toi qu'Arétas surgisse du désert avec une armée et que Jean chante en sourdine : "Préparez le chemin du Seigneur !" Jean parle évidemment de Dieu. C'est à celui-ci qu'on doit préparer le chemin dans le désert. Mais des gens un peu superstitieux auront vite fait de faire passer le mot : il veut parler d'Arétas ; celui-ci vient apporter le jugement de Dieu sur Antipas. Cette devise démoraliserait n'importe quelle armée juive. Il y aurait des transfuges. Nous subirions une défaite écrasante.

— Mais est-ce que le danger n'existe pas toujours ? En faisant exécuter le Baptiste, Hérode n'a fait que se créer de nouveaux ennemis. »

Chusa m'approuva : « La situation reste toujours tendue. Antipas espère que ceux qui critiquent son mariage se tairont.

— Penses-tu qu'il y réussira ? »

Chusa haussa les épaules : « Peut-être. Mais ce n'est pas sûr. »

Ses craintes étaient justifiées. Le mariage d'Antipas avec Hérodiade causa le malheur du tétrarque. Son ex-beau-père éleva bientôt des prétentions sur la zone méridionale de la frontière. Antipas subit une défaite écrasante. Certains soldats avaient déserté. Dans le peuple, tout le monde déclara que cette défaite était la punition du meurtre du Baptiste. Les Romains durent intervenir pour garantir la frontière contre les Nabatéens. Antipas commença à collecter en secret des armes pour être mieux préparé en cas de nouvelle guerre. Mais cela lui fut fatal ! Quand, sous la pression d'Hérodiade, il demanda à l'empereur de lui consentir le titre de roi, ses ennemis (et en premier lieu son neveu) se mirent à faire courir à Rome des bruits sur son armement caché. Antipas ne put se défendre. Il fut déposé et exilé en Gaule. Pour sa part, Hérodiade eut à choisir entre l'exil en sa compagnie ou le retour en Galilée. Elle choisit l'exil. Elle fit ainsi preuve de plus de caractère et d'amour que les mauvaises langues ne lui en avaient prêtés. Tout cela se produisit dix ans plus tard[15].

Mais pour le moment, nous étions assis à Jéricho. Jeanne prit une fois encore la défense d'Hérodiade.

15. Nous racontons ici la chute d'Antipas et son envoi en exil en nous référant à Josèphe, Ant 18, 240-256 = XVIII, 7, 1.

« Une chose doit être claire. Hérodiade n'est pour rien dans l'exécution du Baptiste. C'est Antipas qui en porte toute la responsabilité. Il a commandé l'exécution pour des raisons politiques, du fait de la situation d'urgence qu'avait provoquée le Baptiste lui-même. Croyez-moi : Antipas en personne était allé plusieurs fois discuter en prison avec Jean pour le persuader d'admettre en silence son mariage. Mais cela a été vain. Maintenant on fait retomber la faute sur Hérodiade. »

J'intervins : « Peut-être toute cette histoire va-t-elle maintenant se calmer. Mais cela dépend des partisans du Baptiste. A-t-il des disciples ? »

Jeanne secoua affirmativement la tête : « J'ai fait la connaissance de l'un d'eux. J'ai discuté avec lui pour savoir s'il était juste que chez nous un homme puisse renvoyer sa femme, mais non l'inverse. Sais-tu ce qu'il m'a répondu ?

Quiconque répudie sa femme et en épouse une autre
commet un adultère à son égard.
Et si une femme répudie son mari et en épouse un autre,
elle commet un adultère[16]

« Cela m'a plu. Là au moins les deux sont égaux ! »

Chusa regarda sa femme avec étonnement : « Mais il est encore plus radical que Jean le Baptiste. Celui-ci s'en tenait à l'observation de la loi traditionnelle. Or son disciple veut la changer, ceci d'ailleurs de façon totalement irréaliste. Car, interdire le divorce, c'est vraiment décrocher totalement du réel ! »

Jeanne se défendit : « Aucun divorce n'est bon. C'est toujours triste de voir deux personnes se séparer. »

Chusa répliqua de façon tranchante : « Je crois que ce disciple du Baptiste est encore un de ces cinglés comme nous en avons trop. »

Je remarquai que Jeanne se renfrognait. L'idée me traversa l'esprit que le couple pourrait bien avoir des problèmes. Je devais abandonner le sujet du divorce. Je demandai donc :

« Comment s'appelle ce disciple du Baptiste ?

— Jésus de Nazareth, je crois.

— Et où habite-t-il ?

16. Mc 10, 11-12.

— Il parcourt la Galilée. »

Chusa soupira : « Chez nous, comme par hasard ! Est-ce qu'il ne pourrait pas aller semer ses idées nouvelles en Judée ? Ce serait alors à Pilate de s'en charger. »

Je fis remarquer : « S'il n'a aucune résidence fixe, il est possible qu'il aille aussi en Judée. »

Chusa eut une idée : « Qu'est-ce que cela donnerait si on pouvait lui donner un peu de fil à retordre dans la région ? Nous ferions courir le bruit qu'Antipas veut le supprimer, lui aussi. En même temps nous lui ferions savoir discrètement qu'il pourrait disparaître de l'autre côté de la frontière[17]. Nous en serions alors débarrassés. Que penserais-tu de prendre la chose en main ? me demanda-t-il en se tournant vers moi. Nazareth est à quelques kilomètres de Séphoris. Tu connais bien la région ! »

Je fus saisi d'inquiétude. Situation piégée ! Si Pilate apprenait que je lui refilais un prophète... Non, cela n'allait pas ! J'objectai :

« Il faudrait que ce Jésus reçoive le conseil de disparaître de gens en qui il aurait confiance. Nazareth est un petit village. Nous, les citadins, nous ne pouvons dire grand-chose aux campagnards. Pour eux, nous sommes les riches, les gens instruits qui parlent grec, ceux qui collaborent avec les Hérodiens et les Romains. »

Chusa réfléchit : « Il faudrait trouver quelques gens pieux. Peut-être des pharisiens. Jésus tiendrait sûrement compte de leur avertissement. »

J'avais encore une objection : « Est-ce qu'il ne provoquerait pas encore plus de difficultés à Antipas en Judée qu'en Galilée ? Imagine-toi que Pilate joue de lui contre Antipas ? Rien ne lui conviendrait mieux que de voir les juifs apprendre publiquement que celui-ci a abandonné les coutumes de ses ancêtres. »

Chusa se mit à rire : « Pourquoi un type qui fait disparaître quelques pèlerins galiléens ne ferait-il pas aussi bien disparaître un prophète galiléen ? Du reste nos prophètes ne se laissent pas engager par les Romains pour nous nuire ! Tu les connais bien mal ! »

Nous poursuivîmes encore longtemps notre conversation en buvant et en mangeant. À la fin, Chusa prit sa cithare et se

17. Il se pourrait qu'on ait tenté quelque chose de ce genre (cf. Lc 13, 31-33).

mit à chanter ses chants préférés : ceux de Salomon. Il les chantait en l'honneur de Jeanne :

Tu es belle, ma bien-aimée,
que tu es belle.
Tes yeux sont comme des colombes,
derrière ton voile... [18]

Aucun doute : Jeanne était une belle femme.

*

Cher Monsieur Kratzinger,

Le hasard veut que, durant ce semestre, vous ayez justement eu à tenir un séminaire sur Jean-Baptiste. Vous avez eu envie de lire mon dernier chapitre à vos étudiants. Mais vous avez pourtant eu peur que mes histoires — en sautant à pieds joints par-dessus l'ennuyeuse analyse des sources — ne fassent croire à des certitudes historiques là où il ne s'agit que de fictions poétiques.

Je ne partage pas ces craintes. En écrivant, j'en suis arrivé à la conviction que, à certains égards, les dialogues du livre rendent mieux compte des discussions scientifiques que des traités érudits. Dans les thèses, après de multiples pour et contre, on en arrive à certains résultats que l'on présente comme plausibles, et qui deviennent encore plus plausibles qu'ils ne le sont réellement, cela du simple fait de passer de l'idée à l'impression noir sur blanc. Par contre un dialogue sous forme de conte laisse toutes les hypothèses ouvertes. Personne ne doit avoir le dernier mot. On ne peut finalement savoir lequel des interlocuteurs a raison.

Le fait que la conclusion reste en suspens correspond au processus de la recherche. Car l'Histoire est-elle autre chose qu'un perpétuel dialogue sur le passé, dialogue où personne n'a finalement jamais le dernier mot ? À la différence du dialogue d'un roman, celui de la science se déroule suivant des « règles du jeu » que nous appelons « méthodes historiques ». Celles-ci repo-

18. Ct 4, 1.

sent sur des règles fondées sur une longue expérience. Elles précisent les arguments qu'on peut admettre et ceux qu'on ne peut accepter. Les jugements de valeur, par exemple, ne constituent pas des arguments valables pour reconstruire une donnée historique. Une variante de texte peut me plaire, mais cela ne la rend pas originelle.

Quand André essaye de se faire une idée de ce qui se passe à travers les dires des gens, il entre dans le processus de la recherche historique sans devoir pour autant se soumettre méthodiquement aux règles du jeu. En réfléchissant sur ses interventions, j'ai été poussé vers de nouvelles idées scientifiques. J'ai trouvé matière à de nouveaux traités.

Peut-être lirez-vous finalement le chapitre à vos étudiants à la fin de votre séminaire.

Croyez en mes meilleurs sentiments.

Gerd Theissen.

7

JÉSUS, DANGER PUBLIC

Je revins à Jérusalem faire mon rapport à Métilius. Du fait de la mort du Baptiste je considérai ma mission comme terminée. J'espérais redevenir simple marchand de grain et reprendre mes voyages en Palestine avec Malchus et Timon.

La montée vers Jérusalem est raide. En sortant du luxuriant oasis de Jéricho, on entre dans une région désolée de montagnes désertiques. Le regard se heurte à des rochers dénudés. Le corps s'engourdit sous l'effet de la chaleur. Mais quand on approche des hauteurs, on voit se multiplier les signes de vie. Les pentes se couvrent de verdure. Traces de présence humaine, des sentiers strient le paysage. L'attente s'accroche à l'horizon : au-delà de la colline, on soupçonne un monde nouveau.

Enfin on y est ! La ville se déploie sous les yeux. Au dessus du sombre fouillis de ruelles et de maisons, le Temple se détache. L'éclat du soleil fait étinceler ses pierres. Son gigantesque soubassement semble projeter ses bâtiments vers le ciel. Les colonnades encadrent l'esplanade. Elles délimitent une immense place, le « parvis des gentils », ouvert à tous. Au milieu, le domaine intérieur du Temple, réservé exclusivement aux juifs. C'est là que se dresse le Temple proprement dit. Seuls les prêtres y ont accès. Ils ne peuvent cependant pas pénétrer dans le Saint des Saints, mystérieux espace blotti au coeur dc la construction. Là, solitaire, le grand prêtre pénètre une fois par an pour opérer la réconciliation de Dieu et de son peuple. C'est pourtant vers ce lieu que chaque jour les pensées des fidèles se tournent, car Dieu y est présent. Une force en émane, faisant converger les coeurs vers un centre abyssal qu'on ne saurait ni voir, ni entendre, ni connaître, ni sentir.

Je restai là, debout. Chaque fois que je vois Jérusalem, j'ai l'impression de revenir chez moi. Me monte sur les lèvres un chant que nos ancêtres avaient composé en exil. Ce qu'était jadis Babylone, Rome l'est devenu; ce qui était exil à l'étranger est devenu oppression sur notre propre sol[1] :

Au bord des eaux de Babylone,
nous sommes assis et nous pleurons
en pensant à Sion.
Aux saules, nous avons suspendu nos harpes.
Nos oppresseurs voudraient
que nous leur chantions des cantiques.
Mais comment pourrions-nous entonner nos hymnes
alors que nous sommes en exil ?
Que ma langue se dessèche
si je t'oublie, Jérusalem,
si je cesse de te préférer
aux joies et aux fêtes !
O Babylone,
toi qui nous oppresses !
Gloire à qui te rendra
ce que tu nous as fait !
Vive celui qui empoigne tes enfants
et les fracasse contre le rocher.

Aussi longtemps que les Romains décidaient de mon destin, j'étais étranger sur mon propre sol ! Mais j'avais confiance. J'en aurais bientôt fini avec toutes les intrigues. N'avais-je pas rempli ma mission de façon satisfaisante ? Grâce à Baruch et à Chusa, n'en avais-je pas plus appris sur les Esséniens et sur le Baptiste que je n'avais jamais osé l'espérer. C'était à moi de décider ce que j'en redirais aux Romains. J'étais certain de pouvoir faire correctement le tri. Rien de ce qui pourrait nuire à notre pays ne viendrait sur mes lèvres, rien ! absolument rien ! C'est dans cette disposition d'esprit que j'entrai chez Métilius.

1. Sur des thèmes du Ps. 137 Babylone était en ce temps-là un nom fréquemment utilisé pour désigner symboliquement Rome (Cf. Ap 18 ; 1 P 5,13).

Métilius avait déjà appris la nouvelle de la mort du Baptiste. Il donnait l'impression d'être plus tendu que lors de notre premier entretien.

« André, tu arrives au bon moment ! La situation est grave. Hérode nous a officiellement fait savoir qu'il aurait prévenu un soulèvement en faisant exécuter Jean le Baptiste. »

Je lui racontais quelques éléments de ce que j'avais pu apprendre sur les dessous de cette mort. Il m'écouta attentivement. Puis il me dit :

« Ce qui nous ennuie, c'est que cette exécution tombe en même temps que certains événements qui révèlent un redoublement d'activités des résistants.

« Il y a peu de temps, nous avons eu cette malheureuse manifestation contre Pilate au cours de laquelle tu as été arrêté. Pendant ton absence, il y a encore eu une bagarre près de Jérusalem. Un détachement de soldats romains a fouillé des Galiléens pour voir s'ils portaient des armes. Ils ont découvert que certains en avaient. Il semble que c'était des terroristes. On a commencé à se battre. Plusieurs pèlerins ont été tués, probablement des innocents totalement inconscients de qui les accompagnait. Maintenant les gens sont indignés, non pas contre les rebelles, mais contre nous, les Romains[2]. »

Métilius marchait de long en large. Il poursuivit : « Et pour comble de malheur, voici qu'il y a peu de temps, entre Césarée et Jérusalem, les terroristes ont attaqué et volé un esclave de l'empereur chargé d'une importante affaire administrative[3]. L'esclave et son compagnon ont pu fuir, mais les autres se sont emparés d'une somme d'argent importante. Nous avons aussitôt envoyé une cohorte dans la région. Mais les terroristes semblaient s'être évanouis. On n'a rien pu tirer de la population. Personne n'avait rien vu, personne ne savait rien de l'agression. Nos soldats se sont énervés et, en guise d'intimidation, ont fait

2. On peut penser que Lc 13,1 sq. renvoie à un incident de ce genre. Pilate avait tué des pélerins en même temps que leurs animaux de sacrifice.

3. L'attaque des esclaves impériaux eut lieu sous Cumanus (42-58 ap. J.-C.) : « Sur la grand-route de Béthoron, les voleurs tombèrent sur le paquetage d'un esclave du nom d'Étienne et le volèrent. Cumanus envoya un détachement, donna l'ordre d'arrêter les habitants de bourgades voisines et de les lui amener. Il leur reprocha de n'avoir pas poursuivi et arrêté les voleurs » (Josèphe, *La Guerre juive* 2, 228).

brûler tous les villages proches du lieu de l'attaque. La population doit savoir qu'elle a le choix entre livrer les terroristes ou... »

Métilius n'acheva pas sa phrase. Il était évident qu'il était opposé aux représailles romaines. Pour lui, c'était une politique contraire à toute prudence. Il se gratta la gorge et conclut :

« Toutes ces affaires font voir que la résistance terroriste prépare un coup. Elle se procure de l'argent à main armée, transporte des armes et pourrait utiliser le mécontentement actuel de la population pour entreprendre des actions de plus vaste envergure. Nous devons faire très attention. »

Métilius sentait juste. Sous la surface, le pays fermentait.

« Dans ces circonstances difficiles, il est essentiel pour nous de savoir que penser d'éventuels disciples du Baptiste : feraient-ils cause commune avec les terroristes ? Ou bien se disperseront-ils et disparaîtront-ils ? »

Les Romains avaient manifestement peur de voir les différents groupes s'unir et trouver appui auprès de la population. La situation leur échappait. Leur crainte pouvait les conduire à des mesures encore plus sévères — et cela pouvait aiguillonner encore plus la résistance. Je cherchai à le rassurer :

« En ce qui concerne les Esséniens et les baptistes, je suis sûr qu'ils ne feront absolument pas cause commune avec les terroristes. Il s'agit de mouvements religieux dont le but est d'inciter les gens à vivre selon les commandements de Dieu. Ils n'aspirent à aucun changement politique.

— Mais est-ce qu'ils ne nourrissent pas l'espoir d'un bouleversement imminent ? opposa Métilius.

— Ils ne chercheront jamais à le provoquer eux-mêmes. Ils l'attendent de Dieu.

— Mais si quelqu'un venait dire : Voici le moment où Dieu vient tout changer — est-ce qu'ils ne croiraient pas venu le terme de la domination romaine ? »

Métilius avait raison. Mais je devais le détourner de ces idées qui n'étaient que trop justes. Il me fallait tenter de le rassurer. Je me lançais dans tout un discours destiné à lui présenter les Esséniens et les baptistes comme des groupes sans danger. Métilius resta sceptique. Il s'était renseigné :

« Ce qui me laisse toujours inquiet, c'est de savoir pourquoi ces gens se retirent dans le désert. J'ai entre-temps lu vos écrits. » Et, sur mon regard interrogatif, il ajouta : « Non pas dans le texte hébreu original, mais dans la Septante, la traduction grecque[4]. J'y ai vu que le désert avait un sens bien précis : c'est à travers lui que Dieu a conduit vos ancêtres dans ce pays en chassant tous vos ennemis devant vous. Avant de devenir roi, David y a vécu comme un bandit et il y a rendu la vie dure au roi Saül. C'est à partir du désert que les juifs fidèles ont mené la guerre contre les rois syriens, et ils ont réussi à les chasser. Bref, celui qui entend entrer à fond dans l'opposition se retire au désert en attendant que Dieu en surgisse pour éliminer du pays ses ennemis. On peut même dire que votre dieu est un dieu du désert. Il habite au Sinaï. »

J'objectai : « Il y a un vieil oracle prophétique qui dit : "Dans le désert, préparez la voie du Seigneur." Aussi bien le Baptiste que les Esséniens s'en réclament. Les pharisiens considèrent que cette préparation consiste dans l'étude de la Loi. Le Baptiste dit : "Préparez le chemin de Dieu en vous repentant de vos péchés, en vous faisant baptiser dans le Jourdain et en améliorant votre vie[5]." De tels mouvements ne sauraient constituer aucun danger pour les Romains[6]. »

Métilius était têtu. Il n'avait toujours pas confiance dans le Baptiste et il me demanda :

4. Selon la lettre d'Aristée, la Septante (sigle : LXX) fut traduite en 72 jours par 72 sages de Jéusalem sur l'ordre du roi Ptolémée II (283-246 av. J.-C.) pour la célèbre bibliothèque royale d'Alexandrie. C'est une légende. Il s'agit d'une traduction de l'Ancien Testament à usage cultuel, destinée aux juifs qui vivaient hors de Palestine et parlaient grec sans plus comprendre l'hébreu.

5. L'oracle du prophète est Is 40, 3. Le Baptiste se réclame de cet oracle (cf. Mc 1, 3) comme le faisait la communauté de Qumrân. Ceux-ci pensaient qu'une application stricte de la loi dans le désert (autrement dit dans leur oasis de Qumrân) préparait le chemin du Seigneur (cf. *Règle*, VIII, 12-24).

6. Quarante ans plus tard, quand éclata le grand soulèvement contre les Romains, les Esséniens se joignirent aussi à lui. L'un d'eux, du nom de Jean l'Essénien, fut le gouverneur militaire de l'insurrection dans la région de Thamna (Josèphe, *La Guerre juive*, 2, 567). Les Esséniens croyaient vraisemblablement que le temps du dernier combat entre les fils de lumière et les fils de ténèbres était arrivé. Ils disparurent dans le conflit. Les fouilles de Qumrân ont montré que leur colonie de la mer Morte fut détruite à cette époque. On en exécuta beaucoup après les avoir cruellement torturés. Tous, jusqu'au dernier, se refusèrent à reconnaître l'empereur pour Seigneur et, devant le supplice, firent preuve d'un courage et d'une endurance magnifiques.

« Est-ce qu'Antipas n'a pas eu raison de faire exécuter Jean, ce prédicateur du désert, comme un rebelle dangereux ?

— Devant les Romains, Antipas justifiera toujours l'oppression comme répression d'un soulèvement. La raison essentielle de l'exécution du Baptiste relève du domaine privé; de son affaire de mariage. C'est sur ce point que les disciples du Baptiste mettent eux aussi l'accent. L'un d'eux considère le divorce comme une concession faite à la faiblesse humaine, mais le refuse fondamentalement.

— As-tu parlé à ce disciple ?

— Non, mais j'ai entendu parler de lui de source sûre.

— Comment s'appelle-t-il ?

— Jésus de Nazareth. »

Métilius réfléchit :

« Je n'ai encore jamais entendu ce nom-là. Où est-ce, Nazareth ?

— En Galilée, pas loin de Séphoris.

— Galilée ! » Métilius sursauta : « Nous avons des raisons fondées de croire que les terroristes ont en Galilée des caches à partir desquelles ils entreprennent des opérations.

— Les terroristes ne s'intéressent absolument pas aux lois sur le mariage. Ce Jésus paraît être un maître juif tout à fait normal. C'est ainsi que nos rabbins discutent de tous les problèmes touchant à la vie collective.

— Tu te trompes : actuellement, les terroristes pourraient parfaitement s'intéresser eux aussi aux problèmes du mariage. S'ils préparent un soulèvement contre nous et Antipas, ils se doivent de dénigrer celui-ci dans le peuple. Quel meilleur moyen de le faire que de dénoncer publiquement son mariage ?

— Mais ce Jésus ne saurait être pour autant un terroriste !

— Évidemment pas ! Mais tout ce qui vient de Galilée nous fait dresser l'oreille. Songe qu'il y a peu de temps encore c'est dans un groupe de Galiléens que des terroristes ont cherché à se camoufler.

— Mais si on se met à soupçonner tous les Galiléens de terrorisme, ne serait-ce pas malavisé de se camoufler au milieu d'eux ? »

Métilius ignora mon objection.

« Le premier soulèvement contre les Romains a été l'œuvre

de Judas le Galiléen[7]. Tu le connais de nom. Tu sais très bien en quel endroit il s'est manifesté pour la première fois : à Séphoris ! Et maintenant voici que d'un petit village près de Séphoris surgit ce Jésus, disciple de ce prophète exécuté pour cause de révolte ! » Il fit une courte pause. Puis il se tourna vers moi : « Tu vas avoir tout de suite une nouvelle mission : tu dois découvrir si ce Jésus représente un danger pour la sécurité de l'État et s'il est en liaison avec les combattants de la résistance. »

J'étais atterré. J'avais espéré pouvoir reprendre mon travail normal. Ce qui m'arrivait maintenant était beaucoup plus désagréable que la recherche de renseignements sur les Esséniens et sur le Baptiste. Voici qu'on faisait intervenir les combattants armés de la résistance. J'objectais :

« En Galilée, on considère ma famille comme pro-romaine. Comment pourrais-je gagner la confiance des partisans de la résistance antiromaine ?

— Ce ne sera pas un gros problème. Nous avons eu soin de faire savoir dans le public que tu avais été arrêté au cours d'une démonstration contre nous.

— Ils se méfieront de tous ceux qui viennent de la classe favorisée.

— Au contraire. Les résistants s'appuient justement sur la nouvelle génération de la classe supérieure. Nous savons que certains de leurs chefs en viennent[8]. »

Comme il avait raison, pensai-je. Barabbas venait d'une famille tombée dans la pauvreté, mais finalement de mon milieu. Voici maintenant qu'il me fallait l'espionner, lui et ses amis. Cela pouvait mettre ma vie en danger. Les motifs qu'avait un paysan endetté de se réfugier auprès d'eux dans la montagne pouvaient être clairs. Mais si un membre de la classe supérieure venait se joindre à eux, ils ne pouvaient voir en lui qu'un ennemi ou au contraire un chef potentiel — ou un traître. Ils ne pouvaient manquer de se méfier de moi — à moins que je ne me

---

7. Cf. Josèphe, *La Guerre Juive* 2, 56. « À Séphoris, en Galilée, Judas, fils d'Ézéchias le meneur de bande de brigands qui avait sillonné le pays avant d'être vaincu par le roi Hérode, rassembla une troupe importante, fit irruption dans le camp royal, arma ses partisans et fit saisir ceux qui aspiraient au pouvoir. »

8. Ce fut en effet une alliance entre la jeunesse de la classe supérieure et le mouvement de résistance qui provoqua le déclenchement de la guerre juive, en 66 ap. J.-C.

mette ostensiblement de leur côté, ce que je ne pouvais faire. Je devais trouver un moyen de susciter leur confiance. J'eus une idée :

« Que penserais-tu si je faisais semblant de livrer aux terroristes des informations bien précises sur une action projetée contre eux ? Je pourrais alors les persuader que je sympathise vraiment avec eux !

— Mais nous ne pouvons pourtant pas leur livrer nos plans !

— Ce n'est pas nécessaire. Il pourrait s'agir d'une action imaginaire, par exemple d'un renforcement du contrôle entre Ptolémaïs et la Galilée. Je le leur annonce. S'il a effectivement lieu, ils auront confiance en moi.

— Pas bête !, réfléchit Métilius. Que penserais-tu de faire cela dans trois semaines ?

— D'accord ! D'ici là, il me faudra avoir pris contact avec les résistants. Ce ne sera pas facile, car ils habitent dans des cavernes inaccessibles. Personne ne sait trop où. Peut-être me faudra-t-il plus de temps. Ne serait-ce pas mieux de prévoir ce contrôle dans six semaines ?

— Pas du tout ! La première action suffit. Si elle a lieu comme elle aura été annoncée et qu'elle échoue comme prévu, les terroristes voudront faire les malins et se lanceront sans préparation. Ce serait bon pour nous. »

Compris ! Parler d'une première action, c'est dire qu'il devait y en avoir une seconde. Celle-ci aurait lieu dans six semaines environ.

Métilius s'était levé pour prendre un rouleau de papyrus couvert de notes : « Je dois t'informer des données les plus importantes dont nous disposons dans nos actes sur les terroristes :

Il y a environ vingt-quatre ans, lors de la déposition d'Archélaüs, fils d'Hérode, Judée et Samarie furent rattachées à l'administration directe des Romains. Ce passage sous notre contrôle nécessita une nouvelle répartition des impôts parmi la population, similaire à celle que nous avions entreprise dans toutes les provinces. On en chargea le légat de Syrie, Quirinius. Notre expérience, par exemple en Lusitanie et en Dalmatie, nous avait appris que le recensement et la nouvelle assiette sont souvent source de difficultés. En Judée, le fomenteur de troubles fut Judas le Galiléen[9] qui avait déjà été à l'origine des émeutes de

9. Cf. Josèphe, *La Guerre juive* 2, 118. « Sous ce gouverneur (Coponius),

Séphoris, au début du règne d'Archélaüs. Il venait d'une famille marquée par une tradition de banditisme. Ézéchias, son père, un bandit de première classe, avait donné du fil à retordre au roi Hérode. Lui-même se lia à un scribe juif du nom de Zadok et se mit à propager la doctrine suivant laquelle l'impôt aux Romains contredirait le premier commandement de la religion juive. Celui qui payait un impôt à l'empereur reconnaissait un second Seigneur à côté du seul véritable. Le pays n'appartenait qu'à Dieu. Seul celui-ci avait le droit de prélever des offrandes sur les produits du pays — sous forme de dons au Temple. Ces groupes de résistance se nomment parfois aussi zélotes, c'est-à-dire les zélés. Ils rivalisent de zèle pour Dieu et pour la loi juive qu'ils interprètent de façon extrémiste. En ce temps-là, leur révolte fut étouffée dans le sang. Judas fut vraisemblablement tué[10]. On pense qu'aujourd'hui ses fils poursuivent encore secrètement la résistance[11].

Métilius tenait encore ses notes à la main. Il ajouta pensivement : « Voici maintenant un quart de siècle que nous régissons cette province, et la paix ne règne toujours pas dans ce pays. Cela fermente toujours par en-dessous ! Dans ce que nous faisons, il y a quelque chose qui ne va pas ! Mais quoi ? En quoi Pilate se trompe-t-il, André ? »

Je n'étais pas préparé à cette question. Métilius entendait-il m'humilier en me demandant des conseils sur la meilleure façon d'opprimer mon peuple ? Voulait-il sonder mon opinion sur Pilate, tester ma loyauté à l'égard du préfet romain ? Ou mettait-il en doute la justesse de la politique qu'il avait aussi à mener ? Je devais être prudent !

« Je crois que Pilate est sur la bonne voie. Mais il choisit quelquefois de bien mauvaises méthodes.

— Que veux-tu dire ?

---

un Galiléen du nom de Judas incita à la révolte les gens du pays (la région d'Archelaüs, Judée et Samarie) en les taxant de lâches pour endurer de payer le tribut aux Romains et pour supporter des maîtres mortels à côté de Dieu. »

10. Josèphe ne mentionne pas la mort violente de Judas le Galiléen. Mais cf. à ce sujet Ac 5, 37. Les Actes des Apôtres sont vraisemblablement en accord avec les événements.

11. Deux fils de Judas le Galiléen, Jacob et Simon, furent crucifiés sous le procurateur Tibère Alexandre (46-48 ap. J.-C) (Josèphe, Ant 20,102 = XX, 5, 2). Après leur mort, sa famille poursuivit la résistance. Certains de ses petit-fils joueront des rôles de meneurs dans la guerre juive (66-70). L'un d'eux sera le défenseur de Massada, la forteresse qui résistera aux Romains jusqu'en 74 ap. J.-C.

— Je pense par exemple au problème de la monnaie. Tous les préfets précédents ont renoncé à représenter des symboles païens sur les pièces. Ils se sont contentés de feuillages, ou de palmes, ou d'autres images insignifiantes. Mais dès le début de son administration, Pilate a fait frapper la monnaie de l'impôt avec une figuration de vase d'offrande et de bâton d'augure.

— Mais Philippe, le prince hérodien, a bien sur sa monnaie un temple païen ? Et on a pourtant continué à s'incliner bien bas devant lui !

— Avec les hérodiens, on sait à quoi s'en tenir. Mais Pilate était un inconnu. Quand il a introduit chez nous des mœurs et des symboles païens, on a pensé qu'il poursuivait un programme soigneusement pesé.

— Il voudrait seulement voir les juifs tolérer que des non-juifs gardent leurs mœurs et leurs symboles païens. Rien de plus.

— Mais pourquoi procède-t-il de façon si provocante ? Pourquoi ne garde-t-il pas secrète l'introduction d'images impériales à Jérusalem, en les faisant venir de nuit ? Des images dans la ville du Dieu sans images ! Que s'est-il alors passé ? À la suite de nos protestations, il a dû les ôter. Quelle leçon en a-t-il tiré ? Aucune ! Il a cherché à faire la même chose avec des boucliers gravés au nom de l'empereur ! Pourquoi fait-il cela ? Pourquoi porte-t-il atteinte à ce qui nous est sacré ? »

Métilius parut parfaitement comprendre mes arguments. Mais il était têtu.

« Mais pourquoi cette protestation contre le projet d'utilisation de l'argent du temple pour un aqueduc ? En quoi avons-nous fait erreur ?

— Dans des circonstances normales, l'affaire de l'aqueduc se serait très bien passée. Mais maintenant, c'est la méfiance. La monnaie du temple qui nous passe tous les jours entre les mains l'entretient constamment. Le problème, c'est d'assainir cette atmosphère de soupçon. C'est là la tâche la plus urgente. »

Je n'osai pas lui dire qu'il n'y avait plus pour cela qu'un moyen, le rappel de Pilate : il avait trop détruit la confiance. Mais je devais laisser Métilius tirer lui-même cette conclusion. Pour le moment, il continuait à retourner le problème en tous sens.

« Si je vois bien les choses, tout notre problème tourne autour du Temple. Aux yeux de quantité de juifs, nous en profanons la sainteté. Mais essaye une fois de plus de voir les choses de notre point de vue. Nous souhaitons le respecter — comme nous le faisons de tous les temples du monde. Partout ailleurs, c'est ce que le gouverneur d'un pays cherche clairement à montrer en faisant une offrande au dieu local. Il vient prendre part au culte. On le reçoit dans le cercle des fidèles de la divinité. Pourquoi cela se passe-t-il si peu chez vous ? Pourquoi ne laissez-vous aucun non-juif entrer dans le Temple ? Tous les autres dieux sont contents quand des étrangers viennent apporter des offrandes à leur autel ! Il n'y a que votre dieu à être aussi peu hospitalier[12].

Notre Dieu ne se contente pas de demander des offrandes ou de l'encens. Seul celui qui prend quotidiennement au sérieux ses commandements peut lui offrir un sacrifice. Notre religion est étroitement liée à un mode de vie. Ce n'est pas ce qui se passe autre part. Les dieux des peuples ne demandent pas aux gens d'ajuster leur vie à leurs commandements. Ils acceptent l'offrande de n'importe qui.

Mais tu vois bien que vous-mêmes vous ne vous conformez pas à ses commandements. Vous aussi, vous avez chez vous vos petites divinités !

— Nous sommes très conscients de ne pas respecter parfaitement la Loi. C'est pour cela que le Temple est si important. Une fois par an, le grand prêtre entre dans le Saint des Saints pour obtenir de Dieu le pardon de tous les manquements que le peuple a commis contre la loi divine. Mais il n'y a pas que le peuple pris comme un tout ; chacun peut se réconcilier avec Dieu en apportant au Temple son offrande pour le péché. C'est justement parce que nous prenons aussi au sérieux les comman-

12. Les étrangers pouvaient faire offrir des sacrifices pour eux dans le Temple de Jérusalem : ils achetaient des bêtes de sacrifice que les prêtres offraient en l'absence des intéressés, lesquels ne pouvaient fouler le domaine saint. En 66 ap. J.-C., la suspension de ces sacrifices fut le signal de l'insurrection contre les Romains (cf. Josèphe, *La Guerre juive*, 2, 409 sq.). Parmi les offrandes supprimées, il y avait celle que l'on faisait deux fois par jour pour l'empereur et pour le peuple de Rome (*ibid.*, 2, 197). L'empereur avait d'abord ordonné ce sacrifice à ses frais (cf. Philon, *Legatio ad Gaium* 157). Mais, par la suite, on en fit supporter la dépense par la communauté juive (on peut le conclure de Josèphe, *Contre Apion* 2, 77).

dements que nous nous raccrochons au Temple. Sans lui, pas de réconciliation !

— Est-ce que vos scribes enseignent cela, eux aussi ?

— Tous les juifs seront d'accord avec moi.

— Même Jean le Baptiste ? Est-ce que tu ne me racontais pas justement qu'il demandait aux gens de se faire baptiser dans le Jourdain pour obtenir le pardon de leurs péchés ? Ce faisant, ne remettait-il pas en cause votre religion ? Que vient encore faire le temple si on peut obtenir le pardon des péchés indépendamment de lui ? Et qu'en est-il des Esséniens ? Ils marquent ostensiblement leur non-participation au culte ! »

Je dus complimenter Métilius. Il avait raison. Il y avait là une contradiction.

Métilius était maintenant lancé. « D'un côté il y a donc chez vous des gens qui minimisent le rôle du Temple. Vous les dites saints. Mais d'un autre côté, nous, les Romains, nous portons atteinte à la sainteté du Temple par quelques actions maladroites. On nous considère comme des malfaiteurs. »

J'objectai : « Aucun de nos saints n'approcherait jamais du Temple un quelconque symbole païen ! C'est la différence !

— Peut-être. » dit Métilius. Très excité, il continuait à marcher de long en large dans la pièce. Enfin il me cria : « Maintenant je sais pourquoi notre politique se heurte toujours à la sainteté de votre Temple ! C'est que même vous, vous le discutez. Du simple fait que vous le remettez en question, vous réagissez avec violence vers l'extérieur. Le fanatisme avec lequel vous le défendez contre nos prétendues attaques vaut avant tout pour les vôtres. »

Métilius martelait ses mots, comme s'il venait de faire une grande découverte. À mon avis, il sous-estimait le rôle des Romains.

« Chez nous, il se peut qu'on discute le Temple. Mais on le discute précisément parce qu'il a une valeur infinie. C'est justement parce que notre Dieu est invisible et qu'il entend qu'on l'adore sans images que tout notre coeur se porte sans cesse vers le seul lieu visible où il a promis d'être proche. »

Nous nous entretînmes encore longtemps de la situation religieuse et politique du pays. Métilius était un homme intelligent.Il comprenait très vite les problèmes de notre religion. Il y avait un point sur lequel je pouvais lui faire toute confiance : son souhait de maintenir la paix et l'ordre dans le pays avec aussi peu de répression et d'effusion de sang que possible. Il avait de bonnes intentions. Et pourtant il était au service d'un régime qui, dans mon rêve, s'était manifesté sous forme de bête, et qui me tenait toujours impitoyablement prisonnier de ses griffes. Aujourd'hui même, je venais une fois de plus d'éprouver cette cruauté. Au moment précis où j'avais espéré lui échapper, il m'avait repris. Une fois encore il me suggérait de trahir mon peuple, cette fois-ci les gens qui m'étaient le plus proches. Et tout cela au nom de la paix et de l'ordre ! Cette paix-là était-elle humaine ?

Dans mon rêve, j'avais vu un « homme » qui remportait la victoire sur la bête et me libérait d'un cauchemar. Mais maintenant je n'en percevais plus rien. Je fus heureux de pouvoir revenir à notre logement avec Timon et Malchus et de trouver une distraction dans des conversations anodines. Mais je ne pouvais détourner ma pensée de Barabbas, que je connaissais, et de Jésus, que je ne connaissais pas et sur lequel je devrais recueillir des renseignements la semaine suivante. Quel homme était-ce ? Un ascète comme Bannus ? Un prophète comme le Baptiste ? Un cinglé ? Un terroriste ?

*

Cher Monsieur Kratzinger,

Vous soulevez une fois de plus la question essentielle : deux siècles d'exégèse historico-critique nous ont habitués à considérer avec scepticisme la valeur de nos sources. Nous savons que celles-ci sont tendancieuses, unilatérales, et qu'elles contiennent moins une information historique qu'un message religieux. Dans mon récit, je ferais fi de ce scepticisme. Vous posez concrètement la question : que savons-nous vraiment de Pilate ?

Il est certain que nous tenons nos sources d'hommes faillibles. Mais si les hommes sont incapables de retransmettre une vérité historique sans la fausser, ils sont tout aussi incapables de falsifier les sources au point de les effacer complètement. Dans les deux cas, on se heurte aux limites d'hommes imparfaits.

Puis-je vous inviter à un jeu d'hypothèses. Supposons qu'au

Ier siècle il y ait eu en Palestine un « comité pour induire en erreur les historiens futurs », comité qui se serait juré de nous transmettre une image historiquement fausse des événements de l'époque ! La meilleure organisation imaginable n'aurait pu réussir à contrôler et à refondre toutes les sources. Les membres de ce comité auraient-ils été réellement capables de persuader des écrivains fort divers et leurs secrétaires d'accepter dans leurs œuvres toutes les notes sur Pilate que nous pouvons aujourd'hui lire chez Philon, Josèphe, Tacite et les évangélistes ? Auraient-ils été en état de sillonner la Palestine pour y enfouir aux endroits adéquats les monnaies de cuivre de Pilate ? Auraient-ils pu faire faire sur commande l'inscription suivant laquelle Pilate aurait dédié un « Tiberium » à son empereur, une inscription qui aurait été conservée pour la postérité sous forme d'une vulgaire marche du théâtre de Césarée ? Impossible !

Le caractère accidentel des restes et des sources sur Pilate nous en donne la certitude : il a réellement existé. Ce que les évangiles écrivent à son sujet ne contredit pas les autres sources, mais en est indépendant. Pilate procure sans aucun doute un « arrière-plan historique » aux évangiles. On pourrait faire le même raisonnement à propos d'Hérode Antipas. Car ici encore, on peut vérifier les affirmations chrétiennes primitives à partir de sources extérieures au Nouveau Testament. Mais ne doit-on pas en conclure par analogie que les traditions sur Jésus contenues dans les évangiles ont elles aussi un arrière-plan historique ? Ce qui ne veut pas dire qu'elles soient identiques à la vérité historique ! Vous voyez que ma façon de juger reflète un scepticisme similaire au vôtre. C'est bien pourquoi je ne saurais me dispenser de votre point de vue critique.

En attendant notre prochaine rencontre, je vous assure de mes meilleurs sentiments.

Gerd Theissen.

8

RECHERCHES À NAZARETH

Enfin je me retrouvai chez moi, à Séphoris. Ma famille avait entendu parler de mon incarcération et fut transportée de joie en me revoyant. Je fis silence sur le prix que j'avais dû payer pour ma libération. Une sagesse précautionneuse et la honte me clouaient la bouche. Comme je souhaitais que tout cela ne fût qu'une erreur, un de ces mauvais rêves qui disparaissent au réveil ! Mais ce ce n'était pas un songe ! C'était la réalité.

Nous nous mîmes d'accord avec Baruch pour son entrée dans notre affaire. Il était intelligent, savait écrire et compter. Surtout il avait appris chez les Esséniens comment gérer un stock. C'était un bon intendant.

Mais je veux en venir tout de suite à l'essentiel : à mes recherches sur Jésus. La première chose à faire, cela allait de soit, c'était de visiter son village. Il devait bien avoir là quelque parent, ou tout au moins des connaissances. Il se trouvait que c'était souvent là que nous achetions des olives. Nous les pressions à Séphoris et nous vendions l'huile à des juifs des cités syriennes, avec un gros bénéfice. Ces clients achetaient de préférence l'huile d'olive de Galilée parce qu'ils la considéraient comme pure du fait que les païens ne l'avaient pas touchée. Ils payaient même notre huile « vierge » beaucoup plus cher que celle de nos concurrents païens[1] ! C'était toute justice. Notre affaire prospérait.

---

1. Au cours de la guerre juive, le chef des rebelles, Jean de Gishala, réalisa d'importants bénéfices en vendant de l'huile vierge aux juifs résidant en Syrie. Il la revendait huit fois plus cher qu'il ne l'avait lui-même achetée (Josèphe, *La Guerre juive*, 2, 591 sq.)

Je me rendis donc à Nazareth avec Timon et Malchus. Habituellement, nous faisions nos achats d'olives chez un des gros paysans du coin. Mais cette fois je souhaitais avoir à faire à des gens du commun. Ce ne fut pas difficile. Un paysan du nom de Thélémy se déclara immédiatement prêt à me vendre sa récolte. Il vivait avec sa femme Suzanne dans une pauvre maison. Ils avaient tous les deux la cinquantaine et étaient seuls. Peut-être n'avaient-ils pas eu d'enfants ? Ou les enfants étaient-ils déjà grands ? Nous marchandâmes longuement. Je ne le pressurai pas trop, car je tenais à ce qu'il gardât sa bonne humeur pour que je puisse ensuite tirer de lui le plus de renseignements possible. La vente conclue, nous nous mîmes à bavarder. Nous étions assis avec sa femme devant la maison, et nous parlâmes du temps, de la récolte, du commerce d'huile, tandis que Timon et Malkus chargeaient les olives sur nos ânes.

Thélémy et Suzanne donnaient une impression d'accablement. Ils se mirent à se plaindre : « Maintenant, nous devons tout faire tout seuls. »

Je les regardai d'un air interrogatif. Thélémy m'expliqua :

« Nous avions trois fils solides. Mais maintenant ils ne sont plus là.

— C'est affreux ! Est-ce qu'ils sont morts ?

— Non. Ils sont tous en vie. Mais ils sont partis un beau matin en nous laissant tout seuls.

— Vous étiez-vous disputés ?

— Pas le moins du monde ! Nous nous entendions bien. Mais il se passe tant de choses aujourd'hui !

— On ne peut pas dire que ce soit la faute des jeunes, intervint Suzanne. Dans notre village, le premier à disparaître, ce fut Éléazar. Il est parti un beau jour avec sa femme et ses enfants.

— Mais pourquoi les gens disparaissent-ils ainsi ?

— Éléazar était un petit paysan qui vivait chichement de sa terre. Il y a quelques années, nous avons eu coup sur coup plusieurs mauvaises récoltes. Pour ne pas mourir de faim, Éléazar dut manger ses semences. Du fait du manque généralisé de céréales, les nouvelles semences furent chères. Celui auquel il resta un peu de grain gagna beaucoup d'argent. Mais, pour les pauvres, cela alla de mal en pis. Éléazar s'endetta. Il ne put rembourser. Que faire ? Devait-il vendre ses enfants au marché d'esclaves de Tyr, comme le font certains autres ? Jamais ! Lui fallait-il se vendre avec toute sa famillle à un juif plus riche pour ne se retrouver libre que sept ans plus tard[2] ? Devait-il attendre que ses créanciers le traînent devant le juge et le fassent mettre en prison pour dettes, et voir en plus sa femme sombrer dans la misère ? Éléazar était un homme fier. Il fit front contre le malheur. Il disparut dans la montagne avec sa famille. »

Je savais ce que cela voulait dire : c'est là aussi qu'avait disparu Barabbas après avoir quitté Bannus. Éléazar avait rejoint les zélotes. En Galilée, tout le monde savait de quoi il s'agissait. Je répondis donc :

« Bonne chose, qu'il ait disparu avec tous les siens ! Ainsi n'était-il plus possible de faire pression sur sa famille à cause de lui. J'ai récemment entendu parler d'un cas semblable en Égypte[3] : un pauvre homme, en retard pour payer ses impôts, avait pris le large par crainte des sanctions. Voyant cela, le percepteur auquel il devait l'argent enleva de force sa femme, ses enfants, ses parents et ses proches. Il les battit et les maltraita pour leur faire avouer où était le fuyard ou leur faire payer l'arriéré de dettes. Mais ils étaient aussi incapables de l'une que de l'autre chose, car ils ne savaient pas où il était parti et étaient aussi pauvres que lui. Cependant le percepteur ne les relâcha pas : il les mit à la torture et les fit périr de façon atroce. Il leur attacha sur le dos une corbeille pleine de sable et les amena en plein air, sur la place du marché, les exposant ainsi à la morsure du vent, aux brûlures du soleil, à la honte publique, au

2. Tous les sept ans, on devait libérer sans compensation les esclaves juifs à moins qu'ils ne choisissent eux-mêmes librement de rester pour toujours en servitude (Dt 15, 12 sq.). On ne devait pas les vendre à des non-juifs, car ils auraient cessé de jouir d'une garantie juridique de libération. Au contraire les esclaves païens étaient asservis pour toujours. Beaucoup d'entre eux se convertissaient cependant au judaïsme. De ce fait, il jouissaient des privilèges des esclaves juifs. Dans l'ensemble, on peut constater que le judaïsme ne pratiqua l'esclavage qu'à un degré étonnamment faible pour les anciens : il restait limité dans le temps. Même pendant ce court laps de temps, il y avait un jour de repos légalement obligatoire : le sabbat.

3. On trouve ces récits dans Philon, *De specialibus legibus* III, 159-162. Ils renvoient certainement à des événements typiques d'Égypte. Mt 5, 25-26 et 18, 23-35 montrent qu'en Palestine aussi la situation des débiteurs pouvait être désespérée. L'infraction impliquée ici est inconnue du droit juif, ce qui prouve que le droit étranger déterminait la jurisprudence.

point de les réduire au désespoir total. Cela devait constituer un terrible exemple pour ceux ceux qui auraient été témoins de la chose. Il était en effet arrivé à certains débiteurs de se suicider, en se perçant de leur épée, en s'empoisonnant ou en se pendant : une mort sans tortures leur paraissait presque un bonheur dans leur malheur. Mais on se saisit des membres survivants de la famille, chacun à leur tour, comme par ordre de succession, d'abord des parents proches, puis de ceux du deuxième degré, du troisième, jusqu'aux plus éloignés. Quand il n'y eut plus de parents du tout, on s'attaqua aux voisins. C'est ainsi que des villages et des bourgs entiers perdirent tous leurs habitants, parce que tous étaient parti se cacher. »

Les deux époux m'avaient écouté attentivement : « Si on en arrive à cette extrémité chez nous, les villages seront bientôt aussi vides que ceux d'Égypte. Beaucoup disparaîtront comme l'a fait Éléazar. »

Je risquai une nouvelle question : « Est-ce aussi pour des raisons de ce genre que vos fils ont disparu ?

— Non ! répondit Thélémy, nous sommes pauvres, mais nous avons réussi à nous en tirer. Nos fils auraient pu rester. Mais notre voisin Éléazar a montré l'exemple. Il a fait comprendre à tout le village qu'il y avait une dernière solution lorsque l'on ne sait plus que faire. »

Suzanne approuva : « Sans l'exemple d'Éléazar, nos garçons se seraient peut-être arrangé de bien des choses. Mais à partir de ce moment-là ils se sont rendu compte qu'ils ne devaient plus tout supporter. »

Thélémy poursuivit : « Le premier à disparaître, ce fut notre aîné, Philippe. Avec quelques autres habitants de notre village, il avait conclu un contrat de fermage avec un gros propriétaire : ils devaient donner à celui-ci la moitié du produit de la ferme, et l'autre moitié leur reviendrait. Bon an mal an, cela leur permettait de s'en tirer à peu près. Il faut savoir que le propriétaire en question habite loin d'ici, à Ptolémaïs, au bord de la Méditerranée, et qu'il fait gérer ses propriétés par un intendant. Tous les ans, il envoie quelqu'un de Ptolémaïs chercher la moitié de la récolte. Cela donne souvent lieu à des contestations. Le propriétaire se moque bien du rendement réel de la récolte. Pour lui, l'essentiel, c'est ce qu'il touche. S'il réussit à vendre son produit assez tôt et à un moment favorable, il peut gagner davantage que s'il laisse la moisson mûrir jusqu'au moment où il y aura pléthore de céréales sur le marché. Si la récolte a lieu tôt, les prix sont beaucoup plus hauts. L'intérêt des fermiers est au contraire d'avoir la plus grosse récolte possible, car c'est de cela qu'ils devront vivre. Ils veulent donc moissonner le plus tard possible. Mon fils et ses associés renvoyèrent donc un premier mandataire les sacs vides. Le propriétaire en expédia deux autres en menaçant ses fermiers de les traîner devant les tribunaux et de les acculer à la ruine s'ils ne livraient pas immédiatement la récolte. Philippe et ses associés étaient exaspérés. Ils ont battu les deux envoyés et les ont chassés du village[4]. Désormais, ils étaient passibles d'un procès. Que devaient-ils faire ? Le tribunal de Ptolémaïs a toujours donné raison aux propriétaires, surtout quand il s'agit d'un citadin en difficulté avec des paysans. Il ne leur restait qu'une possibilité : disparaître dans la montagne.

— J'ai aussi des amis qui ont disparu dans la montagne », dis-je. Je pensais à Barabbas qui, certes, ne s'était pas fait zélote par nécessité, mais par conviction.

Thélémy me jeta un regard de reconnaissance : je n'avais pas condamné son fils : « Beaucoup de gens considèrent ceux de la montagne comme des bandits. Mais ce ne sont que des êtres désespérés, réduits à des situations sans issue. Éléazar et Philippe sont de braves gars. »

Sa femme prit à son tour la parole : « Ils ne filent pas tous dans la montagne. Le cas de notre deuxième fils, Jason, est différent. Pour pouvoir subsister, nous devons bien accepter à côté de notre travail de la ferme certaines occupations occasionnelles : celles de travailleur saisonnier, de journalier. Jason se rendait donc souvent sur la place du marché où se rassemblent tous ceux qui cherchent du travail[5]. C'est là que les paysans riches et les intendants viennent embaucher les gens dont ils ont besoin. Cela signifiait parfois une attente terriblement longue, et il lui arrivait de rester là toute la journée sans rien trouver à faire —

4. La parabole des « vignerons homicides » (Mc 12,1-9) permet de conclure à des affaires de ce genre. Des papyrus du IIIe s. av. J.-C. nous ont gardé des lettres de Zénon qui se démène en vain pour récupérer des créances. Son chargé d'affaires s'est fait chasser du village (cf. CPJ I, N°6, p. 129 sq.).

5. Mt 20, 1-16 laisse penser que le chômage était un problème social bien réel.

et de se faire en plus traiter de fainéant. Rien ne lui aurait pourtant davantage plu que de travailler ! Quand il se trouvait là avec les autres chômeurs, ils se parlaient entre eux des grandes villes où il y avait plus de possibilités qu'ici. Moins ils trouvaient de travail sur place, plus ils en rêvaient. Un jour vint où Jason pensa qu'il n'avait plus aucune chance ici. Il savait bien qu'il hériterait d'une partie de notre terre, mais c'était trop peu pour nourrir une famille tout entière. Il n'a plus tenu et il est parti pour Alexandrie. L'année dernière, il nous a écrit que cela allait bien. Quand il aurait eu un peu d'argent, il nous rendrait visite. Mais depuis, plus rien. »

Elle avait les larmes aux yeux. Je regardais Thélémy d'un air interrogatif. Il m'expliqua :

« Le pire fut quand Barthélemy nous a quittés, lui aussi. Ma femme ne peut toujours pas l'admettre.

— Mais pourquoi s'en est-il allé ? Une fois les deux premiers partis, il aurait eu assez de votre terre pour nourrir une petite famille !

— C'est justement pour cela que je n'y comprends rien, dit Suzanne. Les autres sont partis par nécessité. Ils y étaient forcés. Mais le dernier aurait pu rester. Il aurait dû y en avoir au moins un à demeurer près de ses parents. »

Thélémy proféra lentement : « Bien sûr, il revient. Il est déjà venu une fois nous rendre visite. C'est exact, il n'est pas parti par pure nécessité. Mais il était poussé par une espèce de besoin. C'est un jeune homme sensible. Il était très lié aux enfants de nos voisins, les fils d'Éléazar. Il n'a jamais pu comprendre comment ils avaient pu devenir "bandits". Il en a beaucoup souffert. Quand ses frères nous quittèrent, ce fut pour lui un second choc. Il se mit à douter de ce monde qu'il trouvait si injuste. Il pensait que cela ne pouvait plus durer. Les riches ne peuvent pas toujours écraser les pauvres, les juges ne peuvent pas toujours favoriser les gros, les étrangers ne peuvent pas toujours opprimer le pays. Cela devait changer un jour. L'injustice sur terre crie vers le ciel. Dieu voit tout et entend tout. Il ne permettra pas que cela dure. Il provoquera un retournement de la situation et fera en sorte que tous les gens soient rassasiés, que les jeunes gens trouvent une place en ce monde, que les riches cèdent la place et que les oppresseurs perdent leur pouvoir. Dieu lui-même viendra exercer sa puissance !

— Nombreux sont ceux qui attendent le Royaume de Dieu dis-je. Mais cela ne leur fait pas quitter leurs parents.

— C'est bien le problème, reprit Thélémy. Il ne l'a pas fait de lui-même. C'est quelqu'un de notre village qui l'en a persuadé. Il s'appelle Jésus. Il parcourt toute la région et annonce que le Royaume de Dieu commence dès maintenant. Il n'y a pas besoin d'attendre la fin des temps pour que tout change. Le grand retournement serait déjà en train de se produire. Ce serait la chose la plus importante au monde, plus importante que le travail et la famille, que père et mère. Lors de sa visite, Barthélemy m'a rapporté certains mots de Jésus. Ce sont de belles paroles :

> *Heureux êtes-vous, vous qui pleurez maintenant*
> *car vous rirez*[6] *!*

« C'est avec de tels propos que Jésus arpente le pays et appelle certains jeunes qui ne peuvent plus tenir : Suivez-moi ! Tout va changer. Les pauvres ne seront plus pauvres, les affamés n'auront plus faim, les affligés ne pleureront plus. »

Suzanne intervint. Elle était visiblement remontée : « Ce Jésus est un séducteur dangereux. Il corrompt les jeunes. Cela sonne bien : "heureux, vous qui pleurez, car vous rirez !" Mais qu'est-ce que cela fait concrètement ? Cela fait que les parents pleurent leur fils perdu. Lui promet que tout va changer. Mais qu'est-ce que cela change en fait ? Cela ne fait que détruire les familles parce que les enfants quittent leurs parents. »

Thélémy défendit son fils : « N'est-il pas mieux de le voir suivre ce Jésus que de le voir disparaître dans la montagne ? N'est-il pas mieux pour lui de vivre avec une espérance nouvelle que de perdre la raison ? Et n'est-il pas préférable de rester en Galilée plutôt que de s'expatrier ? Il peut revenir à tout moment. Je n'ai pas perdu espoir. »

Suzanne répliqua : « Pourquoi ne veut-il plus rester chez nous ? » Thélémy détourna le regard. Il ne voulait pas en dis-

---

6. Cf. Lc 6, 20-21. La rédaction parallèle de Matthieu fait des pauvres, au sens économique du terme, des « pauvres en esprit » (Mt 5, 3). Il s'agit certainement d'une reformulation de la béatitude qui ne correspond pas à la lettre originelle.

cuter devant un étranger. Mais sa femme était lancée. Furieuse, elle se mit à crier : « Quand il est venu, je l'ai forcé à s'expliquer. Je lui ai dit : Ce que tu fais est immoral. Nous devenons vieux. Nous vous avons élevés, vous, les enfants. Et maintenant tu nous plantes là ! Et savez-vous ce qu'il m'a dit ? Un jour, quelqu'un était venu vers son maître pour se mettre à sa suite; mais il voulait tout d'abord aller enterrer ses parents. Jésus lui a répondu : "Laisse les morts enterrer les morts[7]", et il l'a pressé de le suivre immédiatement. Est-ce que cela n'est pas inhumain ? Les parents ne comptent plus pour rien ! Est-ce que nous, les parents, nous n'avons pas plus de valeur que des charognes, pour qu'on ne veuille plus nous enterrer ?

« Là dessus il m'a sorti une autre parole de Jésus, non moins choquante que l'autre :

Si quelqu'un vient à moi
sans haïr son père et sa mère
sa femme et ses enfants
ses frères, ses sœurs
et jusqu'à sa propre vie,
il ne peut être mon disciple[8] *!*

« Qu'est-ce qui reste dans la vie, si on ne peut même plus compter sur les siens ? C'est triste de voir ces jeunes nous laisser tomber. C'est effrayant de voir que l'on peut justifier cela avec des paroles de ce genre ! »

Je demandai : « Ce Jésus vient pourtant bien de votre village. Qu'est-ce que disent donc les siens de cette doctrine ? »

Suzanne se mit à rire : « Ils le tiennent pour fou ! Un jour, ils ont voulu le ramener de force à la maison. Mais ils ne l'ont pas pu. Il y avait trop d'auditeurs autour de lui. Ils l'ont alors fait appeler : ta mère et tes frères sont là; ils veulent te parler. Qu'a-t-il répondu ? Il a posé la question : "Qui est ma mère et qui sont mes frères ?" Puis il a montré ses auditeurs et il a ajouté : "Celui qui fait la volonté de Dieu, celui-là est mon frère, ma sœur et ma mère[9]." »

---

7. Mt 8, 21-22.
8. Lc 14, 26.
9. Mc 3, 21.31-35. Il doit être historiquement vrai que, de son vivant, Jésus

Suzanne éclata en sanglots. Thélémy lui mit le bras autour du cou et lui caressa lentement les cheveux. Il avait, lui aussi, les larmes aux yeux.

Entre-temps Timon et Malchus avaient terminé et m'invitèrent au départ. Il nous fallait être de retour à Séphoris avant le coucher du soleil. Nous nous dîmes donc au revoir.

En effet, ce Jésus avait des aspects repoussants. Il y avait en lui bien des choses qui rappelaient les Esséniens. Dans les deux cas, la même emprise sur les jeunes, la rupture radicale avec l'entourage, le mépris de la richesse ! Ici comme là-bas, l'espérance du grand retournement ! Il y avait pourtant une différence importante : derrière ce Jésus, il n'y avait aucune communauté bien organisée disposant de trésors cachés ! Il n'offrait pas de maison, pas de sécurité. Á vrai dire, il n'offrait rien du tout. Il ne se retirait pas non plus dans le désert, mais il vaquait dans la campagne. Apparemment, il restait le plus souvent dans la voisinage du lac de Génésareth, entre Capharnaüm et Bethsaïde. S'il m'arrivait de le rencontrer, je devais saluer Barthélemy, m'avait demandé Suzanne au moment des adieux.

Ce Jésus présentait-il un danger pour la sûreté de l'État ? Je ne pouvais en juger. Mais il constituait sûrement un risque pour les familles de Nazareth. Un vieil oracle prophétique relatif à la fin des temps me vint à l'esprit : « Le fils insulte le père, la fille se dresse contre sa mère, la belle-fille contre sa belle-mère, chacun a pour ennemis les gens de sa maison[10]. » Cette parole sur la scission des familles trouverait-elle maintenant son accomplissement ?

*

Cher Monsieur Kratzinger,

À ma thèse faisant sortir Jésus des couches inférieures de la société, vous opposez une fois de plus un scepticisme fondé sur une argumentation historique : nous en saurions trop peu

eut des relations tendues avec sa famille. Par la suite, pourtant, certains membres de celle-ci appartiendront à la communauté chrétienne (par exemple le frère de Jésus, Jacques. Cf. Ga 1, 19).

10. Mi 7, 6. Lc 12, 53 laisse supposer que la prophétie du livre de Michée trouve son accomplissement dans la prédication de Jésus.

sur lui pour le situer ainsi. Il en irait ici autrement que pour Pilate, car nous n'avons à son sujet aucune source extra-biblique, mais seulement quelques rares notations d'écrivains antiques, notations qui, selon l'avis de la plupart des érudits, ne nous apprendraient rien d'important sur lui.

Nous sommes d'accord sur le fait que le grand chapitre de Josèphe sur Jésus (Ant 18, 63 et sq. = XVII, 3, 3) a été réécrit par des chrétiens, peut-être même interpolé. Je considère en revanche qu'on ne peut mettre en doute son récit sur l'exécution du frère du Seigneur, Jacques, en 62 (Ant. 20, 197-203 = XX, 9, 1) : Josèphe y parle de « Jésus, qui fut appelé Christ ». Indubitable est aussi le texte de Tacite sur les « chrétiens » que Néron rendit responsables de l'incendie de Rome en 64. Tacite fait dériver leur nom de « Christ » dont il rapporte qu'« il fut exécuté sous le règne de Tibère à l'instigation du procurateur Ponce Pilate » (*Annales*, XV,44,3).

Nous pouvons déduire de ces notations que Jésus entra en conflit avec les couches supérieures de la société. Un procurateur romain fut responsable de sa mort. Par la suite, l'aristocratie juive persécuta ses disciples. Suétone (*Claude* 25) et Pline le Jeune (Ep. X, 96) mentionnent eux aussi Jésus à l'occasion de conflits entre ses disciples et les autorités.

Ces sources n'ont-elles vraiment aucune importance ? Elles nous disent que, selon toute vraisemblance, Jésus n'appartenait pas à la classe supérieure et que ce ne furent pas « les juifs », mais un procurateur romain qui fut le responsable de son exécution. Si l'histoire du christianisme avait eu une autre apparence, ils l'auraient su tous les deux. Ces rares sources antiques en disent long sur Jésus, mais long aussi sur les exégètes historico-critiques à qui elles en disent si peu !

Cette question du milieu social de Jésus sera encore importante pour la suite du récit. J'espère que j'ai pu vous convaincre de la valeur de mon point de vue.

Cordialement vôtre.

Gerd Theissen.

9

DANS LES GROTTES D'ARBÉLA

Je profitai de la première occasion pour entreprendre un voyage d'affaire de Séphoris à Bethsaïde. Accompagné de Timon et de Malchus, je parcourus la plaine d'Asochis en direction du lac de Génésareth. Au retour, je comptais rendre visite à Jeanne et à Chusa.

J'espérais rencontrer Jésus quelque part sur la rive nord du lac, ou tout au moins tomber sur quelque trace de lui. Je n'avais pourtant pas du tout envie de faire sa connaissance. Selon toute vraisemblance, nous ne pouvions que rester étrangers. Nous venions de deux mondes totalement différents : moi d'une famille nantie, habitant la ville la plus moderne de la Galilée du Nord, lui d'un milieu très humble, d'un village sans importance. J'entendais encore résonner à mes oreilles ses déclarations âpres et implacables, celles dont Thélémy m'avait fait part :

Il est plus facile à un chameau de passer par le trou
de l'aiguille
qu'à un riche d'entrer dans le Royaume de Dieu[1] *!*
Nul ne peut servir deux maîtres.
Ou il haïra l'un et aimera l'autre,
ou il s'attachera à l'un et méprisera l'autre.
Vous ne pouvez servir à la fois Dieu et l'argent[2].
Malheur à vous, les riches !
car vous avez déjà votre consolation[3].

---

1. Mc 10,25. Le texte dit qu'il est impossible à un riche d'entrer dans le Royaume de Dieu.
2. Mt 6,24.
3. Lc 6,24. En arrière-plan, il y a l'idée qu'une certaine proportion de « bon-

Ces sentences n'étaient-elles pas le simple reflet de la rancœur de la population rurale pauvre contre les citadins aisés ? Quand on est soi-même riche, on ne peut entendre de telles paroles qu'avec des sentiments mêlés. Jésus n'était-il pas l'une de ces personnes qui se servent de la misère de gens simples pour susciter le trouble ? Qui excitent la haine contre les possédants ? Qui éveillent l'espoir irréaliste que tout changerait si on ôtait leurs biens aux nantis et leur pouvoir aux puissants ? On pouvait comprendre que des jeunes vivant dans des conditions déprimantes se mettent à le suivre !

Plongé dans ces pensées, je trottais sur la route de Séphoris à Bethsaïde. La journée était belle. Le paysage verdoyant étincelait sous le soleil. Sur les collines, les terrassements scintillaient en bandes bien alignées. Les arbres fruitiers mettaient des taches d'ombre dans la clarté. La Galilée était vraiment un pays merveilleux, un pays où tout le monde pouvait manger à sa faim[4]. Cette terre ne devait-elle pas être à la disposition de tous ? Là, comment ne pas en venir à l'idée que la misère et le malheur n'avaient rien à voir avec la création originelle ?

Créateur du monde,
tu es infiniment grand,
Enveloppé de splendeur,
drapé dans la lumière !
Tu te laisses entrevoir dans l'énigme du temps
et dans le mystère de l'espace.
Tu te manifestes dans les merveilles du monde
et tu te caches dans le corps des créatures.
Tu sommeilles dans la pierre

---

heur » revient à chacun. Les riches ont déjà reçu leur part. C'est maintenant au tour des pauvres.

4. Cf. la description de la Galilée de Josèphe : « Sur toute sa surface la Galilée est fertile et riche en pâturage, et de plus pourvue de toutes sortes d'arbres au point que même celui qui ne s'intéresse pas aux travaux des champs est enthousiasmé par sa fertilité. C'est pourquoi les habitants ont défriché tout le pays sans exception, et il n'en existe aucune partie qui reste en jachère. Ses villes sont populeuses et, dans les bourgs, du fait de la richesse foncière, la population est d'une telle importance qu'on ne trouve pas de village de moins de 15 000 habitants. » (*La Guerre juive*, 3,42-43). Les chiffres sont probablement exagérés.

et tu rêves dans la fleur.
Tu t'éveilles dans l'animal
et tu parles aux humains.
Tu changes la lumière en vie
et la pluie en végétation.
Tu fais croître la graine et la vigne
pour tous les hommes,
pour les pauvres et les riches,
pour les noirs et les blancs.
Seigneur, la terre t'appartient.
Elle est le jardin que tu nous donnes[5].

C'était vraiment une splendide journée. Et ce serait resté une journée splendide si tout d'un coup un cri perçant ne m'avait arraché à mes pensées. Tout se passa à une vitesse incroyable. Une horde de gens armés se précipita sur nous. Ils étaient une cinquantaine contre nous trois. Nous n'avions aucune chance. Avant même d'avoir pu songer à nous défendre, nous fûmes culbutés, arrachés à nos montures et poussés sur un sentier escarpé, les mains liées et les yeux bandés.

Je fus une fois de plus saisi de panique. Mon cœur battait la chamade. Une sueur froide me sortait par toutes les pores, mes muscles se contractaient. Qu'est-ce que nous voulaient ces brigands ? Était-ce des voleurs ordinaires ? Alors pourquoi ne nous prenaient-ils pas notre argent en nous laissant ensuite partir ? Ils n'échangeaient entre eux que de brefs appels. Rien ne nous permettait de comprendre le sens et le but de leur attaque. Je tentai de leur parler. Mais ils ne réagirent pas.

Trois heures durant, nous cheminâmes dans la montagne. Je notai que nous gagnions les hauteurs. Le chemin devenait plus rude. Soudain nous fîmes halte. Quelqu'un dit : « Vous devez maintenant monter un escalier étroit puis grimper à une échelle. Attention ! Un faux pas peut vous coûter la vie ! Nous côtoyons un abîme. » Même alors, ils ne nous permirent pas d'enlever nos bandeaux. Nous ne devions avoir aucun moyen de repérer où nous nous trouvions. Le chemin était en partie taillé dans la pierre, en partie fait d'échelles mobiles. Lentement, nous avancions en tâtonnant. Dans les passages difficiles, nos gardiens

5. Sur des thèmes du Ps 104.

nous disaient où poser les pieds. Je fus saisi par l'idée que, s'ils voulaient se débarrasser de moi, il leur suffisait de me pousser un peu.

Nous parvînmes enfin sur un sol ferme. Nous dûmes nous faire tout petits pour ramper par une étroite ouverture. J'entendis que Timon, Malchus et certains de leurs accompagnateurs s'éloignaient dans une autre direction. Je fus poussé de-ci delà, jusqu'à perdre tout sens de l'orientation. On me retira alors mon bandeau. Je me trouvais dans un espace obscur faiblement éclairé par la lueur d'une lampe à huile. Les parois étaient de roc. Des murmures révélaient qu'il y avait quelque part d'autres gens. Mais on me laissa tout d'abord seul, non sans m'avoir auparavant attaché les pieds.

Une pensée me vint à l'esprit : les grottes d'Arbéla ! Ce ne pouvait être que cela ! C'est là que les combattants de la résistance avaient toujours trouvé refuge. Mon père m'avait souvent narré commment le roi Hérode le Grand avait lutté contre eux. C'était une sombre histoire. J'entendais encore sa voix me raconter[6] :

« Les grottes d'Arbéla sont situées sur les flancs de montagnes escarpées et ne sont directement accessibles de nulle part. On ne peut y grimper que par des rampes obliques très étroites. Les masses rocheuses où elles ont leurs entrées surplombent des gorges profondes, à pic, déchiquetées. C'est à cause de ce caractère inaccessible qu'Hérode s'était longtemps trouvé dans l'embarras, avant d'arriver à une idée extrêmement dangereuse. Il ordonna de faire glisser du sommet ses hommes les plus vigoureux dans des caisses attachées à des cordes. C'est ainsi qu'il parvint à leur hauteur. Les soldats bombardaient de tisons enflammés tous ceux qui tentaient de résister et les abattaient en même temps que leur famille. Hérode souhaitait en garder quelques-uns en vie et leur fit savoir qu'ils pouvaient se rendre à lui. Nombreux furent ceux qui préférèrent la mort à la captivité. Parmi les combattants de la résistance, il y avait un vieil

6. Ce qui suit est presque à la lettre ce que dit Josèphe dans *La Guerre juive* (I,310-313). Les grottes d'Arbéla sont beaucoup plus petites que ne le laisserait supposer ce qui est dit ci-dessus. Dans le désert de Judée, il existe pourtant un réseau de cavernes que les résistants utilisèrent. D'un certaine façon, on les « transpose » ici en Galilée.

homme avec sept fils. Sa femme et ses fils lui demandèrent la permission de quitter les grottes et de profiter de la promesse royale d'avoir la vie sauve. Il les tua alors de la façon suivante : il leur donna l'ordre de sortir un par un, se posta lui-même à l'entrée de la grotte, et les abattit à mesure qu'ils passaient. Hérode, qui voyait la chose de loin, fut saisi de pitié, étendit vers lui sa droite en le conjurant d'épargner au moins ses enfants. Mais ces paroles ne firent aucun effet sur lui, bien au contraire. Il tourna Hérode en dérision à cause de son origine obscure et après avoir tué ses fils, tua aussi sa femme, jeta les cadavres dans l'abîme et s'y précipita lui-même. »

Et je me trouvais maintenant assis dans les grottes d'Arbéla ! Nous étions tombés entre les mains de fanatiques ! Qui était capable de tuer ses propres enfants n'hésiterait pas à tuer n'importe qui si ses convictions l'exigeaient. Ce vieillard farouche n'aurait-il pas pu proférer lui aussi la parole de Jésus : « Celui qui ne hait pas son père et sa mère, sa femme et ses enfants ne peut être mon disciple » ? Ce Jésus n'était-il d'ailleurs pas lui aussi un zélote ? La seule différence ne consistait-elle pas en ce qu'il ne se cachait pas dans des grottes mais enseignait en public et ne présentait donc pas de façon aussi nette son message révolutionnaire ?

J'entendis des pas. Une faible lueur fit danser de vagues ombres sur les parois rocheuses. Quelqu'un s'avança vers moi. Il portait une lampe à huile qu'il masquait de façon à m'empêcher de reconnnaître son visage. Il me déclara :

« Tu resteras notre prisonnier tant que ta famille n'aura pas payé une rançon pour toi. Nous avons inspecté vos bagages. Vous êtes des riches. Nous exigeons un demi-talent d'argent, payable avant trente jours. Nous enverrons chez toi tes deux esclaves avec un message adéquat. Tu vas maintenant écrire un message avec nos exigences ! »

Je hasardai une objection : « Et si ma famille ne paye pas ? Un demi-talent, c'est beaucoup ! »

L'autre répliqua tranquillement : « Cela coûtera aussi cher à ta famille. Un bel enterrement, c'est une grosse dépense ! Nous nous chargeons du cadavre !

— Et si je n'écris pas la lettre ?

— Alors il y aura trois enterrements.

— Voulez-vous vraiment me supprimer pour une question d'argent ?

— J'ai reçu l'ordre de ne pas discuter avec toi. Écris la lettre ! C'est à toi de décider que tout se passe bien ! »

Les mots me cinglèrent comme un coup de fouet. Je ne pouvais opposer que ma haine à la froideur totale de mes ravisseurs. Á partir de ce moment, ils cessaient d'être pour moi des humains. Ils se métamorphosaient en démons et en bêtes. Seul le souvenir de l'histoire du vieillard et de ses sept enfants m'empêcha de me laisser totalement emporter par ce sentiment. J'avais jadis admiré cet homme comme un héros ! Nos ravisseurs étaient-ils empreints du même courage impitoyable ? Cette idée me fit encore tenter un nouvel essai de dialogue :

« Pourquoi faites-vous tout cela ? »

Mais l'autre répliqua immédiatement : « Plus un mot ! Écris ! »

Sans plus rien dire, il me délia les mains. Il me tendit une feuille de papyrus, de l'encre et un petit pupitre. Tout en me préparant à écrire, je me demandais si je devais l'interroger sur Barabbas. Je savais que les zélotes se scindaient souvent en groupes rivaux. Et si Barabbas appartenait à une autre faction ? Et s'il avait déjà quitté les zélotes et ne leur apparaissait plus que comme un traître ? Non ! Si j'abattais prématurément mon jeu, je pouvais tomber de mal en pis. J'écrivis donc la lettre suivante :

André salue son père et sa mère ! J'espère que vous allez bien. Je pense toujours à vous. Malheureusement il m'est encore arrivé un grand malheur. Aujourd'hui même, je me suis fais enlever par des brigands. Ils exigent une rançon d'un demi-talent d'argent et vous donnent trente jours pour la payer. Ils ont menacé de me tuer, moi et les autres. Ayez cependant confiance : j'ai pu échapper à la prison romaine, et je suis sûr que j'échapperai aussi à celle-ci.

Bonjour à Baruch.

Timon et Malchus vous transmettront cette lettre.

La paix soit avec vous tous !

Ils liraient certainement la lettre avant de l'envoyer, pensai-je. S'ils pouvaient seulement apprendre que j'avais récemment été arrêté par Pilate, ils devraient devenir un peu plus prévenants ! Je tendis la feuille de papyrus à mon sinistre geôlier qui était resté assis là. Il prit la lettre sans la regarder. Savait-il seulement lire ? Je fus déçu. Avant de s'en aller, il me réattacha les mains. Puis je l'entendis disparaître dans le labyrinthe des couloirs. Je restai seul.

Je me creusai la tête : était-ce là les jeunes qui s'étaient éclipsés des bourgs de Galilée ? Était-ce des gens tels qu'Éléazar et Philippe, qui avaient un jour fait l'expérience de l'injustice, et qui commettaient à leur tour cette injustice ? Que leur était-il donc arrivé, pour qu'ils pussent ainsi menacer de mort des gens innocents, et cela froidement, d'une voix tranquille, sur ordre supérieur, comme s'il s'agissait là de quelque chose de tout naturel ?

Quelques jours plus tôt, chez Thélémy, j'avais éprouvé un sentiment de compréhension et de sympathie pour les zélotes : celui qui se dresse contre une situation sans espoir ne mérite-il pas notre reconnaissance ? Mais je notais comment tous ces beaux sentiments étaient maintenant réduits à néant. À partir du moment où on était assis pieds et poings liés dans leurs grottes, face à une destinée incertaine, l'admiration pour l'héroïsme des combattants de la résistance ne pouvait que s'effondrer. Ce que je sentais grandir en moi, c'était le mépris, un mépris semblable à celui que j'avais éprouvé à l'égard de Pilate. C'était la peur de me trouver livré pour la vie ou pour la mort entre les mains d'un vainqueur. C'était l'amertume devant l'exploitation éhontée de la dépendance : n'était-ce pas exactement comme cela que Pilate avait usé de chantage et de menace ? La façon dont il avait joué de son pouvoir était absolument la même. Où était donc la différence ?

Je fermai les yeux. Je voyais encore surgir quelques images de Galilée : la merveilleuse lumière sur les vallées et les collines, la sérénité des matins. Comme tout cela avait été beau. Mais qu'il était effrayant de voir ce qui se passait sous le soleil, la manière dont les hommes allaient se disputant, s'exploitant, se pressurant, se maltraitant, se menaçant. Et le soleil n'en continuait pas moins à se lever et à se coucher. Les mots me vinrent d'eux-même à la pensée :

Je regardais encore toute l'oppression qui se commet sous le soleil : Voici les larmes des opprimés et ils n'ont point de consolateur; et la force du côté des oppresseurs, et ils n'ont pas de consolateur. Alors je félicite les morts qui sont morts plutôt que les vivants qui sont encore vivants. Et plus heureux que tous les deux est celui qui ne vit pas encore et ne voit pas l'iniquité qui se commet sous le soleil[7].

Intérieurement, je voyais le soleil. Comme il serait bon de pouvoir le revoir en vérité !

Je ne sais pas combien de temps je suis resté les yeux fixés sur la faible lueur de la lampe à huile. Celle-ci était en céramique étrangère, de Tyr. Il était probable qu'un artisan phénicien l'avait apportée avec lui en Galilée. Peut-être la lui avait-on volée ? Elle brûlait maintenant dans la grotte d'Arbéla, et mon espoir vascillait en même temps que cette lumière, si faible mais si constante.

De nouveau des pas s'approchèrent. On me libéra de mes liens et on me conduisit dans une pièce où plusieurs hommes étaient assis en cercle. Je ne pouvais reconnaître leur visage. L'espace n'était que faiblement éclairé. La scène avait tout d'un tribunal populaire. Était-ce une comparution ? Devant moi, il y avait quelqu'un assis plus haut que les autres, le président sûrement. Il m'adressa la parole :

« André, fils de Jean, est-il exact que les Romains t'ont incarcéré ? »

Mon calcul avait été juste. Je fus soulagé. Il avait lu la lettre et avait mordu à l'hameçon. J'expliquai avec force détails la manifestation contre Pilate et conclus en expliquant qu'elle n'avait pas eu vraiment pour objet l'aqueduc du procurateur. Le problème capital était celui de l'argent : par leur impôt les Romains suçaient injustement le pays. Mais voici qu'ils en arrivaient à prétendre mettre aussi la main sur les seules redevances légitimes — celles du Temple. Il fallait bien se défendre là contre.

Le président se tourna vers un des assistants : « Tu étais à la démonstration. Peux-tu confirmer ces dires ?

— Oui » répondit l'intéressé. Sans doute ne m'avait-il pas vu parmi les manifestants. Mais il avait entendu dire qu'on avait arrêté injustement deux jeunes gens de Séphoris, non pas qu'on

7. Qo 4,1-3.

ait pu leur imputer quelque chose, mais du simple fait qu'ils étaient connus comme hostiles aux Romains.

Le président reprit la parole :
« Puisque tu es contre les Romains, nous renoncerons à la rançon. Mais nous avons besoin d'une preuve que tu es bien de notre côté. Les Romains lèvent des impôts injustes sur nous, les juifs. Nous demandons que toi et ta famille nous versiez chaque année la même contribution que celle que vous leur payez à eux. En contrepartie, nous vous offrons de laisser désormais passer sans encombre vos caravanes commerciales et votre personnel. C'est une proposition honnête ! »

En réalité, c'était du chantage. Mais que pouvais-je faire ? Dans toute la Galilée, on parlait sous le manteau d'accords de ce genre. Les brigands et les zélotes encaissaient régulièrement les taxes de commerçants. C'était le seul moyen de diminuer le nombre d'attaques à main armée. Dans cette mesure, ces traités étaient d'« usage commercial ». Mais le prix en était démesurément élevé. Je commençai à marchander :

« Les autorités romaines perçoivent des impôts injustes sur nous, les juifs, mais non sur les païens. À Séphoris, nous avons des esclaves païens. Ils ne doivent pas être inclus dans le marché. »

Je me gardai de dire que Timon n'était qu'à demi païen. Il faisait partie de ces gens que nous appelions des « craignants-Dieu » : ils croyaient en un seul Dieu, pratiquaient les dix commandements et assistaient au culte de la synagogue — mais ne se faisaient pas circoncire. Aussi longtemps que Timon restait au pouvoir de ces gens, il ne fallait pas que cela se sache. Car on disait des zélotes qu'ils obligeaient à choisir : s'ils en arrivaient à la conviction que quelqu'un était de foi juive, c'était la mort ou la circoncision !

À ma grande surprise, ils se rallièrent à mon argumentation. On n'inclurait pas dans le compte les deux esclaves païens. Je ne cédai pas pour autant :

« En Galilée, nous ne payons pas directement les impôts aux Romains, mais à Hérode Antipas qui leur en reverse lui-même une partie. Il faut donc en soustraire encore une certaine somme. Hérode Antipas n'est pas Romain. Il est légalement notre prince.

— C'est un Iduméen, me répondit-on. Les hérodiens se sont emparés du pouvoir. »

Au terme de dernières tractations, j'obtins encore une petite réduction en promettant de transmettre par-ci, par-là quelques informations. Cela devait me permettre de vendre dans de bonnes conditions mes prétendus renseignements sur l'imminence d'un contrôle frontalier entre Ptolémaïs et la Galilée. Je notais combien ces discussions me redonnaient de l'assurance. Quand les gens commencent à discuter affaires, ils deviennent plus fiables. Il est plus agréable de traiter avec un commerçant fripon qu'avec un terroriste fanatique.

À la fin, le président me déclara d'un air satisfait :

« C'est une bonne affaire ! Une affaire à l'avantage des deux parties ! »

J'ajoutai : « Une affaire qui repose sur le fait que vous m'avez enlevé dans cette grotte ! »

Le président se mit à rire : « Crois-moi, André, la vie m'a appris qu'on ne peut que difficilement amener les gens à traiter efficacement. Il faut parfois les y aider ! »

Exactement ce que m'avait dit Pilate.

Il cessa de rire et reprit d'une voix sérieuse : « Si vous ne respectez pas le contrat, nous le ferons savoir à Césarée et en d'autres lieux. On vous soupçonnera d'avoir des relations avec les terroristes. Cela n'aidera sûrement pas vos affaires. Compris ? » Puis il se remit à rire : « Bon ! Et maintenant, allons manger et boire un peu. »

L'atmosphère se détendit. On amena Timon et Malchus. Il y avait maintenant quatre lampes à éclairer la pièce, de telle sorte que je pus reconnaître les visages. La plupart des assistants avaient mon âge. Seul le chef dépassait manifestement les trente ans. Mais que vis-je ? Je ne pouvais en croire mes yeux. N'était-ce pas Barabbas ? Oui, c'était bien lui ! Je voulus me précipiter vers lui. Mais l'autre s'était déjà détourné d'un air détaché. M'étais-je trompé ? Je restai incertain et attendis le moment où il me fut de nouveau possible de regarder discrètement l'étranger. Non ! Il ne pouvait y avoir de doute : c'était bien lui. Il me tourna de nouveau le dos. Je commençais à deviner qu'il ne voulait faire voir à personne que nous nous connaissions. Peut-être n'étions-nous pas encore totalement sortis de danger ? J'étais dans le brouillard. Mais je ne laissai rien remarquer quand il me demanda innocemmment où j'étais né, quelle était la profession de mon père et combien j'avais de frères et de sœurs.

J'en étais maintenant certain : il voulait donner l'impression que nous ne nous connaissions pas. Il devait avoir ses raisons. J'entrai dans le jeu.

À un moment donné, nos regards se croisèrent, et je remarquai qu'il me regardait d'un air amical. Je sentis un courant chaud me parcourir le corps ! Cela me fit du bien d'avoir un ami au milieu de cette bande. Maintenant, j'étais sûr que tout irait bien !

Il fut décidé que nous passerions la nuit dans cette grotte. Le lendemain, nous aurions à partir de bonne heure. Puis ils allèrent tous se coucher. On me laissa dans la même pièce que Timon et Malchus. J'entendis bientôt la respiration régulière des deux jeunes gens.

*

Cher Monsieur Kratzinger,

Vous vous sentez gêné de ce que j'ai pris comme personnage principal de mon récit un riche commerçant, alors que j'entends voir Jésus du point de vue d'« en bas ». La raison en est simple : cela nous permet de nous identifier à André. Son existence se déroule à distance de l'univers social de Jésus. Il connaît une certaine rupture avec sa tradition religieuse. Il n'a pas de contact direct avec Jésus, au moins jusqu'à présent. Il est à la « recherche » d'indices sur le prophète, et on peut parfaitement le comparer à un chercheur historico-critique.

André doit se construire une image de Jésus à partir de traditions diverses. Il lui faut combiner et évaluer critiquement des récits différents. On ne commence vraiment à faire de l'historiographie que quand on ne se contente plus de raconter : « voilà comment se sont passées les choses », mais qu'on dit : « à partir de telles et telles sources, et jusqu'à plus ample informé, je voudrais proposer l'image suivante des événements ».

André cherche à voir clair dans le mouvement de renouveau lié à Jésus en s'aidant d'analogies historiques — exactement comme le fait l'historien. Il ne cesse de réfléchir sur la similitude existant entre Jésus, les zélotes et les autres mouvements religieux de la Palestine de cette époque.

Il découvre des relations qui ne sont pas immédiatement évidentes, par exemple celles entre les difficultés économiques, l'inquiétude religieuse et la résistance politique. Comme l'historien, il fait apparaître tout un tissu de conditionnements et d'interactions.

Critique, analogie et corrélation constituent les catégories de base de la conscience historique. On les trouve en acte dans les recherches d'André. Cela n'en fait pas pour autant un savant. Pour cela, il faudrait qu'il puisse en plus rendre compte de sa méthode de recherche (ce que je fais dans cette lettre). Il lui faudrait en outre permettre de vérifier ses affirmations en s'appuyant sur les données de sources accessibles au public (ce qui se passe dans les notes). Mais dans l'ensemble il incarne l'aventure de la recherche historico-critique. Cela vaut aussi en ce qui concerne la proximité et la distance de l'objet de ses recherches : une mission de découverte non désirée se transforme en confrontation existentielle le mettant lui-même en jeu. Le chercheur se trouve toujours impliqué dans ce qu'il cherche.

Je remets à la prochaine fois la réponse à certaines questions que vous posez concernant des problèmes politiques. Le chapitre suivant apporte à ce sujet quelques points de vue nouveaux.

Cordialement vôtre.

Gerd Theissen.

10

TERREUR ET AMOUR DES ENNEMIS

À la longue, je m'endormis. Songe nocturne ou rêve dans un demi-sommeil ? Je ne sais. Je sais seulement que les images de la journée précédente se chassaient les unes les autres. Tantôt je me voyais devant le tribunal zélote, tantôt je me retrouvais devant Pilate, tantôt je parcourais les paysages ensoleillés de Galilée. Puis tout retombait dans l'obscurité et je ne savais plus si j'étais en prison à Jérusalem ou dans les grottes d'Arbéla. Des personnages surgissaient de l'ombre : le chef des zélotes, qui me regardait en grimaçant, puis Pilate, grimaçant lui aussi. Leurs visages se confondaient. J'entendis de nouveau le rugissement de la bête, revis des dents monstrueuses, des griffes qui cherchaient à me déchirer. Je les sentais presque me toucher la figure.

C'est alors que, épouvanté, je m'éveillai. Quelqu'un m'avait touché. Je fus saisi par l'idée qu'on voulait me tuer secrètement, de nuit. Mais j'entendis une voix familière me glisser à l'oreille : « Pstt ! Suis-moi sans faire de bruit. » C'était Barabbas.

Nous nous glissâmes silencieusement le long d'un couloir qui nous conduisit à l'extérieur. Là, nous continuâmes à grimper le long des rochers jusqu'à un petit creux.

« Ici, nous sommes en sûreté, murmura Barabbas. Je suis de garde de nuit.

— Barabbas ! » Je lui tombai dans les bras.

Nous nous assîmes et contemplâmes la nuit. Au-dessus de la Galilée, le ciel déployait une voûte étoilée lumineuse. La lune répandait une faible clarté sur les rochers. Son reflet reposait sur la surface immobile du lac de Génésareth. Nous étions accroupis dans l'ombre. Personne ne faisait attention à nous. Barabbas murmura :

« Tu dois bien comprendre pourquoi tout à l'heure j'ai fait semblant de ne pas te reconnaître. C'était nécessaire, sans quoi ils auraient cherché à te gagner à notre vie, par force ou par chantage. Et si tu avais dit non, je ne sais ce qui se serait passé. »

Je me tus.

« C'est moi qui ai eu l'idée d'échanger la rançon contre un pacte à longue échéance.

— Merci beaucoup ! Mais, dis-moi un peu, est-ce qu'ils m'auraient tué si j'avais refusé ? »

Barabbas ne répondit pas. Je posai encore une fois la question :

« Est-ce qu'ils m'auraient tué ? »

Il soupira : « Je ne sais pas ce que tu penses maintenant. Tu te dis peut-être que je suis un sinistre assassin. Il me faut bien l'avouer : j'ai tué des gens. Tout d'abord un soldat romain qui me poursuivait. Je devais m'en défaire, sans cela c'est lui qui m'aurait tué. Le second, c'était un propriétaire que nous avions condamné à mort. Il avait conduit toute une famille à se suicider. Ils lui devaient de l'argent. Ils avaient préféré la mort à la prison.

— Mais je n'ai menacé personne ! Je n'ai persécuté personne ! Je n'ai opprimé personne ! Et pourtant vous avez menacé de me tuer. Pourquoi ? Seulement parce que je suis d'une famille riche ? C'est là mon seul crime ! » protestai-je.

Barabbas mit son doigt sur ses lèvres et me fit signe de parler plus bas. Nous devions être prudents. À quelque distance, une pierre se détacha et roula en rebondissant dans l'abîme. Je retins mon souffle. Mais tout resta tranquille. Nous étions seuls.

« Nous ne t'avons pas tué. Nous ne voulions que ton argent. Tu appelles peut-être cela du vol. Mais nous ne faisons que vous reprendre, à vous les riches, ce que vous avez pris aux pauvres souvent sous couvert de la loi. Nous veillons seulement à ce que les biens de ce monde reviennent à leurs vrais possesseurs. Regarde seulement tous ces gars, autour de toi. La plupart d'entre eux ont été chassés de leurs maisons et de leurs fermes. Ils sont venus à nous parce qu'ils ne voyaient plus d'autre solution. Nous sommes leur dernier recours, leur dernier espoir.

— Mais tu aurais d'autres possibilités. Cela ne va pas si mal que cela pour ta famille !

— Je suis une exception. C'est bien pourquoi je reste ici. J'ai une grande mission. Mon idée est de punir tous les riches, les juges, les fonctionnaires qui pratiquent l'injustice. À vrai dire, c'est ce que devrait faire l'État. Mais il manque à ce devoir. Bien plus, il multiplie l'injustice sous couvert de lois qui défavorisent les pauvres. Nous devons intervenir à sa place. C'est à nous de veiller à la justice. Si les gens remarquent qu'il leur est impossible de continuer impunément à se conduire en salauds, ils finiront bien par avoir peur de sucer les petits. C'est pourquoi je dois rester ici. Je veille à ce que, dans leur désespoir, ces gens ne se contentent pas de piller et de tuer, mais incarnent une idée.

— Est-ce que tu appelles justice le fait de menacer de mort deux jeunes esclaves ? En quoi Timon et Malchus ont-ils commis une injustice ? Qui ont-ils opprimé ? »

Barabbas se tut. Je ne cédai pas :

« Est-il donc possible de frapper à coup sûr les méchants ? Tous les riches propriétaires ont chez eux des serviteurs et des esclaves, avec leurs vieillards et leurs enfants. Si une belle nuit vous faites flamber les maisons, est-ce que vous ne risquez pas de supprimer des innocents ? Pas seulement des riches, des exploiteurs, des suceurs de sang, mais même les opprimés, ceux que l'on suce et exploite ! Si vous descendez un riche, vous êtes nécessairement conduits à attaquer, et même à tuer l'esclave qui l'accompagne. Si vous anéantissez sa moisson, vous détruisez par là même les moyens d'existence de ceux qui travaillent sa terre et s'esquintent sur elle. Je trouve effroyable ce que font beaucoup de gens de mon milieu. Mais est-ce vraiment mieux quand vous les combattez pas la terreur ? »

Nous nous tûmes encore un moment. Puis Barabbas dit : « Il y a quelque temps, un de nous a filé. Il parlait comme toi. Nous nous étions liés d'amitié.

— Qu'est-ce qu'il fait maintenant ?

— Il s'est mis à la suite d'un prophète bizarre dont il avait fait connaissance en allant pêcher pour nous du poisson dans le lac de Galilée.

— Dis-moi un peu ! Est-ce que ce prophète ne s'appelle pas Jésus ?

— Tu le connais ?

— Je ne l'ai jamais vu. Mais j'ai entendu parler de lui ! Je pensais que c'était un zélote, lui aussi. Ce qu'il dit sur les riches ressemble étrangement à ce que tu viens de déclarer.

— André, tu te trompes. Ce Jésus est un cinglé ! Je n'ai encore jamais rencontré personne à poursuivre une idée aussi absurde !

— Mais est-ce qu'il ne dit pas exactement la même chose que vous quand il affirme que nous en arrivons à un tournant capital ? Que Dieu ne peut plus tolérer cette injustice ? Que son règne arrive enfin ?

— Mais il y a une grande différence ! Nous aussi, nous voulons le règne de Dieu seul, et non plus celui des Romains qui oppriment notre pays. Cependant nous sommes persuadés que Dieu n'intervient qu'en faveur de ceux qui prennent eux-mêmes en main leur destinée[1] ! Il n'aide que ceux qui sont prêts à se révolter et à agir contre l'ennemi. Or sais-tu ce que ce Jésus affirme ? Simon m'a raconté une de ses paraboles.

> *Il en est du Royaume de Dieu comme d'un homme qui aurait jeté du grain en terre : qu'il dorme ou qu'il se lève, nuit et jour, la semence germe et pousse, il ne sait comment. D'elle-même la terre produit d'abord l'herbe, puis l'épi, puis plein de blé dans l'épi. Et quand le fruit s'y prête, aussitôt il y met la faucille, parce que la moisson est à point*[2].

« Voilà la façon simpliste dont il se représente les choses ! Le royaume de Dieu vient tout seul. Aussi doucement et aussi silencieusement que les plantes poussent sur le sol. Oui, il lui arrive de parler en termes énigmatiques de ce royaume comme s'il était déjà là, alors qu'il crève les yeux que les Romains sont toujours les maîtres du pays ! Tout le monde voit bien qu'il n'est pas arrivé ! C'est un fou. Et Simon aussi !

1. Selon Josèphe (Ant 18,5), les zélotes enseignaient que « Dieu n'interviendra dans la réussite de ce projet (la conquête de la liberté sur les Romains) qu'à la condition qu'on y contribue soi-même; ou mieux encore : si ceux qui sont devenus partisans convaincus d'une grande cause ne s'écartent pas par fatigue du chemin qui se trouve lié (à son accomplissement) ».

2. Mc 4,26-29 : la parabole du grain qui pousse tout seul.

— Qui ?

— Simon. C'est mon ami qui nous a quittés. Chez les disciples de Jésus, on l'a surnommé "Simon le Zélote[3]". Il a un jour demandé à Jésus si on ne devait pas se défendre contre l'injustice. Et sais-tu ce que l'autre a répondu ? Il a déclaré :

Vous avez entendu qu'il a été dit :
« Œil pour œil et dent pour dent. »
Eh bien moi je vous dis :
Ne tenez pas tête au méchant.
Au contraire, quelqu'un te donne-t-il un soufflet sur la joue droite,
tends-lui encore l'autre ;
veut-il te faire un procès et prendre ta tunique,
laisse-lui même ton manteau ;
te requiert-il pour faire une course d'un mille,
fais-en deux avec lui[4].

« André, celui qui dit cela déraille ! Nous, nous disons : "Si quelqu'un te frappe, rends-le lui ! Si quelqu'un te prend ta chemise, fais brûler sa maison ! Si quelqu'un t'opprime, prends-lui ses enfants et fais-le chanter ! Ce n'est qu'ainsi qu'on peut endiguer l'injustice !"

— Mais Simon le zélote a trouvé bonnes ces idées inhabituelles que répand Jésus ?

— Inhabituelles ! Le terme est faible. Passe à la rigueur qu'on puisse tolérer l'injustice de la part d'un ami plutôt que de commettre une injustice envers lui ! Mais d'un ennemi ! N'est-il pas de notre devoir d'aider les amis et de faire du mal à nos ennemis ? Quand Simon a posé la question à Jésus, celui-ci lui a répondu :

3. Cf. Lc 6,15. Matthieu appelle Simon le « Kananaios » (de l'hébreu « Kana », le zélé). Il confirme ainsi l'affirmation de Luc selon laquelle Simon aurait été un « zélote » (cf. Mt 10,4). Le zélote mentionné dans le Nouveau Testament montre au reste que les « zélotes » n'avaient pas seulement commencé à former un groupe de résistance au temps de la guerre juive, même si Josèphe peut donner cette impression.

4. Mt 5, 38-41.

Vous avez entendu qu'il a été dit :
« Tu aimeras ton prochain et tu haïras ton ennemi ! »
Eh bien ! moi je vous dis :
Aimez vos ennemis,
et priez pour vos persécuteurs,
afin de devenir fils de votre Père qui est aux cieux,
car il fait lever son soleil sur les méchants et sur les bons,
et tomber la pluie sur les justes et sur les injustes[5].

« Qui peut se permettre d'être aussi magnanime vis-à-vis de ses ennemis ? Ce n'est pensable que pour celui qui est assez fort et indépendant pour ne pas donner prise à l'autre ! Ce n'est possible qu'aux grands vainqueurs, aux rois et aux empereurs. Mais ce Jésus parcourt un pays soumis à l'oppression et veut introduire chez nos petites gens une façon de faire que seule une étroite couche supérieure peut appliquer, mais qui paralyse tout ce qui pourrait provoquer un renouveau : la solidarité des opprimés contre leurs tyrans et leur haine des grands.

— Veux-tu dire qu'il enseigne à s'accommoder des riches ? On raconte qu'il aurait tenu des propos très durs sur eux.

— Exact ! Il traduit fort bien la rancœur des gens contre eux. Il déclare par exemple :

Vous savez
que ceux qu'on regarde comme les chefs des nations
dominent sur elles en maîtres
et que les grands leur font sentir leur pouvoir.
Il ne doit pas en être ainsi parmi vous :
au contraire, celui qui voudra devenir grand parmi vous
sera votre serviteur,
et celui qui voudra être le premier parmi vous
sera l'esclave de tous[6].

« Voilà des propos tels que les gens les aiment ! Car ils croient possible de se débarrasser sans violence de l'oppression

5. Mt 5, 43-45.
6. Mc 10, 42-43.

et de l'exploitation. Mais en quoi consiste concrètement cette oppression ? En ce que les gens doivent payer des impôts, mais ne savent pas où prendre l'argent; en ce qu'ils s'endettent et perdent leur terre[7].

« Oppression ! Cela veut dire que les maîtres s'approprient une telle quantité du produit du pays que le peuple vit dans la crainte continuelle d'en être réduit à la portion congrue. Et cette oppression tend à se perpétuer d'elle-même et pour elle-même. Le poids des impôts et des charges doit rester assez élevé pour que la population se répartisse en deux catégories : d'un côté ceux qui ont intérêt à la prolongation de l'état présent des choses, de l'autre la grande masse anxieuse de survivre. L'angoisse quotidienne leur ôte tout courage pour chercher à transformer le système. Mais leurs conditions mesquines d'existence leur font penser que, à force de peine et avec un peu de chance, il serait possible de s'en tirer. Celui qui raterait en serait le premier coupable ou ne serait que la victime d'une malchance extraordinaire. Voilà l'oppression qui règne sur ce pays ! Tu vois quel rôle capital joue ici l'impôt.

« Nous avons interrogé Jésus sur ce qu'il entend faire contre cette oppression. Nous l'avons questionné pour savoir s'il était permis ou non de payer l'impôt à César. Il s'est fait apporter un denier et a à son tour demandé de qui était l'effigie et l'inscription sur la pièce. Nous lui avons répondu : "de l'empereur". Il a alors répliqué :

Alors rendez à César ce qui est à César
et à Dieu ce qui est à Dieu[8].

Il fuit toujours le problème dès qu'il devient concret. Il préfère la solution de facilité !

---

7. On peut clairement lire dans Josèphe (Ant 18,274 = XVIII, 8, 4) le lien existant entre dettes fiscales, paupérisation et fuite dans le « brigandage », autrement dit dans la résistance. Le fait de laisser les champs en friche à cause des continuelles manifestations de protestation faisait craindre que « l'abandon des terres n'ait pour conséquence nécessaire le brigandage, parce qu'ils (les paysans prenant part aux manifestations) ne pourraient plus payer les impôts ».

8. Mc 12, 13-17. Dans la version de l'histoire présentée dans l'évangile de Marc, ce sont les pharisiens et les hérodiens qui posent la question. Il est possible que les interlocuteurs de Jésus aient été tout d'abord des sympathisants des combattants de la résistance.

— Est-ce vraiment si anodin de dire :"Les maîtres oppriment partout leurs sujets. Mais parmi vous qu'il n'en soit pas de même !" Nombreux sont ceux qui voient une illusion dans le désir de faire de la politique sans oppression. Mais Jésus dit que, même si les autres peuples et les autres sociétés ne s'en tirent pas sans elle, nous devons faire autrement. Pour lui, il est de notre devoir de surmonter la division du peuple entre oppresseurs et opprimés.

— Jésus ne fait que redire ce qui nous caractérise depuis toujours. Tous nos voisins ont créé des États dont les rois et leurs sbires possèdent la terre et où le sort des paysans qui travaillent la glèbe n'est guère meilleur que celui des esclaves commercialisables à volonté. Mais, dès l'origine, nous nous sommes interdit de vivre dans de telles conditions. Et c'est pour cela que nous continuerons à nous battre !

— Mais Dieu n'a-t-il pas permis que nous tombions au pouvoir d'autres peuples ? Comment pourrions-nous nous insurger contre cela ?

— Dieu a permis que nous devenions esclaves en Égypte. Mais il a révélé sa véritable volonté en nous libérant de cet esclavage. En arrivant dans ce pays, nous avons commencé par vivre deux cents ans sans gouvernement central, en paysans libres qui se soutiennent les uns les autres contre leurs ennemis. Nous en avons fait la preuve : un peuple peut très bien vivre avec un minimum de pouvoir.

— Mais ensuite nous avons bien dû accepter des maîtres ! Avec la royauté, nous avons, nous aussi, fait l'expérience d'une classe sociale dominante.

— Sans royauté, nous serions tombés sous la domination d'autres peuples. Mais dès le départ nous nous sommes défendus contre la tendance royale à gouverner comme le pharaon ! En même temps que les rois, nous avons eu les prophètes. Au nom de Dieu, ils se sont mis à critiquer nos chefs dès que leur pouvoir devenait exagéré. Et quand nos rois sont allés à l'échec, ils y ont vu une punition de leurs abus de pouvoir à l'intérieur comme à l'extérieur. Une fois de plus, Dieu a montré qu'il n'est pas du côté des maîtres.

— Mais ne sommes-nous pas tombés sous la domination des Babyloniens, des Perses et des Grecs ?

— Quand nous avons été en exil à Babylone, Dieu nous a

envoyé de nouveaux prophètes. Il nous a promis une nouvelle sortie d'Égypte. Il s'est servi de Cyrus, un roi perse, qui a vaincu les Babyloniens et nous a libérés.

— Mais les Perses sont restés nos maîtres ! Et Dieu l'a bien voulu !

— Les Perses ont accepté de nous laisser organiser notre vie nous-mêmes selon les commandements de Dieu. Au moment où la pauvreté et l'endettement menaçaient de provoquer la coupure de notre peuple en deux classes, Néhémie, le vice-roi perse, a introduit une grande réforme au nom de Dieu. On a remis toutes les dettes, et on a libéré tous les Juifs[9].

— La réforme de Néhémie ne montre-t-elle pas qu'il existe d'autres solutions que la violence ?

— Dans des circonstances favorables, oui. Mais on voit rarement régner de telles conditions. Elles se sont modifiées sous les Grecs et sous les Syriens. Les conquérants grecs se sont étonnés de voir chez nous tant de petits paysans libres[10]. Mais ils n'ont pas respecté nos traditions. Ils ont considéré tout pays conquis comme leur possession, tout ce qui y vivait comme leur propriété. Dans leurs cités, ils n'accordaient la liberté qu'à un petit groupe de bourgeois. Ils ont aussi voulu introduire ces conditions dans notre pays. Certains juifs riches leur ont permis de fonder à Jérusalem une colonie nationale indépendante. En adoptant la forme de vie hellénique, ils pensaient pouvoir fondre leur religion avec la foi grecque : on a alors consacré notre Temple à Zeus ! Dans le pays, c'est contre cela que les gens se sont révoltés. En même temps que la foi en Dieu, c'est la liberté qui est en jeu ; la liberté et les chances de survie de quantité de petits paysans[11]. Depuis ce temps-là, nous le savons bien, si nous renonçons à la foi en Dieu, nous n'avons plus aucun moyen de nous défendre contre le servage auquel sont réduits tous les peuples qui nous entourent. Seul le respect de

9. Ne 5.

10. Hékataios d'Abdira, qui vivait au temps d'Alexandre le Grand, rapporte que Moïse aurait donné une portion de sol à tous les juifs, mais une plus grosse aux prêtres pour qu'ils puissent se consacrer au service divin. Il aurait cependant été interdit à tous de vendre leur terre, afin de rendre impossible l'oppression des pauvres par les riches (dans *Diod. Siculus* XL, 3, 7).

11. L'histoire du soulèvement des Maccabées est décrite dans 1 et 2 M.

nos traditions religieuses a jusqu'ici empêché les Romains de nous arracher nos libertés. C'est pourquoi nous nous défendons aussi fanatiquement contre toute atteinte à notre foi.

— Mais les temps d'une nouvelle tentative de réforme ne seraient-ils pas venus ?

— Je considère cette idée comme une illusion ! Sans la pression de la force, rien ne changera chez nous. Tu vois pourtant bien comment les Romains poursuivent leur éternelle politique d'asservissement de notre pays à leur empire. Ils ont commencé par laisser nos dirigeants continuer à nous gouverner. Puis ils ont remplacé nos princes par les hérodiens qui leur doivent tout leur pouvoir. Finalement ils ont eux-mêmes pris les rênes du gouvernement en Judée et en Samarie. Pendant vingt ans ils ont respecté nos traditions. Mais maintenant ils cherchent à remettre en question la position privilégiée du Temple ! Ils font frapper des monnaies païennes ! Ils introduisent à Jérusalem des images de l'empereur ! Pas à pas, ils nivellent tout ce qui nous distingue des autres peuples. Bientôt personne ne pourra plus dire : "Partout les maîtres oppriment les peuples. Chez vous, il ne doit pas en être ainsi". On dira plutôt : Les Romains règnent partout en bienfaiteurs des peuples. Chez vous aussi ! Personne n'appellera plus alors l'oppression oppression, ni l'exploitation exploitation. C'est pourquoi c'est maintenant l'heure de la résistance ! Non ! Ce n'est plus l'heure de Néhémie ! Ce n'est pas non plus celle de Jésus de Nazareth.

— Mais Jésus veut lui aussi que les choses changent !

— Justement ! Il éveille l'espoir de voir quelque chose changer sans résistance et sans effusion de sang ! C'est bien pis que ceux qui défendent l'adaptation totale ! Il veut en même temps le changement et la paix. C'est une illusion ! Une illusion dangereuse !

— Mais n'avez-vous pas vous aussi vos illusions ? Est-ce que Simon n'a pas reconnu l'impossibilité de rien améliorer par vos méthodes ? Ne s'est-il pas joint à Jésus parce qu'il voyait là le seul moyen d'échapper à ces grottes ?

— Simon nous pose problème. S'il fait école, il y en aura beaucoup d'autres à nous quitter. C'est pourquoi certains ont proposé de l'exécuter comme traître !

— Oh ! Mon Dieu !

— Je l'ai empêché. »

Barabbas avait parlé tout bas. Mais cela suscita en moi un élan profond. Dans l'indifférence de la nuit, je me sentis déborder de reconnaissance et de sympathie. L'univers semblait nous scruter, comme s'il s'intéressait à la sauvegarde d'une existence. Ne m'appelait-il pas aussi à sortir Barabbas d'ici ?

« Barabbas, je t'en supplie ! Finis-en avec cette existence d'homme des grottes. Tu n'a pas besoin de suivre la route de Simon ! Il y a bien d'autres voies !

— Ce n'est pas si facile ! Si je file d'ici, il n'y a plus personne pour empêcher d'exécuter ceux que l'on déclarera traîtres. En d'autres termes, ils chercheront à me supprimer. Ils n'ont d'ailleurs pas besoin de le faire eux-mêmes. Il leur suffit de faire savoir aux autorités que j'ai tué un soldat romain et un gros propriétaire ! Je dois rester ici ! »

— Nous dûmes interrompre notre conversation pour rentrer avant le lever du jour. Avant de regagner la grotte, je murmurai à Barabbas : « Quoi qu'il arrive, je t'aiderai. Tu pourrais disparaître dans la diaspora ! Tu peux avoir confiance en moi. Je t'aiderai. Je te le promets ! »

— Nous regrimpâmes prudemment dans les grottes sans nous faire remarquer. Je m'allongeai, mais ne pus trouver le sommeil. Une fois de plus, dans mon insomnie, des images confuses et incohérentes se bousculaient en moi. Mais elles s'ordonnèrent progressivement. Mon dilemme devenait de plus en plus clair.

Je me trouvais donc parcourir le pays pour les Romains. Intérieurement, je leur refusais toute loyauté. J'entendais mettre le destin de mon peuple au-dessus de leurs intérêts. Or voilà que je me heurtais à un groupe qui s'identifiait entièrement à la cause des nôtres, mais me traitait aussi mal que l'avaient fait les Romains. Qu'y avait-il ici de différent de chez Pilate ? Je ne voyais que chantage et contre-chantage, oppression et contre-oppression, terreur d'en-haut et terreur d'en-bas.

Des deux côtés, il y avait des gens sensés. Métilius n'était pas un monstre. Est-ce que des fonctionnaires romains de ce genre ne pouvaient pas créer la paix ? Dans le cas le plus favorable, ne pouvaient-ils pas organiser avec sagesse l'occupation de façon à éviter les souffrances inutiles ? La politique pouvait-elle plus ? Métilius était-il une exception ?

Et Barabbas ? N'était-il pas une exception, lui aussi ? N'était-il pas seul, avec ses idées ? Lui aussi ne souhaitait qu'un minimum de contre-violence, de terreur — et il ne pouvait cependant se soustraire aux conséquences cachées du chemin pris un jour !

Je devais moi-même trouver ma route entre les deux fronts. Je ne me sentais chez moi dans aucun des deux camps. Je me tournai alors vers Dieu[12] :

Seigneur, mon Dieu,
comment rester fidèle à moi-même ?
Je débouche sur des chemins tortueux
où je me trouve moi-même engagé.
Si je pouvais parler comme les autres,
je n'éprouverais aucune peine !
Selon eux,
le monde est ainsi fait
que seules la force et la violence obtiennent des résultats !
Et ils ont du succès !
Ils obtiennent la richesse !
Ils obtiennent la considération !
Ils obtiennent le pouvoir !
Serait-il donc absurde
de chercher à vivre sans péché ?
de ne pas hurler avec les loups ?
C'est pourquoi je suis déchiré,
tout mon être me fait mal !
Si je me mets à parler comme les autres,
c'est comme si je trahissais tout ce que je suis devenu.
Cependant je reste toujours auprès de Toi
Tu me conduis là où je ne veux pas,
Tu me rends mon honneur,
Tu me redonnes de la considération.

Je pensai une fois de plus à nos ancêtres, à Abraham qui trompa les Égyptiens, à Jacob qui dupa son frère, à David qui

12. Sur un thème du Ps 73.

se mit au service des ennemis de son pays. Eux aussi avaient dû emprunter des voies tortueuses. Eux aussi s'étaient trouvés entre deux fronts et avaient erré de-ci de-là. Les chemins égarés qu'il me fallait prendre pouvaient-ils encore déboucher sur un but valable ? Dieu pouvait-il conduire tout cela à bonne fin ? Cette pensée me permit de trouver un bref moment de sommeil. Mais bientôt on vint me réveiller. Il faisait encore sombre. Après nous avoir bandé les yeux, à Malchus, à Timon et à moi-même, deux zélotes nous emmenèrent de la grotte. Pendant la nuit, j'avais vu les falaises à pic. Elles étaient effectivement très dangereuses. Nous refîmes le périlleux chemin de l'aller, repassant par les échelles le long du rocher. Je fus soulagé d'arriver enfin sur la crête. Là, nous récupérâmes nos ânes. Je notai que notre guide nous faisait intentionnellement faire des détours pour nous désorienter. Enfin, au bout de deux heures, nous pûmes enlever nos bandeaux.

Nous nous trouvions sur la pente d'une colline. Devant nous s'étendait le lac de Galilée. Le soleil matinal, qui s'était levé au-dessus des pentes du Golan, se reflétait dans ses eaux. Nous restâmes tous debout, contemplant, fascinés, les couleurs miroitantes de ses ondes.

Enfin un des zélotes se tourna vers moi : « Je m'appelle Mattathias, fils de Matthias. Peux-tu m'accorder une satisfaction ? » Il montrait la rive nord-est du lac. « Là-bas, dans la brume, c'est Capharnaüm. C'est là que mes parents habitent avec mes frères et sœurs. Porte-leur cet argent et cette lettre. Sans mon appui, ils ne pourraient pas vivre. Je ne pouvais plus supporter leur misère. C'est pourquoi je me suis joint aux zélotes. »

Je lui promis de faire ce qu'il me demandait. Je regardai longtemps dans la direction qu'il m'avait montrée : c'était là-bas, quelque part dans la brume, que se trouvaient les maisons de ces gens. C'est là-bas qu'ils trimaient, souffraient, gémissaient et désespéraient. Mais le soleil se levait sur eux comme si de rien n'était, comme si lui était indifférente « l'iniquité qui se commet sous lui[13] ».

Je regardai derrière moi. Timon et Malchus prenaient congé de nos accompagnateurs. La lumière du matin donnait l'impres-

13. Qo 4,3.

sion que tous les visages étaient transfigurés. Même les deux zélotes paraissaient de tout autres hommes. Auprès de Timon et Malchus, ils semblaient beaucoup plus jeunes. Sous leurs traits effarés, je pouvais deviner les tendres vestiges de l'enfance. Nous étions là, tous ensemble : terrroristes, hommes inoffensifs et moi-même. Était-ce indifférence à l'égard de la souffrance humaine, si le soleil brillait sur tous ? S'il ne faisait aucune distinction entre ces bandits et nous, n'était-ce pas plutôt le signe d'une incompréhensible bonté ?

Et je louais Dieu de faire ainsi chaque jour resplendir à nouveau son soleil sur les bons et sur les méchants, sur les justes et sur les injustes. Une idée me traversa l'esprit : si le soleil brille sur les Romains et sur les zélotes, sur les pauvres et sur les riches, sur les maîtres et sur les esclaves, s'il est à la fois des deux côtés, n'était-il pas également équitable de balancer entre Romains et juifs, entre autorités et zélotes, entre riches et pauvres ? Ne devait-il pas être possible de faire fi de toutes les frontières sans s'en trouver anéanti ? Je retrouvai courage.

*

Cher Monsieur Kratzinger,

Le dernier chapitre a provoqué chez vous un malaise. Vous critiquez la « politisation » de la prédication de Jésus. La parole touchant les premiers qui doivent se faire les esclaves des autres n'aurait rien à voir avec les relations de type politique. Elle ne concernerait que les relations interpersonnelles dans le cadre de l'Église. Mais, en faveur de mon interprétation de cette parole, il y a le fait que Jésus prend ses distances par rapport à la politique des « païens ». L'antithèse de « païens », c'est « Israël ». « Il ne doit pas en être ainsi parmi vous » signifie : en Israël, il ne doit pas en être comme dans les autres peuples. En disant cela, il s'adresse aux disciples qui représentent Israël tout entier. Il a choisi les Douze comme les représentants des douze tribus.

Nous nous heurtons ici à un problème capital d'interprétation. Jésus n'a pas voulu fonder d'Église chrétienne. Son but était le renouveau d'Israël. Celui qui ne rapporte ses paroles qu'à l'Église méconnaît le fait qu'elles s'adressaient à la totalité de la société judéo-palestinienne.

Il attendait une merveilleuse transformation de cette société : on y aurait reconnu la valeur des pauvres, des enfants, des doux et des étrangers. Cela aurait été le règne de Dieu. Il ne s'agissait pas là d'une « grandeur spirituelle ». On aurait pu y manger et y boire. Cela se serait situé en Palestine. Les gens y auraient afflué de tous côtés. On y aurait trouvé un Temple nouveau.

Jésus attendait des conditions politiques radicalement neuves, ce qui ne veut pas dire qu'elles auraient été l'effet de mutations politiques. Son objectif était bien « politique », mais la réalisation qu'il en proposait était d'une autre nature : elle devait être le résultat de l'intervention divine. Autrement dit, les hommes n'auraient pas à intervenir violemment contre d'autres pour atteindre leur but. Ils n'auraient pas eu pour autant à rester purement passifs.

Je me demande souvent pourquoi les grands théologiens ont accordé si peu de valeur au Jésus historique. Sans doute a joué ici la difficulté de se faire une image historiquement défendable de lui. Mais ne se pourrait-il pas aussi que l'on ait eu le pressentiment d'un risque ? Si on considère le Jésus historique, on a affaire à un message qui n'entend pas se limiter à l'Église, mais qui concerne toute la société.

Peut-être aurons-nous à revenir sur ce problème.

Cordialement vôtre.

Gerd Theissen.

11

CONFLIT À CAPHARNAÜM

Capharnaüm se trouvait sur la route de Bethsaïde, à quelque douze kilomètres d'Arbéla. De là, nous n'étions plus qu'à cinq kilomètres de notre but. Nous voulions être à Bethsaïde le soir même pour pouvoir nous reposer le jour du sabbat[1].

Nous nous pressions donc pour faire aussi rapidement que possible notre commission à Capharnaüm. Le famille de Mattathias habitait une petite maison de pêcheur au bord du lac. Le père était à la pêche. Sa femme, Anne, était restée chez elle au lieu d'aller travailler dans les champs. Une des filles était malade. Elle s'appelait Myriam et avait environ douze ans. Elle était couchée dans un coin de la hutte, toute pâle, les yeux fiévreux. Les frères et sœurs plus âgés ne se déplaçaient qu'en silence. Tout prenait un air étouffé et morne. Je connaissais cette ambiance. C'était celle d'une famille vivant dans la hantise d'un décès. Personne n'osait en parler. Mais tout le monde le savait bien. Dès l'entrée de la maison, on sentait l'ombre de la mort et, malgré tout, l'espoir de la guérison.

Pourtant, quand je tendis la lettre et l'argent, je vis les yeux s'éclairer. Je n'eus pas besoin de donner de grandes explications :

« Quelqu'un m'a donné cela pour vous à Arbéla. Il m'a demandé de vous dire bonjour. »

La famille savait de quoi il en retournait. On me souhaita chaleureusement la bienvenue et je dus entrer m'asseoir. Timon et Malchus veillaient sur l'âne.

---

1. Selon le découpage du temps de cette époque, le coucher de soleil marquait la fin du jour et le début du jour suivant.

Myriam me regarda de ses grands yeux. Je compris qu'elle voulait me demander quelque chose et je lui souris. Elle me dit alors :

« Est-ce que c'est toi le Messie ? »

Mon Dieu ! pensai-je, elle est malade et elle délire. Je lui répondis avec chaleur :

« Je suis André, un marchand de Séphoris.

— Sais-tu quand le Messie viendra ? » me questionna-t-elle d'un air déçu.

Je lui fis la réponse qu'on faisait habituellement aux enfants :

« Il viendra à la fin des temps.

— Non ! Il est déjà là. »

Je regardai Anne d'un air interrogatif. Elle m'expliqua : « Elle veut parler d'un prophète que certains tiennent pour le Messie. Il guérit les malades et chasse les démons. Dans le village, il y en a beaucoup à croire en lui. Certains jeunes se sont mis à sa suite. Elle espère le voir venir la guérir.

— Tu veux dire Jésus ? »

Myriam fit oui de la tête : « Est-ce que tu l'as vu ?

— Non, répondis-je. Mais je voudrais bien le voir. Tout le monde parle de lui. Il doit souvent être dans la région.

— Il ne reste jamais longtemps au même endroit », expliqua Anne.

Myriam murmura : « Pourquoi n'est-il pas ici ? Pourquoi ne me guérit-il pas ? »

La mère s'assit par terre à côté d'elle et lui caressa les cheveux avec amour : « Il a dit :

Les aveugles voient et les boiteux marchent,
les lépreux sont purifiés et les sourds entendent,
les morts ressuscitent
et la Bonne Nouvelle est annoncée aux pauvres.
Heureux celui qui ne trébuchera pas à cause de moi[2].

« Si seulement il venait ! », murmura l'enfant.

Anne enveloppa sa fille dans son châle et la serra contre elle.

2. Mt 11,5-6.

« Je ne peux pas aller le chercher. Crois-moi, je ne le peux pas. Mais je peux te raconter une histoire de lui. Est-ce que tu veux ? »

Myriam fit oui de la tête, et Anne commença[3] :

> *Une femme souffrait depuis douze ans d'une perte de sang. Elle avait beaucoup souffert du fait de nombreux médecins et avait dépensé tout son avoir sans aucun profit, mais allait de mal en pis. Elle avait entendu parler de Jésus. Venant par derrière lui, dans la foule, elle toucha son manteau. Car elle se disait : « Si je touche au moins ses vêtements, je serai sauvée. » Et aussitôt la source d'où elle perdait le sang fut tarie, et elle sentit dans son corps qu'elle était guérie de son infirmité. Et aussitôt Jésus eut conscience de la force qui était sortie de lui, et s'étant retourné vers la foule, il disait : « Qui a touché mes vêtements ? » Ses disciples lui disaient : « Tu vois la foule qui se presse de tous côtés, et tu dis : qui m'a touché ? » Et il regardait autour de lui pour voir qui avait fait cela. Alors la femme, craintive et tremblante, sachant bien ce qui lui était arrivé, vint se jeter à ses pieds et lui dit toute la vérité. Et il lui dit : « Ma fille, ta foi t'a sauvée, va en paix et sois guérie de ton infirmité. »*

Myriam avait écouté avec avidité, comme si cela lui avait été dit à elle. À la fin elle ne put plus se contenir. Elle s'écria :

« Pourquoi ne vient-il pas ? Pourquoi est-ce que je ne peux pas le toucher comme la femme, pour être guérie ? Pourquoi pas ? » Et elle commença à pleurer.

J'eus tout d'un coup une idée : j'allais vers elle, lui mis la main sur le front et lui dis :

« Myriam, tu es comme la femme de l'histoire. Tu crois qu'il suffit d'être touchée pour être guérie. Mais n'as-tu pas entendu ce que Jésus a dit à la fin ? Ta foi t'a sauvée. Il n'a pas dit : tu es guérie parce que tu m'as touché ! »

---

3. Mc 5,25-34.

Je dois avouer que c'était une idée désespérée. Je n'étais moi-même pas persuadé du tout que j'avais raison d'agir ainsi. Je voulais simplement montrer de l'amitié à une fillette qui avait peur de mourir.

Myriam me regarda avec reconnaissance. Elle devint plus tranquille. Elle demanda d'autres histoires. Sa mère lui en raconta. Elle lui narra celle d'une femme qui avait prié Jésus de venir guérir sa petite fille — et Jésus l'avait fait de loin sans même venir chez elle[4]. Anne ajouta :

« Pourquoi devrait-il à tout prix venir dans notre hutte ? Est-ce qu'il ne peut pas guérir de loin ? »

Et elle parla alors d'aveugles qui s'étaient mis à voir, de lépreux guéris, de paralytiques qui pouvaient à nouveau marcher. Ses histoires devenaient toujours plus merveilleuses et plus invraisemblables. Myriam les buvait. C'était son histoire. Elle était aveugle et redevenait voyante. Elle était paralysée et pouvait à nouveau marcher. Elle était malade et se trouvait guérie. À chaque mot, elle retrouvait espoir.

J'étais moi-même fasciné. Dans ces récits, il y avait beaucoup de choses susceptibles de me choquer. Ils sentaient la superstition et avaient une allure primitive. Peu à peu je me trouvais cependant aussi fasciné que Myriam. Je notais combien ces propos étaient porteurs de toute l'espérance de ces pauvres gens. Ils me permettaient d'entendre leur révolte contre la souffrance et la mort. Je sentai qu'aussi longtemps qu'on les répéterait, les pauvres ne se résigneraient ni à la faim, ni à la soif, ni à la cécité, ni à la paralysie, ni à la maladie ni à la détresse. Aussi longtemps qu'ils auraient ces histoires, ils garderaient l'espérance.

Je me demandai si Anne avait vraiment entendu parler de tous les miracles de Jésus qu'elle racontait à Myriam. Peut-être en avait-elle inventé quelques-uns pour la consoler ? Je crois que, si elle avait été au bout du rouleau, j'aurais moi-même pris sa suite et j'en aurais trouvé. Je sais que les belles histoires ne sont pas suffisantes pour soigner quelqu'un. Mais j'avais le sentiment que, sans elles, Myriam ne guérirait pas.

Entre-temps, le père était revenu de la pêche. Il s'attendait à de mauvaises nouvelles. Quand il vit Myriam tranquille et trouva la lettre et l'argent de son fils, son visage s'éclaira.

4. Mc 7,24-30.

De mon côté, j'avais bâti un plan pour aider Myriam. À Tibériade, je connaissais un médecin, Hippocrate, un Grec, comme son nom l'indiquait. En bateau, il fallait quatre heures pour aller jusque-là. S'il était possible d'y envoyer ce soir même un des fils aînés de Mattathias en même temps que Timon et Malchus, et s'ils pouvaient coucher là-bas sur une plage, ils pourraient ramener Hippocrate à Capharnaüm demain.

Mattathias fit tout de suite une objection : « Nous n'avons pas assez d'argent pour payer le médecin ! Nous avons besoin du peu qui nous reste pour vivre — et pour payer les impôts ! »

Je le tranquillisai. Je payerais pour eux. J'écrivis aussitôt une lettre à Hippocrate et le priai avec insistance de nous venir en aide. Je subviendrais moi-même aux honoraires et aux frais. En même temps, je fis savoir à Chusa et à Jeanne que je comptais leur rendre visite à Tibériade la semaine suivante.

Il restait une heure avant le crépuscule. Les jeunes descendirent à la plage. À l'horizon, le soleil répandait une clarté dorée sur le lac, et nous vîmes le bateau s'enfoncer en elle comme une goutte noire. Puis nous allumâmes les lumières du sabbat, nous dîmes la bénédiction et nous nous mîmes à manger.

Mais presque aussitôt on frappa à la porte. Deux hommes demandaient à parler à Mattathias. Le plus vieux s'appelait Gamaliel et le plus jeune Daniel. Mattathias les fit entrer. Ils prirent tous deux place.

Gamaliel commença : « Ton fils est parti le jour du sabbat pêcher avec des étrangers ! Ne sais-tu pas que que c'est interdit de travailler ce jour-là ? »

Mattathias le rassura : « Ils ne sont pas allé pêcher. Ils sont partis à Tibériade chercher un médecin pour Myriam. Personne n'a enfreint le sabbat. »

Daniel objecta : « Est-ce que tu ne pouvais pas attendre la fin du sabbat ? »

J'intervins : « C'est moi qui les ai envoyés. Myriam a besoin de secours. Quand il s'agit de santé, il est permis de ne pas tenir compte du sabbat.

— Non !, répliqua Daniel. Sauf quand il n'y a pas d'autres possibilités. »

Je me fâchai. À Séphoris, il allait de soi qu'on pouvait aller chercher un médecin ce jour-là. Que ces gens de la campagne étaient étroits d'esprit ! Mais peut-être devaient-ils se justifier de nous avoir dérangés pendant le repas.

Gamaliel dit d'un air pensif : « Il y a des cas autorisés. Si une brebis tombe dans la fontaine le jour du sabbat, on peut l'en retirer. »

Daniel protesta : « Je ne suis pas de cet avis. Si Dieu veut que la brebis survive, elle survivra ! Mais on ne peut s'en occuper qu'après le sabbat[5]. »

Gamaliel répliqua : « Comment survivra-t-elle ? Elle se noiera. Veux-tu obliger Dieu à faire un miracle ? Vous, les Esséniens, vous êtes plus stricts que nous, les Pharisiens. Nous voulons des solutions praticables. Il est permis de sauver un animal le jour du sabbat. Nous inférons du plus petit au plus grand : s'il est permis de sauver un animal, à plus forte raison un être humain ! »

Myriam avait suivi la discussion. Elle intervint : « Jésus lui aussi a sauvé un homme le jour du sabbat ! Maman, raconte leur l'histoire ! »

Anne était manifestement ennuyée de parler de Jésus devant les deux visiteurs. Mais dans cette situation, quelle mère aurait pu repousser la prière de son enfant ? Elle raconta donc :

Le jour du sabbat, il entra dans une synagogue, et il y avait là un homme qui avait la main desséchée. Les gens l'épiaient pour savoir s'il allait le guérir le jour du sabbat afin de l'accuser. Il dit à l'homme

---

5. Les Esséniens étaient en fait les représentants de cette stricte interprétation, ainsi que le révèle le *Manuscrit de Damas* trouvé parmi d'autres dans les fouilles de Qumrân : « Le jour du sabbat, personne ne doit aider au vêlage d'un animal. Et si celui-ci tombe dans un puits ou dans un fossé, on ne doit pas aller le chercher » (CDI, 13 sv.). On considérait que cela valait aussi pour les humains : « (Le jour du sabbat) personne ne doit utiliser d'échelle, de bâton ou quelque autre objet que ce soit pour retirer un homme vivant tombé dans un trou d'eau ou en quelque autre lieu » (CD XI, 16). Les Pharisiens défendaient une thèse plus nuancée : « (Le jour du sabbat), si un animal domestique est tombé dans une fossé plein d'eau, qu'on lui amène une couverture et un rembourrage à glisser sous lui. S'il s'en sort, il s'en sort (autrement dit on n'a pas à se soucier de la profanation du sabbat; bShabbat 128b). Au Ier s. ap. J.-C., Mt 12, 11 représente l'opinion suivant laquelle on doit prêter assistance active à un animal le jour du sabbat.

> *qui avait la main sèche : « Lève-toi, là, au milieu. » Et il leur dit : « Est-il permis, le jour du sabbat, de faire du bien plutôt que de faire du mal, de sauver une vie plutôt que de la tuer ? » Mais eux se taisaient. Promenant alors sur eux un regard de colère, navré de l'endurcissement de leur cœur, il dit à l'homme : « Étends la main. » Il l'étendit et sa main fut remise en état*[6].

Tous avaient écouté avec attention. Gamaliel déclara d'un ton satisfait :

« Le cas de Myriam, c'est un peu celui de la brebis dans la fontaine ? La brebis se noierait si on ne la sortait pas tout de suite. Mais dans le cas de l'homme à la main desséchée, n'aurait-il pas pu attendre un jour de plus ? Là, il ne s'agissait pas là de faire du bien ou de faire du mal, de guérir ou de tuer ! Ce qui était en question, c'était simplement de faire le bien aujourd'hui ou demain. »

Daniel intervint : « Tu vois bien ce qui se passe si on commence à faire des concessions. On en abuse. Ce Jésus le sait bien : tous les scribes sont d'accord avec lui sur le fait qu'il est permis d'aider quelqu'un le jour du sabbat. Mais il pousse l'interprétation à l'extrême : chacun serait en droit de décider quand il aurait à respecter les règles du sabbat, quand il aurait le devoir d'intervenir ou non. »

Anne avait écouté avec impatience : « Je ne comprends pas toutes ces subtilités. C'est pourtant clair : on a le droit de porter secours le jour du sabbat. Le sabbat est pour l'homme, et non l'homme pour le sabbat. La vie humaine a plus de valeur que le sabbat[7]. »

Gamaliel se défendit : « Que veut dire porter secours ? On pourrait dire que l'on veut aider son voisin pour la moisson. On aurait alors le droit d'enfreindre les règles du sabbat. Non ! C'est important de régler les cas précis. »

J'essayai de m'entremettre : « Laissez-nous tout au moins constater que, dans notre cas précis, il est permis d'aller cher-

6. Mc 3,1-5.
7. Mc 2,27.

cher un médecin le jour du sabbat. Nous n'avons rien fait de mal en envoyant prendre Hippocrate. »

C'est ce que je n'aurais pas dû dire ! Daniel se tourna immédiatement contre moi : « Hippocrate, un médecin païen ! Un étranger ! N'y a-t-il donc pas de médecin juif à Tibériade ? Non ! C'en est vraiment trop ! D'abord enfreindre le sabbat, puis manquer aux règles de la pureté ! Est-ce que tu ne sais pas que les juifs et les étrangers ne doivent pas se toucher ? Ils doivent rester aussi séparés que le pur et l'impur. Mais tu veux faire soigner une fille juive par un médecin païen ? Est-ce que tu entends le faire entrer dans cette pièce ? »

Je répliquai d'un air de défi : « Hippocrate soigne des juifs à Tibériade. Pourquoi pas à Capharnaüm ? »

Mattathias nous tourna ostensiblement le dos, prit un tabouret et s'assit à côté d'Anne qui tenait toujours sa fille enfiévrée dans ses bras.

Gamaliel déclara avec sérieux : « Ceux de Tibériade en prennent assez à leur aise avec les règles de pureté. Quand Hérode Antipas fonda la ville, il savait bien que cette colonie irait à l'encontre de notre Loi. Car on a construit la cité sur des tombes[8]. Notre Loi dit que de telles implantations sont impures. Mais personne n'y a fait attention. Cette Tibériade est une ville impure. »

Daniel vint à la rescousse : « On voit déjà le laisser-aller se répandre dans la région. Les disciples de Jésus négligent la distinction entre le pur et l'impur. Ils ne se lavent pas les mains avant le repas[9]. Ils traversent les champs et cueillent des épis le jour du sabbat[10]. Ils ne se séparent pas des étrangers. Maintenant ils en arrivent à introduire des médecins païens dans des maisons juives ! »

Je commençai à devenir furieux : « Je ne suis pas un disciple de Jésus ! Je ne l'ai jamais vu, ce Jésus. Et je continuerai à aller chercher un médecin païen, quoi qu'il en dise ou quoi que vous en disiez ! Mais qu'est-ce qu'il a donc dit sur ces règles de la pureté ? »

---

8. En ce qui concerne la fondation de Tibériade sur un cimetière, cf. Josèphe, Ant 18,38 = XVIII,2,3.

9. Cf. Mc 9 sq.

10. Mc 2,23-28.

Gamaliel expliqua : « Je l'ai entendu discuter à ce sujet. Il a balayé toutes nos réflexions avec l'argument suivant :

Ce n'est pas ce qui vient de l'extérieur de l'homme
qui peut le souiller.
Mais ce qui sort de l'homme,
voilà ce qui souille l'homme ![11]

Je demandai : « Veut-il dire par là qu'il n'y a pas de différence entre le pur et l'impur ?

— C'est bien ça ! S'il avait raison, il n'y aurait plus aucune nourriture impure, plus d'homme impur, plus de lieux impurs. Tout serait pur. On pourrait tout acheter chez les païens et tout leur vendre ! »

Je fus tout ouïe : « On pourrait aussi acheter de l'huile d'olive chez les païens ? »

Gamaliel approuva : « Ce serait effectivement une conséquence de ce principe ! »

Je commençai à réfléchir sur l'impact que cela aurait sur notre commerce d'huile, mais Mattathias intervint soudain dans notre discussion :

« Qu'est-ce que cela peut me faire, votre discussion sur le pur et l'impur ! Sur vos règles du sabbat ! Est-ce que vous n'enfreignez pas vous-mêmes le sabbat quand vous embêtez les autres avec vos discussions savantes au lieu de nous laisser en paix, nous et notre enfant ? Est-ce que vous ne voyez pas qu'elle est malade ? Est-ce que vous ne comprenez pas que nous avons bien d'autres soucis ? Mais vous êtes là en train de discutailler sur le droit ou sur l'interdiction d'apporter de l'aide, sur le permis et le défendu, au lieu de nous venir en aide. Ou au moins au lieu de vous taire. Jésus a bien parlé de vous[12] :

Malheur à vous, scribes et Pharisiens hypocrites
qui purifiez l'extérieur de la coupe et de l'écuelle,
quand l'intérieur est rempli de rapine et l'intolérance.
Malheur à vous, scribes et Pharisiens, hypocrites

11. Mc 7,15.
12. Mt 23,25-27.

qui ressemblez à des sépulcres blanchis :
au-dehors, ils ont belle apparence,
mais au-dedans, ils sont pleins d'ossements de morts
et de pourriture.

« Il a raison ! »

Aucun doute : il les mettait proprement dehors ! Nos deux scribes se levèrent pour partir. Gamaliel déclara encore :

« Tu as tort, Mattathias. C'est la peur pour ton enfant qui te fait parler ainsi ! Puisse-t-elle guérir ! » Puis ils filèrent tous les deux.

Je fus tenté de les suivre. Je leur aurais volontiers dit quelques mots conciliants. Mais n'était-il pas plus important de rassurer Myriam ? Je m'assis près d'elle et lui racontais des histoires ordinaires, non plus des miracles, mais des fables et des légendes. Elle s'endormit bientôt. Nous nous couchâmes aussi et nous nous endormîmes.

Le matin du sabbat, je me rendis au culte. Le silence festif transformait le village. Après avoir trimé six jours, les gens sortaient maintenant de leur hutte en redressant la tête. Ils se rassemblaient à la synagogue. Gamaliel s'était chargé de la lecture et du commentaire de l'Écriture. Il commença par la bénédiction :

Loué sois-tu, Seigneur notre Dieu,
roi du monde,
toi qui fais jaillir la lumière
et qui crées les ténèbres,
toi qui fais régner la paix
et qui as tout fait.
Toi qui répands la lumière
sur la terre et sur ceux qui l'habitent
et qui, dans ta bonté, renouvelles tous les jours
l'œuvre de ta création[13]

13. Bénédiction prononcée le matin avant la lecture du passage biblique, cité par R.Rendtorff (éd.), *Arbeitsbuch Christen und Juden*, Gütersloh 1979 p. 154. Le texte hébraïque et le texte allemand se trouvent chez S. Bamberger, *Sidud Sefat Emet*, Bâle 1972 p.33 sq.

Puis il lut le livre de l'Exode. C'était le récit de la révélation divine au Sinaï. Il centra son commentaire sur une phrase :

> *Toute la terre est à moi. Je vous tiendrai pour un royaume de prêtres, une nation sainte*[14] !

Il expliqua :

« Comment Dieu pouvait-il parler de prêtres dans le désert ? Il n'y avait pourtant là aucun temple ! Pas d'offrandes ! Mais le Temple de Dieu, c'est le monde entier. Il dit : "Toute la terre est à moi."Nous devons donc nous comporter partout comme si nous étions dans le Temple où tout est saint : le soleil et la lumière, le jour et la nuit, les montagnes et les fleuves, la mer et la terre ferme, les plantes et les animaux. Nous devons tout traiter avec respect.

« Peut-être dites-vous : dans le Temple, il n'y a que les prêtres à entrer. À nous, Dieu ne demande que de respecter la sainteté du lieu ! Mais Dieu veut que nous devenions un peuple saint. Il ne doit pas y avoir deux catégories : les prêtres, avec une sainteté spéciale, et les autres qui restent à l'extérieur. Devant lui, nous sommes tous égaux !

« Peut-être y en a-t-il beaucoup parmi vous qui pensent : ne suffit-il pas de nous présenter devant Dieu le jour du sabbat ? Mais si le monde constitue le Temple de Dieu, nous nous tenons à tout instant devant lui, même quand nous n'en sommes pas conscients. Le jour du sabbat, nous nous le rappelons en nous mettant face à lui. Autrement, nous l'oublierions ! Si nous n'étions pas sévèrement obligés de nous abstenir de travailler le septième jour, nous en arriverions à tenir bien des choses pour plus importantes que la pensée de Dieu ! »

Après le culte, Gamaliel vint à moi. Il me demanda des nouvelles de Myriam et me dit :

« Je regrette beaucoup que notre entretien d'hier soir ne se soit pas terminé sur une note conciliante. Je compte retourner aujourd'hui chez Mattathias pour m'en expliquer avec lui. »

Je le rassurai. Mattathias était un brave homme. Myriam s'était endormie très vite et ce matin elle paraissait mieux. Moi

---

14. Ex 19,5 sq.

aussi, j'aurais volontiers continué la conversation d'hier. Il m'était clairement apparu que les scribes considéraient comme plus importante l'aide aux autres que les règles sabbatiques. Mais pourquoi fallait-il fixer de façon si précise les exceptions ? Pourquoi ne faisait-on pas confiance aux gens pour qu'ils décident eux-mêmes de ce qui s'accordait ou non avec le sabbat ? Gamaliel hocha la tête et me répondit :

« Regarde seulement ce qu'est la vie des autres peuples. Ils n'ont aucun sabbat. Ils ne connaissent que des fêtes d'offrandes aux dieux. Compte ce que cela fait dans l'année. Peut-être vingt jours, à la rigueur trente, mais pas plus ! Les gens ordinaires travaillent presque tous les jours. Ils ne jouissent que rarement de ce repos que les possédants et les puissants considèrent comme tout naturel. Chez nous, les juifs, c'est très différent. Nous fêtons cinquante-deux fois le jour du sabbat. Il n'y a pas que les maîtres et les riches qui le célèbrent. C'est aussi vrai des petites gens. Le sabbat est tout aussi valable pour les serviteurs et pour les esclaves. Et en plus de ces cinquante-deux jours, il y a encore les fêtes. Celles de l'automne : Rosh Hashana, la fête de l'année nouvelle, Yom Kippour, le jour de la réconciliation, et Sukkot, la fête des tentes. Puis les fêtes de printemps et du début de l'été. Chez nous, les petites gens ont quelque soixante jours de repos dans l'année. Rien d'étonnant à ce que les autres peuples nous soupçonnent de paresse[15] ! »

— « Mais chez nous personne n'a l'idée d'abolir ces jours de fête ! Alors pourquoi toutes ces règlementations de détail ? Pourquoi tout cet émoi quand on ne les respecte pas toutes ?

— Personne ne veut les abolir ? Mais beaucoup de riches seraient bien contents de voir leurs esclaves, leurs servantes et leurs fermiers travailler pour eux le jour du sabbat ! Ils pourraient gagner plus encore ! D'autant qu'ils voient la façon dont leurs concurrents et leurs partenaires commerciaux païens exploitent leurs gens et les font travailler même ce jour-là. Ils n'entendent certes pas abolir le sabbat, mais ils le videraient bien vite de sa substance. Ils trouveraient des centaines d'exceptions ! Quand il s'agit d'argent, on doit réagir par des définitions extrê-

15. Tacite (*Histoires* V,5) et Juvénal (*Satires* XIV,105 sv.) pensaient que les juifs respectaient le sabbat par paresse.

mement précises, autrement ce sont l'argent et la richesse qui finissent par s'imposer.

— Est-ce que tu craindrais donc que des gens comme ce Jésus aillent dans ce sens et ne finissent par miner le sabbat ?

— Il ne le fait certainement pas intentionnellement. Au contraire ! Les riches et les puissants ne trouvent chez lui guère de soutien ! Mais il réfléchit trop peu au fait que son exemple pourrait faire école. Il pourrait devenir à la mode de traiter pardessous la jambe l'interdiction du travail le jour du sabbat. D'autres pourraient utiliser cela à leur avantage.

— À ton avis, ce que Jésus fait est-il interdit ?

« On ne peut pas dire cela. Nous aussi, nous pourrions enseigner tout ce qu'il dit sur le sabbat et sur les règles de pureté. Sans doute s'en fait-il une idée radicale. Mais nombreux sont aussi chez nous ceux qui partagent cette radicalisation.

— Mais pourquoi y a-t-il toujours des disputes au sujet de sa doctrine ?

— Il pense trop peu aux conséquences de ce qu'il dit. Il ne voit pas que tout accroc aux règles du sabbat pourrait nous conduire à vivre à la manière des païens ! C'est à ce manque de réflexion que nous nous heurtons souvent chez lui. Il fréquente des personnages douteux : des ivrognes, des prostituées, des escrocs. Ce n'est pas interdit. Celui qui ramène des pécheurs sur la bonne route mérite notre reconnaissance. Nous savons bien que la miséricorde divine vaut aussi pour les ratés ! Nous nous réjouissons de la conversion des méchants ! Mais il mange avec eux sans s'assurer qu'ils se sont vraiment détournés de leur façon de vivre antérieure. Il ne leur pose aucune exigence. Il espère qu'ils se convertiront d'eux-mêmes ! J'appelle cela de la légèreté. Il est possible qu'il en aide ainsi certains. Mais quel effet cela aura-t-il sur tous les autres ? Est-ce qu'ils n'en viendront pas à se dire : pourquoi me fatiguer à faire le bien ? Si Jésus a raison, Dieu est déjà satisfait de moi. »

Gamaliel s'était peu à peu échauffé. Il parlait avec toujours plus de passion.

« Oui ! dit-il. Ce Jésus pourrait être mon élève ! Je pourrais soutenir toutes ses opinions. Mais je le forcerais à réfléchir aux conséquences de ce qu'il enseigne pour la vie quotidienne de notre peuple. Je te donne encore un exemple : un jour, un centurion païen, qui habite ici, à Capharnaüm, est venu le voir[16]. Il le supplia de guérir son serviteur. Évidemment, on doit aider les païens ! Mais pourquoi justement celui-là ? Chacun sait que ces officiers païens sont presque toujours homosexuels. Ils ont leurs domestiques pour girons. Mais Jésus s'en fiche. Il n'a même pas demandé qui était ce garçon. Il l'a guéri, sans penser que quelqu'un se réclamant de lui pourrait par la suite en venir à l'idée d'admettre l'homosexualité !

— Mais es-tu sûr que cet officier était homosexuel ?

— Évidemment pas ! Mais chacun devrait pourtant y penser. Et Jésus l'a accueilli sans le moindre soupçon ! C'est là que je lui conseillerais un peu plus de réflexion !

— Bon ! C'était peut-être un peu rapide. Mais était-ce interdit ?

— Non ! Je ne peux pas dire cela. Dieu veuille qu'on vienne en aide à tous les gens.

— Même aux publicains et aux prostituées ?

— Même à eux !

— Mais alors, pourquoi critique-t-on Jésus quand il mange avec eux ?

— Si tout le monde le faisait, nous ne dirions rien. Mais ce Jésus est un homme influent. C'est un maître. C'est l'un de nous. C'est pourquoi nous le critiquons, parce qu'il nous est proche !

— Mais qu'y a-t-il de critiquable dans le fait que des maîtres juifs fréquentent des pécheurs ? Nous autres, commerçants, nous avons bien souvent à le faire !

— Pense aux conséquences ! Nous n'avons rien contre certains publicains pris individuellement. Ce sont des hommes comme les autres. Mais, dans notre pays, ce sont les représentants des Romains. Ce qu'ils perçoivent revient en grande partie aux étrangers. Nous ne devons pas donner l'impression que les maîtres juifs s'accommoderaient de l'occupation étrangère. Pas question de conférer aux Romains l'auréole de la légitimité !

— As-tu donc peur que ce Jésus ne la leur confère ?

— Non ! Mais la foule qui le suit pourrait mal comprendre les choses ! Celui qui a l'air d'enseigner la volonté de Dieu dans le peuple doit se garder d'aider ostensiblement des soldats étran-

---

16. Cf. Mt 8,5-13.

gers. Il ne doit pas fréquenter les publicains au vu et au su de tout le monde ! Jésus ne se rend pas compte de tout ce qui est en jeu quand nous nous approchons des païens, quand nous nous comportons comme eux. Je critique la légèreté avec laquelle il le fait ! Il agit comme s'il était entre les deux fronts ! »

Une idée me traversa la tête comme un éclair : moi aussi, je me trouvais entre deux fronts. Aux yeux de Gamaliel, je devais être un personnage douteux ! Ce Pharisien pourrait-il me comprendre ? En continuant à l'interroger, je m'interrogeai sur moi-même.

« Comment Jésus justifie-t-il son comportement ?

— Il faut que j'insiste : les façons de voir qu'il défend, nous pourrions aussi les défendre, nous les Pharisiens et les scribes. Nous sommes accoutumés à discuter quantité de points de vue. Mais Jésus se refuse à nos modes habituels de discussion. Il ne donne pas son avis comme une opinion à côté d'autres. Il ne le défend pas en en donnant les raisons et les contre-raisons. Il fait comme si c'était Dieu lui-même qui parlait ! Cette manière de mépriser nos formes ! C'est cela qui nous choque chez lui ! »

Nous nous entretînmes encore longtemps de Jésus. Je notai combien ce personnage m'attirait. Moi aussi, j'oscillais entre les deux camps. N'étais-je pas comparable à un publicain, avec cette différence que je ne récoltais pas de l'argent, mais des informations à retransmettre aux Romains. Ce Jésus pourrait-il me comprendre ?

Je revins avec Gamaliel à la hutte de Mattathias. Gamaliel avait pris des fruits pour les donner à Myriam. « Le jour du sabbat, nous devons être en paix », dit-il. Et Mattathias lui répondit : « *Shalom !* La paix soit avec toi ! »

L'éclat d'hier était effacé.

Les deux jeunes revinrent bientôt de Tibériade avec Hippocrate. Le médecin examina Myriam et dit : « Le pire est déjà passé ».

Alors, en même temps que renaissait la vie, la clarté revint dans la petite hutte.

*

Cher Monsieur Kratzinger,

Je suis très heureux de voir que nous sommes d'accord dans notre façon de juger les Pharisiens. J'ai parfaitement conscience qu'on n'a pas fini d'en découvrir à leur sujet. Nous faisons plus attention qu'autrefois à ne pas projeter rétrospectivement sur les conditions antérieures à 70 ap. J.-C. les textes tardifs qui en traitent.

Indépendamment de cela, l'exégèse a le devoir de leur rendre justice. En prenant historiquement pour argent comptant la polémique contre eux, elle a trop souvent négligé les règles les plus élémentaires de sa méthode scientifique. La découverte des textes de Qumrân nous a conduits à faire des corrections : comparés aux Esséniens radicaux, les Pharisiens apparaissent comme un mouvement disposé aux compromis et à la modération. Après la catastrophe de l'an 70, ce sont eux qui ont redonné vie au judaïsme. L'intelligence renouvelée que nous avons aujourd'hui de celui-ci ne peut pas ne pas transformer notre façon de les juger historiquement.

À l'époque moderne, la théologie s'est trouvée une fois de plus devant la tâche d'opérer une distinction entre les aspects valables et les aspects dépassés du christianisme. Qu'y avait-il de plus facile que de faire du judaïsme imprégné de pharisaïsme le responsable de ce dont on voulait se défaire : dans le christianisme, on a considé l'héritage juif comme dépassé. On peut comprendre cette volonté de se rendre indépendant de la « Loi » comme le premier pas de notre monde moderne vers l'émancipation de l'homme par rapport à toute autorité externe.

Nombreux furent alors les théologiens cultivés prêts à développer une compréhension moderne de leur foi par antithèse avec le judaïsme. Et ils trouvèrent un écho dans la petite bourgeoisie chrétienne qui éprouvait pour de tout autres raisons de l'aversion à l'égard du judaïsme : elle ressentait durement la menace du développement économique moderne et rendit le judaïsme responsable de tout ce qu'elle mettait en accusation : le libéralisme, le capitalisme, la démocratie, la disparition de la religion, etc.

Il y eut une étonnante coalition entre les théologiens libéraux qui voulaient être modernes et les petits-bourgeois qui étaient incertains d'eux-mêmes et avaient peur d'entrer dans le monde moderne. Dans la polémique néotestamentaire contre les

Pharisiens (et contre les juifs en général), on trouva réponse à ce double besoin.

Peut-être comprenez-vous pourquoi je suis très heureux de découvrir en vous un partisan de la révision de notre image du judaïsme pharisien.

Cordialement vôtre.

Gerd Theissen.

12

DES HISTOIRES DE MARGINAUX

C'est avec deux jours de retard que nous reprîmes notre route de Capharnaüm à Bethsaïde. Bethsaïde est une petite bourgade située sur la rive nord du lac de Galilée, de l'autre côté de la frontière. Elle est sur le territoire d'Hérode Philippe. Peu de temps auparavant, Philippe avait voulu l'ériger en cité hellénistique. En l'honneur de Julie, la fille de l'empereur Auguste, la nouvelle colonie avait pris le nom de Bethsaïde Julia[1]. Finalement, ce n'était toujours qu'un gros bourg.

Sur notre chemin, nous devions passer la douane. Nous connaissions bien le douanier, un homme plein d'entrain qui se laissait volontiers inviter à prendre un coup de vin après les marchandages habituels sur les taxes et sur les pots-de-vin.

Pourtant, cette fois, nous fûmes surpris. Au lieu du Lévi familier, ce fut un inconnu qui vint à nous. Il se présenta :

« Je m'appelle Kostabar ! Je suis le nouveau publicain[2] du poste. Quelles marchandises avez-vous à déclarer ? »

En voilà un qui en vient droit au fait ! pensai-je. Je lui répliquai :

« Mais ce n'est plus Lévi ?

— Non ! Fini ! Désormais, c'est à moi que vous aurez à faire.

---

1. En ce qui concerne la fondation de Bethsaïde Julia, cf. Josèphe, *La Guerre juive* 2,1.8 ; Ant 18,28 = XVIII,2,1.

2. Dans le monde antique, les douaniers n'étaient pas des fonctionnaires, mais des entrepreneurs affermés par l'État. Ils devaient faire rentrer une certaine somme dans la caisse de l'État mais administraient autrement la chose à leur propre profit. On comprend qu'ils aient été fort mal vus !

— Est-ce qu'il lui est arrivé quelque chose ? »

Kostabar secoua les épaules : « On ne peut pas dire. Il ne voulait plus être douanier. Il a disparu. »

Encore un disparu tout d'un coup ! J'insistai :

« Est-ce qu'il est parti chez les bandits ?

— Je ne sais pas. Je n'ai plus entendu parler de lui. Maintenant, c'est moi le publicain. Encore une fois : qu'avez-vous à déclarer ? »

Nous lui montrâmes nos marchandises. Kostabar me demanda :

« C'est tout ? ».

C'était effectivement peu. C'était même invraisemblablement peu pour un commerçant comme moi. Je lui expliquai :

« Nous avons eu la surprise de trouver en Galilée un amateur pour une bonne partie de notre marchandise. Il ne reste plus que ça. »

Nos « amateurs », c'étaient les zélotes : ils avaient saisi une bonne partie de notre chargement comme acompte sur le tribut annuel. Kostabar se fit soupçonneux :

« Et où avez-vous caché le reste ? »

Je rigolai. C'était le moment de jouer mon truc classique pour traiter avec les douaniers.

« J'ai peut-être oublié quelque chose. »

Kostabar se mit à fouiller dans mes bagages. Ça y est ! Il avait trouvé ! Il tira de nos affaires une outre de vin d'assez belle taille.

« Qu'est-ce que c'est que ça ?

— Ce n'est pas pour le commerce !

— Cela ne fait rien. Il faut payer aussi.

— Non ! Pas question !

— Sûrement si, que tu paieras ! Autrement je saisis la marchandise.

— On n'a à payer que pour les marchandises d'importation. Donc je ne paye pas.

— Veux-tu donc que je jette le vin par terre ?

— Pas par terre ! »

Kostabar me regarda d'un air obtus. En riant, je lui dis :

« J'ai pris ce vin pour le boire ensemble hors taxe.Il y a aussi des fruits et du pain. »

Kostabar secoua la tête : « Pas de beuverie à la douane ! »

Je répliquai : « Un verre de vin, ce n'est pas une beuverie !

— C'est comme ça que ça commence !

— Ça commence quoi ?

— Toute cette pagaille que j'ai trouvée ici. »

Je secouais la tête sans comprendre : « Tu es bien le premier douanier à me déclarer qu'un coup de vin à la douane est de la pagaille. Ton prédécesseur était tout différent.

— Justement ! »

Kostabar resta intraitable. Je remarquai vite qu'il valait mieux ne pas mentionner le nom de son prédécesseur. Quoi qu'il en fût, impossible de le faire boire. Il semblait s'être obstinément voué à la sobriété. Il savait naturellement aussi bien que moi qu'il est plus facile de rouler un douanier éméché qu'un douanier complètement sobre. Nous nous remîmes à marchander. Il voulait me taxer à dix pour cent. Je protestai :

« Jusqu'ici on ne m'a jamais demandé que six pour cent.

— Justement !

— Je ne comprends pas !

— Pourquoi mon prédécesseur a-t-il dû céder son affaire ? Parce qu'il ne pouvait vivre de ces malheureux six pour cent. Six pour cent ! C'est beaucoup trop peu.

— Mais il y a un tarif fixe !

— Et alors ? D'accord, le tarif normal, c'est six pour cent. Un douanier pourrait en vivre s'il ne se faisait continuellement carotter. Je compte qu'il y a toujours quatre pour cent de revenus à filer en contrebande. Qu'est-ce qu'il me reste à faire, sinon de les ajouter au tarif en dédommagement de l'argent perdu ?

— Mais c'est injuste pour ceux qui déclarent correctement leur marchandise !

— Ce qui est surtout injuste, c'est de commencer par rouler le publicain, puis de venir ensuite nous reprocher de calculer à tête reposée nos pertes. »

Je transigeai : « Que penserais-tu de deux pour cent de majoration — tarif spécial pour des honnêtes commerçants comme moi. Puis un petit coup de vin en consolation de ce que d'autres camouflent au douanier Kostabar. »

Kostabar finit par se laisser convaincre. Nous nous mîmes d'accord. Une fois l'affaire conclue, nous nous assîmes à l'ombre du poste, mangeâmes du pain et des fruits arrosés du vin que

Kostabar avait trouvé. Tandis que nous étions assis, je vis tout d'un coup une étrange procession se diriger vers la douane. Devant, il y avait un gars qu'on pouvait déjà repérer de loin, car il semblait à la frontière du normal et du pathologique. Derrière lui se dandinait un vieillard édenté appuyé sur des béquilles. Puis une forme déguenillée se traînait le long du chemin, manifestement un aveugle. Une bande de gamins dépenaillés entouraient le trio.

« Bon Dieu ! soupira Kostabar. Encore eux ! Voilà ce qui se passe, quand on commence à boire à la douane !

— Quoi ?, lui demandai-je. Mais ce n'est pas la première fois que je bois du vin à la douane !

— Ils veulent manger et boire avec nous, dit Kostabar d'un ton désespéré. Ils viennent chaque fois qu'ils pensent qu'il y a quelqu'un ici. De vrais crampons ! Pas moyen de m'en débarrasser !

— Depuis quand font-ils cela ?

— Depuis que je suis là. Ou plutôt depuis que Lévi a introduit ici ces mœurs nouvelles. »

Entre-temps, on commençait à entendre les voix du groupe qui s'approchait. L'un d'eux nous cria :

« Est-ce que Jésus est revenu ?

— Qu'est-ce que cela a à voir avec Jésus ? demandai-je à Kostabar.

— Lévi, mon prédécesseur, était un de ses disciples. Il en avait fait la connaissance parce que ce Jésus vient souvent par ici : il franchit régulièrement la frontière. Il ne cesse de passer d'un pays à l'autre.

— Pourquoi ?

— Je pense qu'il ne se sent pas en sûreté en Galilée. Peut-être Antipas est-il à ses trousses. C'est pour cela qu'il disparaît constamment de l'autre côté de la frontière. Souvent sur le territoire d'Hérode Philippe. Ou bien il passe par ici, ou il traverse le lac en bateau, parfois la nuit pour que personne ne le remarque. Il lui arrive aussi de filer vers les villes frontalières, Tyr, Sidon, Hippos et Gadara. Pas dans les villes elles-mêmes, mais dans la région avoisinante où il y a beaucoup de juifs.

— Je viens de Séphoris. Personne ne se souvient l'y avoir jamais vu, bien qu'il soit d'un petit village des environs.

— C'est bien de lui, ça ! Il évite les villes. Il se déplace dans les villages, parmi les petites gens[3].

— Mais qu'est-ce que cela a à voir avec cette procession de tordus ? » Je montrai le groupe qui s'approchait lentement de la douane.

« Comme je viens de te le dire, Lévi avait fait la connaissance de Jésus et s'était laissé impressionner par sa doctrine. Sous son influence, il a complètement changé de façon de vivre. Il a commencé par organiser des repas pour les pauvres. Ils se sont vite passé le mot. Ils se sont précipités chez lui de partout. Mais ce n'était qu'un début. Un jour, comme Jésus passait, il s'est résolu à le suivre. Mais il a tout d'abord voulu faire un grand festin d'adieu[4]. Cela a dû être quelque chose de mémorable. Les pauvres en rêvent encore aujourd'hui. Ici, depuis ce temps-là on appelle encore Jésus "le bouffeur et le soiffard, l'ami des publicains et des pécheurs"[5]. Cela a effectivement été une réunion de fous. Ces trois loques que tu vois là-bas en ont été aussi. Cela a été le grand événement de leur vie. Maintenant, ils ne rêvent que de voir Jésus revenir. Ils savent qu'il passe souvent la frontière par ici. Et ils espèrent toujours qu'il y aura encore un festin, ici, au poste de douane. Ils me demandent chaque fois quand je donnerai mon grand banquet. Comme si j'étais Lévi ! »

Pendant ce temps, le groupe s'était approché. On entendait maintenant distinctement les voix. Quelqu'un me cria :

« Est-ce que c'est toi, Jésus ? »

Je répondis : « Non, ce n'est pas moi.

— Est-ce que tu vas nous donner à manger et à boire ?

— Une fois de plus, je ne suis pas Jésus. »

Je m'aperçus qu'il était impossible de parler avec eux de façon normale. Ils s'étaient mis en cercle autour de moi et ils

---

3. Il est frappant de voir que les deux grandes villes de Galilée, Séphoris et Tibériade, ne sont jamais mentionnées dans les évangiles synoptiques.

4. En ce qui concerne le festin des publicains chez Lévi, cf. Mc 2,13-17. Ce récit interprète à la façon d'un événement unique la rencontre de Lévi avec Jésus et sa vocation. Il est parfaitement plausible que la décision de suivre Jésus ait été l'effet d'une lente maturation. Les récits évangéliques condensent l'essentiel en un récit concis.

5. On a dû déjà dire cela de Jésus de son vivant, ainsi que le montre Mt 11,19.

nous regardaient manger avec des yeux d'envie. Les enfants dépenaillés jouaient entre leurs jambes. Je dis :

« Est-ce que vous ne pouvez pas nous fiche la paix ? »

Mais les enfants rigolèrent et nous crièrent :

« Est-ce que tu nous as apporté quelque chose ? »

Kostabar me murmura à l'oreille : « Pour l'amour de Dieu ! Ne leur donne rien ! Autrement ils n'arrêtent pas de revenir. Tu t'en fiches peut-être. Tu files plus loin. Moi, je les ai continuellement sur le dos. Je ne peux plus m'en débarrasser.

— Entrons dans le poste, proposai-je. Peut-être dégageront-ils ?

C'est ce que nous fîmes après avoir fini en vitesse de manger. Tandis que nous nous retirions dans la hutte, Timon et Malchus restèrent dehors pour veiller sur les ânes et sur la marchandise. Une fois rentrés, nous nous assîmes sur des nattes. Il faisait agréablement frais. Kostabar me dit :

« Ne crois surtout pas que ces gens ont faim. À Bethsaïde, nous avons une caisse des pauvres[6]. Je paye aussi ma quote-part, mais par l'intermédiaire d'un tiers. Cela sert à nourrir ces mendiants. Mais leur grand rêve, c'est de voir Jésus revenir et faire un grand festin. Ils reviennent toutes les semaines m'assiéger. »

Nous avions recommencé à manger et à boire. Je ne me sentais pas à l'aise. Mais je devais à tout prix garder de bonnes relations avec Kostabar. Ce n'était sûrement pas la dernière fois que j'avais à dédouaner de la marchandise chez lui. Je réfléchis. Mais nous fûmes à nouveau dérangés. Le vieillard édenté s'était glissé à la fenêtre. Il entra la tête dans la hutte et commença à croasser :

Lorsque tu donnes un déjeuner ou un dîner
ne convie ni tes amis, ni tes frères,
ni tes parents, ni de riches voisins

6. Chez les juifs, l'assistance des pauvres étaient déjà bien organisée. Pour ceux qui résidaient sur place, il y avait chaque semaine une distribution de ressources permettant deux repas par jour. Pour ceux de passage, il y avait journellement distribution de deux repas. On méprisait les publicains au point qu'il était interdit d'accepter pour la caisse des pauvres des aumônes venant de leur part. Ils devaient trouver d'autres voies pour transmettre leurs oboles.

de peur qu'eux aussi ne t'invitent à leur tour
et qu'on ne te rende la pareille.
Mais, lorsque tu donnes un festin,
invite des pauvres, des estropiés, des boiteux, des aveugles.
Heureux seras-tu alors
de ce qu'ils n'ont pas de quoi te rendre,
car cela te sera rendu lors de la résurrection des justes[7].

Après avoir débité ce message dans notre petite pièce, il retira la tête et Kostabar m'expliqua :

« C'est une parole de Jésus qu'ils viennent régulièrement me ressortir. Fais attention, la suite va venir ! »

Effectivement, on entendit un chœur de voix. Il scanda une strophe comme un slogan pour une manifestation :

Venez à moi
vous tous qui peinez et souffrez sous le fardeau,
et moi je vous donnerai le repos.
Venez à moi
vous tous qui peinez et souffrez sous le fardeau,
et moi je vous donnerai le repos[8].

Ils ne cessaient de répéter les mêmes paroles. C'était presque insupportable. Finalement, Kostabar se leva et sortit. Il perdit patience. Je l'entendis hurler :

« Je vais vous en fiche, du repos ! Disparaissez ! Filez ! C'est nous, qui voudrions avoir un peu de repos ! »

Le chœur se tut.On entendit seulement une voix d'enfant demander : « Est-ce que tu nous invites à manger ? » Puis on entendit encore la voix croassante du vieillard : « Kostabar, est-ce que tu connais la parabole de Jésus[9] :

Un homme fit un grand dîner auquel il invita beaucoup de monde. À l'heure du dîner, il envoya son serviteur dire aux invités : « Venez ; maintenant tout est prêt. » Et tous, comme de concert, se mirent à

7. Lc 14,12-14.
8. Mt 11,28.
9. Lc 14,16-24.

s'excuser. Le premier lui dit : « J'ai acheté un champ et il me faut aller le voir ; je t'en prie, tiens-moi pour excusé. » Un autre lui dit : « J'ai acheté cinq paires de bœufs et je pars les essayer; je t'en prie, tiens-moi pour excusé. » Un autre dit : « Je viens de me marier, et c'est pourquoi je ne puis venir. » À son retour, le serviteur rapporta cela à son maître. Alors, pris de colère, le maître de maison dit à son serviteur : « Va-t'en vite par les places et les rues de la ville et introduis ici les pauvres, les estropiés, les aveugles et les boiteux. — Maître, dit le serviteur, tes ordres sont exécutés et il y a encore de la place. » Et le maître dit au serviteur : « Va-t'en par les chemins et le long des clôtures, et fais entrer les gens de force, afin que ma maison se remplisse. Car, je vous le dis, aucun de ces hommes qui avaient été invités ne goûtera de mon dîner. »

Je remarquai que tout le monde écoutait le vieillard. Même Kostabar paraissait tout oreilles. À la fin, il remarqua :

« Tu n'as pas raconté la parabole jusqu'au bout ! Elle continue :

L'hôte entra alors pour examiner les convives, et il aperçut là un homme qui ne portait pas le vêtement de noces. « Mon ami, lui dit-il, comment es-tu entré ici sans avoir la tenue de noces ? » L'autre resta muet. Alors l'hôte dit aux valets : « Jetez-le, pieds et poings liés, dehors, dans les ténèbres : là seront les pleurs et le grincements de dents[10]*." »*

La voix de Kostabar se fit sèche et froide : « Voilà ! Et maintenant disparaissez enfin, autrement je fais chercher les soldats qui vous jetteront pieds et poings liés en prison ! »

Un enfant protesta : « Jésus n'a jamais raconté cette fin-là. C'est toi qui l'as inventée. C'est faux ! C'est un mensonge ! »

10. Ce supplément de la parabole ne se trouve que dans la rédaction de Matthieu (où l'hôte est d'ailleurs devenu un roi). Selon l'avis unanime des historiens, il s'agit là d'un ajout ultérieur (Cf. Mt 22,11-14).

Kostabar commença à fulminer : « C'est la vraie fin. Vous allez vous en rendre compte tout de suite. Filez, bande de malpropres. Allez au diable ! »

Dans la hutte, j'étais sur des charbons ardents. Est-ce que je ne devais pas sortir calmer la situation ? La parabole m'avait profondément touché. L'enfant avait raison : la conclusion de Kostabar ne collait pas. Mais je comprenais aussi le publicain : la visite régulière de ces gens-là, quelle calamité !

Kostabar eut enfin du succès : j'entendis le groupe s'éloigner. Il rentra :

« Ils s'en vont. Ces gens sont une vraie plaie ! Avant, ils étaient bien contents quand on leur donnait un morceau de pain. Ils s'en allaient. Mais depuis que des gens comme Jésus et Lévi ont éveillé leur espoir, ils deviennent empoisonnants. Ils attendent le grand chambardement, le royaume de Dieu. Ils pensent qu'ils s'assoiront alors à table avec Jésus, eux, les clochards et les boiteux, les poitrinaires et les estropiés. Ce sera à leur tour de jouir de la petite part de bonheur que Dieu a prévue pour eux et que les gens leur refusent. Depuis ce temps-là, ils vivent avec ces espoirs fantastiques. Ils ont des prétentions qu'aucun village, aucun État, aucun homme ne peut satisfaire. Des prétentions d'un autre monde, mais pas de celui-ci.

— Les enfants font mal, dis-je. Est-ce que c'est de leur faute, s'ils sont nés pauvres ?

— Tu as raison, me répondit Kostabar. Crois-tu que cela me soit facile de les chasser ? Mais que faire ? Si je commence une seule fois à donner de la nourriture aux mendiants et aux enfants, ils me tomberont dessus de toute la région. C'est ce qu'a fait Lévi. Il a donné aux gens l'habitude de trouver à manger chez lui. Je pense parfois que c'est la raison pour laquelle il a disparu. Il n'a plus pu tenir. Il est possible qu'il ait trop présumé de ses forces. À la longue, comment aurait-il pu entretenir tous ces gens ? Peut-être n'avait-il plus le choix qu'entre la faillite ou le renonciation à sa charge ! Quoi qu'il en soit, il a fichu le camp. Il a suivi Jésus. Tu comprends que je ne voudrais pas en arriver là ! Je ne souhaite qu'une chose, vivre, moi et ma famille, sur cette douane. Je ne peux pas disparaître comme cela ! Je ne puis me permettre comme Lévi de me ruiner en largesses. Tout ce que je peux faire, c'est de donner ma quote-part à la caisse des pauvres. C'est tout ! »

Il était déjà tard. Nous dûmes interrompre notre conversation pour être à temps à Bethsaïde. Perchés sur nos ânes, nous trottâmes longtemps le long du sentier riverain. Le lac de Galilée brillait dans le soleil. Les montagnes se détachaient sur lui comme des ombres pâles. C'était un après-midi tranquille.

Soudain surgirent devant nous les petits mendiants que nous avions rencontrés à la douane. Ils se tenaient par la main et nous barraient le chemin.

« Qu'est-ce que vous faites ?, demandai-je.

— Nous jouons au douanier.

— Quelle frontière est-ce donc ici ?

— C'est ici que commence le Royaume de Dieu. »

Je fus sur le point d'éclater. Mais je me retins. Pourquoi ne pas faire plaisir à ces enfants ? J'entrai donc dans le jeu :

« Que doit-on donc faire pour entrer dans ce Royaume ? »

Les enfants se mirent à rire. Le plus âgé me dit :

> « *Si vous ne redevenez pas comme des petits enfants vous n'entrerez pas dans le Royaume de Dieu !*[11]

— Qui commande dans votre Royaume ?

— C'est nous qui commandons. Nous, les enfants. C'est à nous qu'appartient le Royaume de Dieu[12].

— Et que doit-on payer pour la douane ?

— Donne-nous à manger ?

— Et cela suffit comme taxe ?

— Il n'existe aucun Royaume où tu puisses si facilement entrer. Tu dois seulement donner un peu de ce que tu possèdes. Alors tu lui appartiens. »

Je ne savais plus si c'était du jeu ou du sérieux. Je dis :

« D'accord ! Voilà la taxe pour votre royaume. »

Et je leur donnai quelques galettes de pain et des fruits. Leurs yeux brillèrent. Ils m'ouvrirent le chemin. Nous pûmes passer. Nous aussi, nous avions franchi la frontière.

*

11. Mc 10,15.
12. Cf. Mc 10,14.

Cher Monsieur Kratzinger,

Je suis évidemment heureux de voir que mon dernier chapitre vous a plu. Mais vos règles strictement scientifiques vous font me poser la question de savoir si la tradition concernant le repas chez le publicain (Mc 2, 15-17) n'est pas l'expression des problèmes de l'Église ultérieure. Dans le christianisme primitif, on avait besoin d'une histoire racontant comment Jésus mangeait avec les publicains et les pécheurs. Ainsi seulement pouvait-on justifier les repas en commun de chrétiens juifs et de chrétiens païens dans la communauté, alors que les seconds ne respectaient pas les interdits alimentaires des premiers. Le problème se posa de façon aiguë à la fin des années 40 à Antioche (Cf. Ga 2, 1 sq.). Le récit n'est-il pas né pour résoudre la difficulté ?

L'histoire suppose qu'il y ait eu un poste de douane sur le lac de Galilée (à Capharnaüm). Cela ne pouvait être qu'un poste frontalier. Entre Capharnaüm et Bethsaïde, il y avait au temps de Jésus une frontière qui disparut au cours du Ier siècle. On la supprima entre 39 et 44, après l'unification de la partie orientale et de la partie occidentale du Jourdain sous le roi Agrippa Ier. Elle n'existait plus sous son fils Agrippa II, de 54 à la fin du siècle. Il est difficile de savoir ce qu'il en fut entre 44 et 54. Il est probable que les deux parties du pays étaient réunies en province romaine. Cela veut dire que l'histoire du festin chez le publicain évoque des conditions existant au temps de Jésus, mais qui cessèrent d'exister après 39. Elle remonte donc aux années 30. Nous sommes alors à une époque où le repas en commun entre juifs et païens ne posait pas encore problème dans l'Église primitive. Au temps du concile apostolique (dans les années 40), il n'était en tout cas pas encore une question brûlante.

Ne se pourrait-il donc pas que la tradition du repas chez le publicain ait conservé un souvenir primitif ? Ce qui n'empêche pas que, par la suite, on l'ait utilisée (ce qui est incontestable) pour résoudre le problème du repas comunautaire dans l'Église.

Croyez en mon meilleur souvenir.

Gerd Theissen.

13

UNE FEMME PROTESTE

Bien que nous nous soyons partout enquis de Jésus, nous ne le rencontrâmes jamais. Nous ne le trouvâmes ni sur la route de Bethsaïde, ni sur celle du retour, alors que nous cheminions le long du lac de Galilée vers Tibériade. Tout le monde avait entendu parler de lui, et nombreux étaient ceux qui l'avaient entendu. On pouvait croire qu'il était passé partout. Si on avait prêté foi aux racontars sur ses différents lieux de séjour, on aurait dû supposer qu'il se déplaçait de place en place à une vitesse incroyable. Rien d'étonnant à ce que quelqu'un nous ait affirmé qu'il pouvait marcher sur les eaux[1] ! Il surgissait donc inopinément en plusieurs endroits, puis en disparaissait. Autre énigme : comment pouvait-il nourrir tous les gens qu'il entraînait à sa suite ? On chuchotait qu'il avait le pouvoir de multiplier le pain. Dans un village, on parlait de sept pains pour quatre mille personnes. Dans un autre, c'était cinq pains pour cinq mille[2]. Je n'en croyais évidemment pas un mot. Chez ce Jésus, tout semblait possible. Les gens étaient totalement prêts à le croire : quand quelqu'un guérit les malades, on peut lui faire une confiance absolue. Toutes ces histoires de miracles n'avaient pû naître que parce qu'il avait déjà la réputation d'un thaumaturge.

J'ai peut-être trouvé une explication à l'un de ces miracles,

1. Cf. Mc 6,45-52.

2. Cf. les deux versions du « miracle de la multiplication des pains ». Mc 8,1-9 parle de sept pains pour 4 000 personnes, Mc 6, 35-44 de cinq pains pour 5 000 hommes. On peut ici toucher du doigt la montée du merveilleux.

bien que je n'en sois pas sûr. À notre retour à Tibériade, nous déposâmes nos bagages dans la filiale que nous y avions. Timon et Malchus y restèrent. Je me rendis chez Chusa. C'était une maison moderne, de style gréco-romain : plusieurs chambres autour d'une cour à colonnes. La salle de séjour était au second étage. Elle offrait une vue magnifique sur le lac de Galilée. En attendant Chusa qui devait revenir d'un instant à l'autre des domaines d'Antipas, je m'y assis avec Jeanne.

J'orientai bientôt la conversation sur Jésus. Jeanne était la première personne à m'en avoir parlé. Je n'en crus pas mes oreilles quand je l'entendis me dire qu'elle le soutenait. Elle m'expliqua sans aucune gêne :

« Je lui envoie de l'argent et des vivres[3]. Mon mari n'en sait rien. Il ne faut pas que tu me trahisses. Quand je le peux, je rends visite à Jésus pour écouter ce qu'il dit. »

Tous les disciples de Jésus que j'avais rencontrés jusqu'à présent étaient de petites gens. Jeanne, elle, appartenait à la classe supérieure. Je lui demandai :

« Est-ce qu'il y a d'autres gens aisés à l'appuyer ?

— Quelques-uns. Il trouve partout de l'assistance.

— Mais alors, cela n'est donc pas vrai, ce que les gens racontent : il aurait utilisé ses capacités magiques pour nourrir ses disciples ! J'ai entendu d'invraisemblables histoires de ce genre. Il aurait même multiplié du pain.

— Les gens racontent beaucoup de choses. Je ne peux te dire que ce que je sais. Quand moi ou d'autres lui envoyons des vivres, du pain, du poisson et des fruits, et que mes gens lui apportent tout d'un coup tout cela, la foule regarde cette apparition de tant de nourriture comme un miracle. Ces pauvres gens n'en ont jamais tant vu d'un coup. Si on veut, il se produit aussi effectivement un miracle.

— Comment cela ?

— Si les gens commencent à croire qu'il y a assez de pain pour tous, ils n'ont plus peur d'avoir faim. Alors ils sortent les provisions qu'ils tenaient cachées pour ne pas avoir à les partager avec les autres. Ils en donnent. Ils ne craignent plus de manquer.

3. Selon Lc 8,3, Jeanne, l'épouse de Chusa, fonctionnaire du roi Antipas, fait partie des femmes qui soutinrent Jésus de leur fortune.

— Veux-tu dire qu'on pourrait expliquer ainsi l'histoire de la multiplication miraculeuse de pain ?

— Pas directement. On ne peut pas dire que ce ne se soit pas produit ici ou là. Avec Jésus, les gens découvrent toujours qu'il dispose de moyens extraordinaires sans travailler, sans mendier et même sans s'organiser.

— Mais ne pourrait-on pas en arriver à l'idée que, dans le pays, on devrait partout partager le pain de façon égale ?

— Évidemment ! C'est ce que les gens espèrent. Certains attendent impatiemment que Jésus se présente comme le Messie. Qu'il rétablisse la justice. Qu'il garantisse la fertilité. Qu'il remette tout en place et qu'il chasse les Romains du pays[4].

— Mais c'est très dangereux ! »

Je ne pus continuer. On entendait Chusa rentrer. Nous nous saluâmes cordialement. Une fois assis, j'en vins directement à la question :

« En Galilée, tout le monde parle de Jésus. C'est le grand sujet de conversation. Que penses-tu de lui ? Est-ce un fauteur de troubles ? Un rebelle ? »

Chusa répondit : « Hérode Antipas s'en inquiète. Il a mauvaise conscience à la suite de l'exécution du Baptiste : celle-ci n'a résolu aucun de nos problèmes. Il a un jour émis l'idée complètement farfelue que ce Jésus serait le Baptiste ressuscité des morts, que ce serait la raison de ses pouvoirs merveilleux[5]. Il a peur. Il en devient presque superstitieux et croit même à la résurrection des morts !

— Mais les Pharisiens y croient aussi, et beaucoup d'autres encore.

— Pas nous. Antipas et moi-même sympathisons avec la tendance sadducéenne[6]. Nous, les Sadducéens, nous croyons que

4. Ce qu'on appelle le Psaume 17 de Salomon (du Ier s. av. J.-C.) nous donne un aperçu de l'attente messianique au temps de Jésus. Le Messie doit chasser l'ennemi (17, 25), unifier et sanctifier le peuple. « Et désormais il n'y aura plus d'étranger à habiter parmi eux » (17,28).

5. Cf. Mc 6,14. Si on tenait Jésus pour le Baptiste ressuscité, cela suppose qu'il était auparavant totalement inconnu. La note concernant la peur d'Hérode est donc l'écho d'une très ancienne réaction, remontant déjà au temps de Jésus, à l'entrée en scène de celui-ci.

6. En ce qui concerne les doctrines sadducéennes, cf. Josèphe, Ant 18,16-17 = XVIII,1-4, auquel nous empruntons les formulations suivantes.

l'âme disparaît avec le corps. Nous récusons l'attente d'un monde nouveau et meilleur. Notre doctrine n'a que peu de partisans, le plus souvent des gens de haute position. Les Pharisiens ont par contre leurs partisans dans la classe inférieure. Ils croient à l'immortalité de l'âme et à une récompense et à une punition dans l'au-delà, selon la conduite qu'on aura eue dans la vie. Ce Jésus et ses gens sont plus près des Pharisiens que de nous.

— Mais les Pharisiens ne constituent pas politiquement un danger. Ils sont représentés dans le Sanhédrin[7]. Ils collaborent avec les autorités. Il y a bien sûr parmi eux quelques extrémistes qui se sont joints aux zélotes. Mais ce ne sont que des exceptions. Crois-tu que ce Jésus en fasse partie ?

« Non. Je tiens ce Jésus pour un fou inoffensif. On pourait l'oublier s'il n'y avait pas tant de gens à voir en lui un prophète ou même le Messie. Ce sont ces gens-là qui nous posent un problème, pas Jésus. En particulier ceux qui le soutiennent. S'il n'y avait pas quelques tordus prêts à lui fournir de l'argent et des vivres, il y a longtemps que ce mouvement de vagabonds au grand cœur aurait disparu. Mais ils arrivent à vendre efficacement leurs idées et ils peuvent même en vivre. »

Jeanne était devenue toute rouge. Elle avala sa salive, mais était manifestement soucieuse de ne pas se faire remarquer. Sa voix sonna plus claire :

« Mais peut-être ces idées ne sont-elles pas si folles que cela ? »

Chusa commença alors à s'emballer. Sa voix monta d'un ton :

« De bonnes idées ? Qu'est-ce qu'annonce donc ce prophète de fin du monde ? Le Royaume de Dieu ! Tout doit changer. La vie éternelle va bientôt commencer ! As-tu seulement une fois réfléchi à la raison pour laquelle les gens simples aiment tellement ces idées ? Pourquoi nous, les Sadducéens, nous ne trou-

7. Le Sanhédrin était le Conseil d'État juif où siégeaient les grands prêtres (de mentalité sadducéenne) et des représentants de la noblesse laïque. Depuis la reine Alexandra Salomé (77-67 av. J.-C.), les Pharisiens y étaient aussi représentés. Cela avait sans doute beaucoup contribué à imprimer à leur mouvement (à l'origine, parti d'opposition) une orientation leur permettant tout au moins d'accepter l'état de choses existant.

vons que dans la classe supérieure des gens à admettre que le sort de l'homme est semblable à celui de l'animal, qu'il meurt exactement comme lui[8] ? Il n'y a que nous à ne nous faire aucune illusion sur l'homme et sur la mort. Il n'y a que nous à donner le seul conseil réaliste valable pour la vie : "Va, mange avec joie ton pain et bois de bon cœur ton vin, car Dieu a déjà apprécié tes œuvres[9]."Nous sommes presque les seuls à ne pas croire à la résurrection et à l'immortalité. »

Jeanne objecta : « Mais même Hérode Antipas n'arrive pas à croire que Jean le Baptiste est définitivement mort !

— C'est bien là le scandale ! Comment peut-il glisser dans une telle superstition ?, aboya Chusa. Les petites gens s'accrochent à cette idée. Ici-bas, ils n'ont rien dont ils puissent profiter. Ils n'ont que leur travail, des soucis et des tracasseries. Ils se consolent donc avec l'espoir d'un au-delà meilleur où ils auront tous à manger. Ces espérances ne sont que des espérances pathologiques. Elles sont le résultat d'une existence pathologique. Jésus ne fait qu'entretenir ces idées. Il donne leur compte de rêve aux gens. Il leur crie :

Venez à moi,
vous tous qui peinez et ployez sous le fardeau !
Je vous soulagerai[10].

« Laissons-le à ceux qui peinent et qui triment. Chez ceux-là, il peut bien propager ses idées de cinglé. Mais chez nous, nous n'en avons rien à faire. »

Jeanne s'était dressée. Son visage était brillant d'excitation :

« Arrête, Chusa ! Je ne peux pas entendre cela ! Peut-être nous, les femmes, avons-nous plus de compréhension pour les rêves et les espoirs des petites gens que vous, les hommes. Ce que tu dis est faux ! »

Chusa s'entêta : « Est-ce donc faux, qu'il berce les gens avec ce Royaume de Dieu ? Comme beaucoup d'autres avant lui ? »

Jeanne répliqua : « Nombreux sont ceux qui ont aspiré au Royaume de Dieu. Mais Jésus dit que celui-ci commence dès

8. Qo 3, 19.
9. Qo 9, 7.
10. Mt 11, 28.

maintenant. On ne doit plus attendre. Un jour, quelqu'un lui a demandé quand viendrait ce Royaume. Il a répondu :

La venue du Royaume de Dieu ne se laisse pas observer,
et l'on ne dira pas :
« Voici, il est ici ! » Ou bien : « Il est là ! »
Car voici que le Royaume de Dieu est en vous[11].

« Quelqu'un doutait qu'il fût vraiment là alors qu'on ne pouvait pas le voir. Il a alors répondu :

Si c'est par l'Esprit de Dieu que j'expulse les démons,
c'est donc que le Royaume de Dieu est arrivé jusqu'à vous[12] *!*

Chusa ne céda pas. « Exactement ce que je veux dire ! Avec quoi redonne-t-il espoir ? Avec du merveilleux ! De la magie ! Les petites gens n'ont absolument pas confiance en eux-mêmes. C'est pourquoi ils ont tant envie de miracles qui doivent accomplir ce qu'ils ne peuvent faire eux-mêmes. C'est bien pour cela qu'ils inventent tous ces radotages sur Jésus, des histoires qui n'ont jamais existé. Il y a peu de temps, on m'a raconté comme venant de lui un miracle que j'avais déjà entendu attribuer à un Syrien[13].

« Tu connais sûrement ce Syrien qui prend à part les lunatiques qui tournent de l'œil et ont la bouche pleine d'écume. Après s'être fait payer un bon salaire, il les remet debout et les renvoie guéris. Tout se passe de la façon suivante : quand il se trouve devant le malade couché par terre et lui demande d'où le démon est venu dans son corps, le malade se tait. Mais le démon répond à sa place en grec ou dans une quelconque autre langue étrangère, suivant le lieu où il était avant d'être entré

11. Lc 17, 21. La traduction « le Royaume de Dieu est en vous » est discutée. Nombreux sont ceux qui traduisent « au milieu de vous ». Dans la parole citée ensuite, Jésus affirme que le Règne de Dieu fait cesser le règne des démons. Si les démons sortent de l'intérieur de l'homme, alors le Règne de Dieu commence. Ce Royaume de Dieu débute donc manifestement à l'intérieur de l'homme — même s'il n'a rien d'intérieur : il est lié à la mutation merveilleuse du monde.

12. Mt 12, 28.

13. Ce récit de miracle nous est raconté par le satiriste antique Lucien de Samosate (vers 120-180 ap. J.-C.) dans son dialogue *Le Menteur* ch. 16.

en l'homme. Le Syrien fait alors des exorcismes. Quand le démon n'obéit pas, il le menace avec force et le chasse. Et alors mon interlocuteur m'a ajouté en me faisant un clin d'œil : J'ai même vu sortir une ombre noire et fumeuse. »

Je ne pus m'empêcher de rire. Même Jeanne se dérida. Puis elle reprit son sérieux :

« Mais as-tu entendu raconter les histoires de Jésus ? Au premier abord, elles paraissent similaires. Cependant Jésus ne demande aucun salaire. Plus important encore : il sait bien que les gens ont une foi exagérée dans les miracles parce qu'ils n'ont pas confiance en eux-mêmes. C'est pourquoi il leur dit souvent : "Ta foi t'a guéri ![14]" Il le dit explicitement : ce n'est pas moi qui ai fait le miracle; c'est en toi que se tient la force capable de te guérir. Il veut sauver les petites gens de leur méfiance superstitieuse d'eux-mêmes ! »

Chusa répartit : « Mais est-ce qu'il ne les persuade pas que cette vie n'a pas de valeur ? Que la vie valable ne commence qu'après ? »

Jeanne protesta à nouveau : « Jésus dit tout le contraire. Maintenant, les temps sont accomplis. C'est maintenant le temps de la joie. Il n'est donc pas possible de jeûner, pas plus qu'à un repas de noces[15]. On peut donc être joyeux. Un jour il a crié aux gens :

Heureux les yeux qui voient ce que vous voyez !
Car, je vous le dis,
beaucoup de prophètes et de rois
ont voulu voir ce que vous voyez, et ne l'ont pas vu,
entendre ce que vous entendez et ne l'ont pas entendu[16].

« Que dit-il donc aux gens, sinon que leur vie a plus de valeur que celle des rois et des prophètes : vous êtes plus heureux qu'eux ! Plus heureux que la reine de Saba qui est venue de loin pour entendre la sagesse de Salomon[17]. »

---

14. Cf. Mc 5, 34 ; 10, 52 ; Lc 7, 50 ; Mt 9,29.
15. Cf. Mc 2, 18-19. C'est en cela que Jésus se différencie du Baptiste. Celui-ci jeûnait. Jésus refusa (au moins extérieurement) les exercices de jeûne.
16. Lc 10, 23-24.
17. Cf. Mt 12, 42.

Chusa n'était pas encore persuadé. « Tu mets tout à l'envers. Ce Jésus donne aux gens une idée fausse d'eux-mêmes. Ce sont de pauvres bougres, mais ils s'imaginent avoir plus de valeur que des rois. Dans leur vie quotidienne, ils doivent pourtant bien continuer à courber la tête. Est-ce que ce Jésus ne déclare pas qu'on ne doit pas se défendre ? Est-ce qu'il n'enseigne pas une morale typique de petites gens ? Une morale de gens qui doivent tout avaler ? »

Jeanne ne céda pas. Elle se fit plus passionnée :

« Ce qui vous embête, dans ce Jésus, c'est justement le contraire de cette morale de petites gens. Il permet à ces petites gens un comportement qui vous était jusque-là réservé !

« N'est-ce pas le privilège de la classe supérieure de pouvoir vivre sans souci ? Mais Jésus vient dire : le privilège vaut pour tout le monde, même pour ceux qui n'ont rien :

Ne vous inquiétez pas pour votre vie
de ce que vous mangerez
ni pour votre corps
de quoi vous le vêtirez.
La vie n'est-elle pas plus que la nourriture
et le corps plus que le vêtement ?
Regardez les oiseaux du ciel :
ils ne sèment ni ne moissonnnent
ni ne recueillent en des greniers,
et votre Père du ciel les nourrit.
Ne valez-vous pas beaucoup plus qu'eux[18] *?*

« Est-ce que c'est là une morale de petites gens ? Jésus lui-même compare ces gens sans souci à Salomon : si les lys des champs sont déjà plus magnifiquement vêtus que Salomon, combien plus les hommes !

« Et n'est-ce pas un privilège des puissants, de ne pas avoir à craindre leurs ennemis ? Les forts peuvent être magnanimes. Car ils savent bien que leurs ennemis ne peuvent leur nuire mais doivent s'arranger avec eux. Mais Jésus dit cela à tous, et non aux seuls puissants :

18. Mt 6, 25-26.

Aimez vos ennemis
et priez pour vos persécuteurs
afin de devenir fils de votre Père qui est aux cieux[19].

« Tous doivent être fils de Dieu. Avant, il n'y avait que les rois d'Israël à se faire appeler fils de Dieu. Mais Jésus appelle ainsi celui qui se montre magnanime envers son ennemi. Car tout le monde est roi.

« Et n'est-ce pas un privilège des puissants, de pouvoir donner et abroger des lois ? Lui dit :

Vous avez entendu qu'il a été dit aux anciens :
Tu ne tueras pas !
Celui qui tue est passible du jugement !
Mais moi je vous le dis :
Quiconque se met en colère contre son frère
est passible du jugement[20]. »

Chusa était devenu tout pâle. Il proféra péniblement :

« Mais pourquoi ne présente-t-il sa doctrine que dans le simple peuple ? Pourquoi ne vient-il pas à Tibériade ? Pourquoi ne vient-il pas faire la leçon à Antipas ? Je ne connais qu'une réponse : il poursuit les mêmes rêves que les petites gens. »

Jeanne lui donna raison : « C'est évident, qu'il poursuit les mêmes rêves que les petites gens. Il ne se tourne pas vers les riches et les puissants. Qu'est-ce qu'il veut donc ? Ces petites gens sont des gens qui courbent l'échine : il veut les voir marcher droit. Ce sont des gens usés par les soucis : il veut les libérer de leurs tracas. Ce sont des gens qui n'ont jamais rien vécu d'important de toute leur vie : il leur donne conscience que leur vie a de la valeur. Et c'est de cela que vous avez peur. Vous tous et Hérode Antipas, vous avez peur que les petites gens puissent en arriver à l'idée qu'ils ne sont plus des petites gens. C'est pourquoi vous avez fait répandre le bruit que vous vouliez le tuer. Pour qu'il disparaisse de l'autre côté de la frontière. Pour qu'il vous laisse en paix. Pour que les petites gens n'en vien-

---

19. Mt 5, 44-45.
20. Mt 5, 21-22.

nent pas à ces pensées rebelles et ne deviennent pas dangereux pour vous ! »

Chusa tenta de dévier la conversation. Il se pencha en souriant vers moi :

« Tu viens juste de me demander si ce Jésus est un fauteur de troubles et un rebelle. Il y a une chose sûre et certaine : il a déjà fait de ma femme une rebelle ! »

Jeanne hésita un peu, puis dit à voix basse : « Non, c'est toi qui m'a rendue rebelle !

— Moi ? demanda Chusa avec étonnement.

— Quand tu as commencé à tomber sur Jésus et sur ses idées, tu m'as blessée !

— Je ne pouvais pas savoir que ces idées t'étaient chères !

— Chusa, j'ai peur que tu puisses me mépriser.

— Comment ? » Chusa ne comprenait toujours pas sa femme.

— Est-ce que tu ne méprises pas les femmes à l'esprit tordu ?

— Mais je n'ai jamais pensé que tu avais l'esprit tordu ! Je n'ai jamais eu l'ombre de cette idée ! affirma Chusa.

— Mais tu te moques toujours des tordus qui envoient de l'argent et des vivres à Jésus ! »

Chusa resta bouche bée : « Est-ce que tu veux dire que... »

Jeanne approuva de la tête : « Je veux dire que j'aide Jésus.

— Comment aurais-je pu le penser ! »

Il y eut un instant de silence. Puis Jeanne dit doucement :

« Je l'ai fait en secret. Je n'osais pas t'en parler. Je ne voulais pas que tu me méprises. »

Chusa la regarda, interdit : « Tu ne dois pas penser cela de moi ! Si tu l'apprécies... Je préférerais changer mon jugement sur Jésus plutôt que de te mépriser !

— Mais quand on t'entend te moquer de lui... »

Je respirai. C'était moi qui avais lancé la discussion, mais je l'avais ensuite suivie avec le sentiment gênant de celui qui aurait mieux fait de ne pas être là. Je pris congé et les laissai seuls. Partout où je passais, on se disputait au sujet de Jésus. On voyait éclater des crises entre parents et enfants, entre époux, entre amis, entre voisins, et même entre les douaniers et les commerçants. Ce prédicateur itinérant suscitait partout le désordre.

J'allai me promener encore un peu le long du lac. Aucun

vent ne ridait sa surface. Tout le paysage se reflétait dans sa clarté : les hauteurs du Golan dans le lointain, quelques amas de nuages immobiles, la teinte vespérale du ciel. Je voyais aussi mon ombre dans l'eau. Mais, dans ce calme, je ne retrouvais rien d'autre de moi. J'étais là, comme un étranger devant moi-même. Mes pensées erraient de-ci, de-là. Je regardai en direction de Capharnaüm. Jésus devait être quelque part par là !

En rentrant chez moi, je repassai encore une fois devant chez Chusa. De loin, j'entendais sa voix. Il chantait une de ses chansons préférées, un chant de Salomon. À l'unisson, je fredonnai doucement le texte et la mélodie[21] :

Pose-moi comme un sceau sur ton cœur
comme un sceau sur ton bras.
Car l'amour est fort comme la Mort,
la passion inflexible comme le Shéol.
Ses traits sont des traits de feu,
une flamme du Seigneur.
Les grandes eaux ne pourront éteindre l'amour,
ni les fleuves le submerger.
Qui offrirait toutes les richesses de sa maison
pour acheter l'amour,
ne recueillerait que mépris.

Que ce chant était beau ! En le choisissant, Chusa ne voulait-il pas se réconcilier avec sa femme ? Ou chantait-il seulement sa peine dans le soir ? Une chose seule était certaine : c'était un message à Jeanne. Et j'étais sûr qu'elle y répondrait.

La nuit était tombée. L'air restait aussi chaud que dans la journée. Tout était plus tranquille. Mais l'inquiétude n'avait pas disparu en moi. Je me couchai sur mon lit, mais ne pus trouver le sommeil. Ce n'était pas la chaleur qui me tenait éveillé. C'était la discussion sur Jésus. Tant de voix continuaient à résonner en moi. J'entendais celles de Jeanne et de Chusa, celle du douanier, des mendiants, des enfants, celle de Barabbas aussi. Toutes ces voix étrangères accaparaient mes rêves et mes pensées. Je cherchai à les chasser et à les oublier en m'enfonçant

21. Cf. Ct 8, 6-7.

dans le sommeil. Mais je ne le pus pas. Car ce n'étaient plus des voix étrangères. C'étaient celles de mon être intérieur, de mes propres pensées et de mes sentiments, de mes peurs et de mes espoirs. La dispute sur Jésus était dispute en moi-même, la discussion à son sujet une discussion avec moi-même. Il y avait en moi quelque chose qui m'éloignait de lui et qui m'en rapprochait. Il y avait en moi quelque chose qui tournait ses idées en ridicule, mais qui en était fasciné. Je craignais le trouble qui émanait de lui et j'y aspirai, comme si c'était source d'espérance. Ainsi son image restait-elle constamment indécise.

Vers le matin, je sombrai dans un sommeil agité. En me réveillant, j'eus le sentiment que quelque chose avait changé dans ma vie.

*

Cher Monsieur Kratzinger,

J'éprouve du plaisir à repenser à notre conversation sur la dernière session d'exégètes du Nouveau Testament. Je vois maintenant clairement que vous ne défendez pas un scepticisme radical, mais que vous reconnaissez comme historique la tradition sur Jésus dans la mesure où elle ne provient ni du judaïsme, ni de l'Église primitive et donc dans celle où elle fournit une image incontestable de lui, en accord avec les traditions historiques admises. Vous vous réclamez du critère de la différence et de la cohérence, habituellement admis dans la recherche sur Jésus.

Vous reconnaissez que le dernier chapitre propose une image cohérente de la prédication de Jésus. Jeanne ne cesse de montrer que celui-ci revendique pour les petites gens les idées et les modes de vie de la classe supérieure, autrement dit l'insouciance matérielle pour les démunis, la sagesse pour les incultes. Il opère une « révolution des valeurs », le droit pour la couche inférieure de la société de s'approprier le sort de la couche supérieure.

Vous objectez à juste titre que la cohérence interne de l'image de Jésus ne garantit pas son caractère historique. On doit commencer par s'assurer un point de départ solide basé sur des faits avant de se demander quels sont ceux qui sont cohérents.

En ce qui concerne ces faits, je ne saurais me contenter de ceux qui sont totalement indépendants du judaïsme ou du christianisme. Deux sont indubitables : Jésus a débuté comme disciple de ce Baptiste qui fut par la suite exécuté. Et Jésus a lui-même fini en croix. C'est entre ces deux données que sa prédication doit trouver place.

Et maintenant je vous pose la question : Est-ce que l'image de Jésus esquissée dans le dernier chapitre ne correspond pas exactement à ces données ? Le Baptiste se trouve en opposition à l'aristocratie. Son disciple entend susciter une « révolution des valeurs » mettant à la portée du peuple ce qu'on ne peut normalement trouver qu'« en haut ». Il finit en croix, comme tant d'autres révolutionnaires.

Cette cohérence interne de l'image de Jésus tiendrait-elle au fait que j'aurais choisi ce qui me plaît dans la tradition, cela en fonction de mes propres valeurs ? Un portrait de Jésus pourrait-il avoir de la valeur s'il n'expliquait pas les raisons pour lesquelles le Baptiste et Jésus lui-même furent les victimes de la classe supérieure ? Vous avez bien reconnu que je suis moi aussi partisan d'un accord entre les différentes couches de la société. Reste à savoir en cela si c'est Jésus qui m'a entraîné dans son sillage, ou moi qui l'ai entraîné dans le mien.

Croyez en mon meilleur souvenir.

Gerd Theissen.

14

RAPPORT SUR JÉSUS UNE OPÉRATION DE CAMOUFLAGE

Durant mon voyage en Galilée, je ne rencontrai jamais Jésus. Partout je tombai sur ses traces : anecdotes et récits, traditions et racontars. Lui-même resta insaisissable. Mais tout ce que j'appris à son sujet concordait. Même les histoires les plus exagérées sur lui avaient une allure caractéristique. On n'aurait rien rapporté de tel sur personne d'autre.

J'avais pour mission de découvrir si Jésus présentait un risque pour la sécurité. Sur ce point, aucun doute : il était redoutable. Tous ceux qui suivent leur conscience plutôt que les prescriptions et les lois, tous ceux qui refusent de considérer comme définitive la répartition présente du pouvoir et de l'avoir, tous ceux qui confèrent à de petites gens une mentalité de prince sont dangereux pour la société établie.

Pas question d'en dire quoi que ce soit aux Romains ! Je ne me sentais absolument pas tenu de répondre à leur attente. Si c'était déjà à nous de décider si l'on devait ou non accepter le commandement de Dieu sur le repos sabbatique, à plus forte raison lorsqu'il s'agissait d'ordres romains.

Mais comment camoufler Jésus ? Comment faire de ce rebelle un inoffensif prédicateur ? Ce que je rapporterais devait s'accorder avec les événements. Métilius aurait sûrement d'autres sources de renseignement sur lui. Peut-être le recontrerait-il. Je devais dire la vérité — mais ce ne devait être qu'une demi-vérité, juste ce qu'il faudrait pour en masquer la totalité. Je me torturai longtemps l'esprit sur ce problème.

J'eus enfin une idée. Je devais présenter Jésus de façon à

lui conférer aux yeux des Romains une forme connue correspondant à leurs idées. Chez nous, quand nous voulons rendre les courants religieux intelligibles aux étrangers, nous les comparons volontiers aux écoles de philosophie : les Pharisiens avec les stoïciens, les Ésséniens avec les pythagoriciens, les Sadducéens avec les épicuriens[1]. Pourquoi ne pas faire voir en Jésus un philosophe itinérant de l'école des cyniques[2] ? N'était-il pas de fait un philosophe itinérant ?

De façon générale, je devais présenter sa doctrine de manière à la faire coïncider sur autant de points que possible avec les dires des écrivains grecs et romains. Cela aurait un effet tranquillisant. Peut-être aussi pourrais-je le « vendre »comme poète ? Ne racontait-il pas beaucoup de fables et de paraboles ? C'était clair : je devais multiplier les rapprochements entre ses paroles et les écrits païens.

Rude tâche en perspective ! Je retournai à Séphoris, me déchargeai de mes affaires sur Baruch et me mis à lire tout ce que je pus. Je fouillai ma bibliothèque. Quand j'eus rassemblé assez de matériel, je commençai à rédiger un petit rapport pour Métilius.

JÉSUS LE PHILOSOPHE

Jésus est un philosophe comparable aux cyniques, ces philosophes itinérants. Comme eux, il appelle au renoncement le plus total, se déplace dans le pays sans demeure fixe, vit sans famille, sans profession et sans avoir. Il demande à ses disciples de partir sans argent, sans chaussures, sans sac, avec seulement une chemise[3].

---

1. Josèphe compare les Pharisiens et les stoïciens (*Autobiographie* 12), les Esséniens et les pythagoriciens (Ant 15,371 = XV,10,4). Les pythagoriciens formaient eux aussi une sorte de « confrérie secrète » et avaient un idéal de communauté des biens.

2. Les cyniques (ainsi appelés d'après le sobriquet donné à Diogène dans son tonneau (*kyon* = chien) enseignaient à se défaire de tout besoin et de toute pudeur, autrement dit à se situer ostensiblement en marge de toutes les normes. Au Ier s. ap. J.-C., nombreux étaient les mendiants philosophes cyniques à parcourir l'Empire romain. Ils avaient une longue barbe broussailleuse, un manteau sale, une besace et un bâton noueux.

3. Mt 10, 10. Quand Jésus enseigne que les disciples doivent partir sans sac et sans bâton, il marque peut-être la différence avec les cyniques avec lesquels on aurait vite pu les confondre.

Il enseigne que l'amour de Dieu et du prochain est le commandement le plus important résumant tout ce qu'on peut exiger de l'homme. Cela correspond à la tradition grecque : on y considère que la piété envers Dieu et la justice envers les hommes sont les vertus capitales[4].

En ce qui concerne la relation au prochain, il a pour ligne de conduite la « règle d'or » : agissez envers les autres comme vous aimeriez qu'ils agissent envers vous. Cette règle est répandue dans le monde entier. Nombreux sont les sages qui la défendent[5].

En cas d'injustice de la part d'un autre, Jésus dit : « Si quelqu'un te frappe sur la joue droite, tends-lui aussi l'autre[6] ». Il est donc du même avis que Socrate : on doit plutôt subir l'injustice que la commettre[7].

Il proclame en plus que l'homme doit aimer son ennemi. Car Dieu fait briller son soleil sur les bons et sur les méchants. Sénèque écrit quelque chose de similaire : Si tu veux ressembler à Dieu, répands des bienfaits qu'on ne puisse te rendre, car le soleil se lève aussi sur les voleurs et la mer est libre aux pirates[8] !

Si on voit quelqu'un faire le mal, on ne doit pas se hâter de le juger. Personne n'est parfait. Chacun court le risque de voir la paille dans l'œil de son frère mais d'ignorer la poutre dans le sien[9].

En ce qui concerne la propriété, il enseigne non seulement qu'on doit être prêt à se séparer extérieurement de tout bien, mais encore que

---

4. Cf. Mc 12, 28-34. Les scribes juifs s'accordent avec Jésus sur cette doctrine, ainsi que le montre ce récit. On trouve des résumés similaires, par exemple dans le *Testament d'Issashar* 5, 2 : « Aimez le Seigneur et votre prochain ». Les *Faits mémorables* de Xénophon (IV, 8, 11) montrent que la piété envers Dieu et la justice envers le prochain sont les deux vertus capitales (cf. Philon, *Spec. Leg.* II,6,3).

5. La « règle d'or » était répandue presque à la façon d'un proverbe dans toute l'Antiquité. Nous la trouvons déjà avant Jésus dans les écrits juifs : cf. Tb 4, 15 ; *Lettre à Aristée* 207.

6. Mt 5, 39.

7. En ce qui concerne l'enseignement de Socrate, cf. Platon, Criton 49. Sur Socrate, on rapportait l'anecdote suivante : « Un jour où Aristocrate lui avait marché sur les pieds, Socrate ne le lui rendit pas et ne le blâma pas autrement qu'en disant aux passants : cet homme est atteint de la maladie des mulets » (Thémistocle, *De la vertu* 46). Épictète enseigne que le philosophe itinérant cynique « doit se laisser piétiner comme un chien et, même sous les pieds de ceux qui le piétinent, continuer à aimer ceux-ci à la façon du père de tous, d'un frère » (Épictète, *Entretiens* III, 22, 54).

8. Sénèque, *Beneficiis* IV,26,1. Sénèque n'exprime cette idée que de façon négative : Dieu ne peut impartir certains dons à ceux qui les méritent sans devoir le faire automatiquement aussi à ceux qui en sont indignes (*Beneficiis* IV, 28, 1).

9. Mt 7, 3-5.

nous devons intérieurement en être détachés en nous élevant au-dessus des soucis qui nous y tiennent enchaînés[10]. Sa doctrine rappelle celle de Diogène qui, dans son tonneau, méprisait tout avoir.

Sur les comportements agressifs, il enseigne qu'est coupable non seulement celui qui tue quelqu'un, mais même celui qui hait son prochain. Cela rappelle l'enseignement du philosophe Cléanthe : celui qui a l'intention de voler et de tuer est déjà un brigand. Le mal commence avec l'intention[11].

Sur l'adultère, il dit que l'infidélité ne commence pas au moment ou quelqu'un couche avec une autre femme, mais déjà lorsque cet homme rêve de le faire. Cela rappelle encore Cléanthe : celui qui consent à un désir commettra aussi l'acte dès que l'occasion s'en présentera[12].

Pour ce qui touche à la loyauté, il déclare que chacune de nos paroles doit être aussi vraie que si nous avions juré. Il refuse le serment. Épictète dit la même chose : l'homme doit autant que possible éviter tout serment[13] !

Sur la pureté, il proclame qu'il n'existe plus de choses pures ou impures, mais seulement des comportements intérieurs qui rendent pur ou impur[14]. On peut renvoyer à ce sujet au précepte d'un Phokylide : ce n'est pas la purification qui rend le corps pur, mais l'âme[15].

Sur la prière, il enseigne qu'il est superflu de multiplier les paroles, car Dieu sait à l'avance ce dont les hommes ont besoin[16].

Sur l'aumône, il apprend à donner, non pas pour obtenir de la considération des gens, mais de façon que la main gauche ignore ce que fait la main droite[17].

Sur les règles du jeûne, il dit qu'on doit les respecter, non pas pour faire bien, mais en secret, là où seul Dieu nous voit[18].

---

10. Mt 6, 25 sq.

11. Cf. Mt 5, 21 sq. Cléanthe dit : « Brigand est déjà, avant même d'avoir souillé sa main de sang, celui qui s'arme pour le meurtre et qui a l'intention de voler et de tuer. La perversité se réalise et se manifeste dans l'acte, mais elle n'y commence pas » (cit. dans M. Polhenz, *Stoa und Stoïker*, Zürich 1950 p.128).

12. Mt 5, 27 sq. Cf. Cléanthe, *Fragments* n° 573.

13. Épictète, *Manuel de morale* 33, 5.

14. Mc 7, 15.

15. Au Ier s. av. J.-C., il y eut un poète juif hellénistique du nom de Phokylide. Il composait des proverbes. Le n° 228 déclare : « Ce n'est pas la purification qui fait la pureté, mais l'âme seule. »

16. Cf. Mt 6, 5 sq.

17. Cf. Mt 6, 1 sq.

18. Cf. Mt 6, 16 sq.

Quant au sabbat, il a pour doctrine qu'on peut l'enfreindre pour aider les autres ou pour une raison pressante[19].

Jusque-là, tout semblait inoffensif. Les Romains devraient trouver bien des choses sympathiquess. Par exemple la disposition à ne pas s'en tenir strictement au sabbat. Sur de nombreux points, on trouvait des vues similaires chez les Grecs et chez les Romains. J'avais bien camouflé Jésus. Trop bien ! Le portrait que j'en donnais était trop ingénu. Métilius me demanderait pourquoi on s'excitait tant sur un philosophe itinérant de ce genre. Pourquoi donc tous ces conflits à son sujet ? Pour paraître crédible, je devais aussi rapporter quelques traits provocants de sa prédication.

Mais, ce faisant, je m'avançais sur un terrain difficile. L'appel de Jésus à changer radicalement de comportement et de mentalité était provocant du fait de la transformation radicale introduite par le Royaume de Dieu. Comment faire comprendre cela à un Romain pour lequel le but de l'histoire universelle n'était pas le Règne de Dieu, mais celui de Rome ? Là où dominaient les Romains, leurs dieux dominaient aussi. Mais ils ne pouvaient être que totalement impénétrables à l'idée de la venue du Royaume d'un Dieu étranger rendant caducs tous les autres royaumes. Ce serait de la sédition et de la rébellion. Je préférais donc rester extrêmement vague sur le sujet, et je me remis à écrire :

Jésus enseigne ses commandements pour soumettre les hommes au Royaume de Dieu. Il veut dire que ce Royaume de Dieu est secrètement présent : il se propage dans le cœur des humains; il conduit à porter sur les autres des jugements bien différents de ceux que l'on porte spontanément.

L'opinion courante est que les enfants ont moins de valeur que les adultes. Mais Jésus dit : « Laissez les petits enfants venir à moi, car c'est à eux qu'appartient le Royaume de Dieu. » Selon lui, les adultes n'entrent dans ce Royaume qu'en redevenant comme des enfants[20].

L'opinion courante est qu'on doit mépriser les publicains et les prostituées. Mais Jésus dit que les publicains et les prostituées entreront dans le Royaume de Dieu avant les autres[21].

---

19. Cf. Mc 3, 1 sq. Lc 13, 10 sq. 14, 1 sq.
20. Cf. Mc 10, 13-16 ; Mt 18, 3.
21. Mt 21, 31.

L'opinion courante est que les étrangers et les incroyants sont de mauvaises gens et sont exclus du Royaume de Dieu. Mais Jésus dit que beaucoup d'étrangers s'assoiront à la table du Royaume avec Abraham, Isaac et Jacob[22].

L'opinion courante méprise les impuissants sexuels et les eunuques. Mais Jésus dit qu'il y a des eunuques de naissance, d'autres qui le sont par intervention humaine et d'autres qui se font tels à cause du Royaume de Dieu. Il ne les méprise pas[23].

L'opinion courante est que les hommes qui n'ont aucun moyen de s'imposer ne valent rien parce qu'ils n'arrivent à rien. Mais Jésus dit : « Heureux les doux, car ils possèderont la terre [24]. »

Je pensai avoir désormais rapporté assez de paroles provocantes pour faire comprendre l'excitation suscitée par Jésus. En espérant que ce n'étaient pas des provocations douloureuses pour des oreilles romaines ! Pour souligner le caractère inoffensif de Jésus, j'ajoutai en conclusion :

Nombreuses sont les déclarations de Jésus qui rappellent des philosophes connus. Jésus constitue aussi peu un danger pour l'État que ne l'étaient les philosophes grecs et romains.

Je relus encore une fois mon rapport. Était-il adéquat ? Sans aucun doute. Tout ce j'avais écrit reposait sur les renseignements que j'avais trouvés sur Jésus. Mais mon texte avait-il une allure assez inoffensive pour n'éveiller aucun soupçon contre lui ? À supposer que quelqu'un veuille dénoncer Jésus auprès des Romains, il aurait beau jeu à le faire. Il n'aurait qu'à rapporter tout ce que je taisais.

Je passais sous silence ses déclarations négatives sur la famille; également le fait qu'il jetait le discrédit sur le devoir d'ensevelir son propre père, avec des mots comme « Laisse les morts enterrer les morts[25]. » Dans toutes mes recherches chez les philosophes, je n'avais rien trouvé d'analogue à cette dure parole.

Je passais sous silence sa dénonciation du pouvoir de l'État comme oppression et exploitation : « Les maîtres oppriment leurs sujets et abusent de leur pouvoir sur eux. Qu'il n'en soit pas

22. Cf. Mt 8, 11 sq.
23. Cf. Mt 19, 10-12.
24. Cf. Mt 5, 5.
25. Cf. Mt 8, 21-22.

ainsi parmi vous ! » N'était-il pas symptomatique que je n'aie trouvé dans la littérature aucune analogie à cette déclaration ? Nulle part un mot pour dire : Celui qui veut être le premier, qu'il se fasse le dernier et l'esclave de tous[26] ! Aucun texte à remettre aussi fondamentalement en question les bases de la société !

Je passais sous silence les critiques que Jésus adressait à nos institutions religieuses. Il avait annoncé la disparition prochaine de notre Temple. Un nouveau, construit par Dieu, prendrait sa place[27] ! On ne pouvait pas dire plus clairement que les prêtres et les fonctionnaires du Temple avaient Dieu contre eux ! Cette attaque remettait en cause l'institution la plus importante de notre religion !

Tout cela ne suffisait-il pas pour le faire arrêter ? Il n'avait rien d'un inoffensif philosophe itinérant. Il ne suscitait directement aucune révolte. Mais c'était un prophète pénétré de l'idée que Dieu viendrait bientôt provoquer un soulèvement contre les maîtres de ce monde. N'était-ce pas assez pour justifier un emprisonnement et une condamnation à mort ?

Aucun doute ! Jésus était en danger. Je n'en sentais que plus le besoin de le protéger. Il refusait la violence. Il ne prêchait pas du tout la haine des Romains. Les zélotes le tenaient à distance. C'était sûrement un rebelle, mais il se rebellait à la façon de Jeanne, non de Barabbas. Bien sûr, il proférait de dures paroles. Mais ses histoires étaient encore plus marquantes : de petits contes marqués de bonté et d'humanité. Je pouvais aussi en écrire quelque chose à Métilius : ne s'intéressait-il pas aux livres et à la littérature ? Je me rassis donc et entamai une nouvelle feuille de papyrus avec pour titre :

JÉSUS POÈTE

Jésus est un poète campagnard qui a enrichi la littérature juive d'admirables petites histoires. Ses récits ne présupposent chez ses auditeurs aucune connaissance de la ville : ils parlent de semence et de moisson, de gens qui cherchent et qui trouvent, de pères et de fils, de maîtres et de serviteurs, d'hôtes et d'invités. Tout en partant de la vie ordi-

26. Cf. Mc 10, 42-43.
27. Cf. Mc 14, 58.

naire, ils entendent dire quelque chose d'extraordinaire : que Dieu est tout autre que nous ne nous le représentons. Ses histoires sont des comparaisons concernant la relation de Dieu et de l'homme.

Le fait qu'il habille sa doctrine en récits est étroitement lié à la conviction de notre peuple que l'on ne peut se faire d'image de Dieu. On ne peut en parler que par comparaison. Encore cela même est-il souvent inadéquat. Car il n'existe rien, personne, aucun être, qui puisse lui être comparable — seule une aventure peut en faire découvrir quelque chose. Seules des histoires peuvent le refléter.

Cela est aussi lié à une seconde conviction. Nous croyons que nous ne pouvons trouver Dieu que si nous transformons notre mentalité. Les paraboles de Dieu sont donc des histoires où quelque chose change. Ou, plus précisément, les paraboles sont des histoires où l'auditeur est si impliqué qu'il change lui-même. Alors seulement il peut découvrir quelque chose de Dieu.

Pour parler de leurs dieux, d'autres peuples racontent des mythes qui introduisent dans un autre univers. Mais nous, nous racontons notre propre histoire. Nous parlons de ce qui se passe dans ce monde. Jésus, lui aussi, parle de la vie quotidienne de l'homme. Il veut dire que, dans cette existence ordinaire, Dieu est proche. Il veut nous faire ouvrir les yeux sur elle.

Si on veut classer Jésus dans l'histoire générale de la littérature, il faudrait chercher du côté des fabulistes. Eux aussi racontent de courtes histoires compréhensibles à tout le monde. Leurs récits sont également imagés. Parfois Jésus a refaçonné certaines anecdotes préexistantes. Je donne un exemple : celle de l'arbre improductif. Un père blâme son fils qui n'est qu'un vaurien. Il lui raconte la fable suivante :

> « Mon fils, tu es comme un arbre qui ne porte pas de fruit, bien qu'il soit au bord de l'eau; son maître a été obligé de le couper. L'arbre lui dit : ''Transplante-moi et, si je ne porte pas encore de fruit, coupe-moi.'' Mais son maître lui dit : ''Quand tu étais au bord de l'eau, tu n'as pas porté de fruit; comment veux-tu porter du fruit quand tu seras en un autre endroit[28] ?'' »

Chez Jésus l'histoire devient la suivante :

> « Un homme avait un figuier planté dans sa vigne. Il vint y chercher des fruits et n'en trouva pas. Il dit alors au vigneron : ''Voilà trois ans que je viens chercher des fruits sur ce figuier, et je n'en trouve pas. Coupe-le, pourquoi

28. On trouve cette fable dans ce qu'on appelle *le Roman d'Achikar*, répandu sous plusieurs versions dès avant l'ère chrétienne.

> donc use-t-il de la terre pour rien ?'' L'autre lui répondit : ''Maître, laisse-le cette année encore, le temps que je creuse tout autour et que je mette du fumier. Peut-être donnera-t-il des fruits à l'avenir... Sinon tu le couperas[29]. »

Dans les paraboles de Jésus, à la différence de ce qui se passe dans les fables, les plantes et les animaux ne parlent pas. Seuls les hommes le font. Autre différence : beaucoup de fables cherchent à réconcilier les hommes avec la dureté de l'existence. Elles disent : si on ne s'adapte pas, on périt, on est mangé ou on est roulé. Dans les paraboles de Jésus, les hommes ont encore une chance alors même que l'on a prononcé contre eux une sentence de mort.

Une autre fois, Jésus a repris le thème du père et des deux fils en en faisant un nouveau récit. Voici tout d'abord une variante du thème chez notre philosophe Philon :

> « Un père avait deux fils, un bon et un méchant. Cependant le père voulait bénir le méchant, non pas parce qu'il le préférait, mais parce qu'il savait que le bon méritait déjà par lui-même une bénédiction. Le méchant au contraire n'avait pas d'autre espoir de réussir sa vie que la bénédiction du père. Sans elle, il ne pouvait être que le plus malheureux des hommes[30]. »

On trouve couramment d'autres versions de ce thème. Le père accorde toujours la préférence au mauvais fils, et non au bon. Jésus a tiré de ce matériau un de ses plus beaux contes :

> « Un homme avait deux fils. Le plus jeune dit à son père : ''Père, donne-moi la part de fortune qui me revient.'' Et le père leur partagea son bien. Peu de jours après, rassemblant tout son avoir, le plus jeune fils partit pour un pays lointain et y dissipa son bien en vivant dans l'inconduite.
>
> Quand il eut tout dépensé, une famine sévère survint en cette région et il commença à sentir la privation. Il alla se mettre au service d'un des habitants de cette contrée, qui l'envoya dans les champs garder les cochons. Il aurait bien voulu se remplir le ventre des caroubes que mangeaient les cochons, mais personne ne lui en donnait. Rentrant alors en lui-même, il se dit : ''Combien de mercenaires de mon père ont du pain en surabondance, et moi

29. Cf. Lc 13, 6-9.
30. Philon, *Quaest. in Gn.* IV, 98.

je suis ici à périr de faim ! Je veux partir, aller chez mon père et lui dire : Père, j'ai péché contre le ciel et envers toi; je ne mérite plus d'être appelé ton fils, traite-moi comme l'un de tes mercenaires". Il partit donc et s'en alla vers son père.
Tandis qu'il était encore loin, son père l'aperçut et fut pris de pitié ; il courut se jeter à son cou et l'embrassa tendrement. Le fils alors lui dit : "Père, j'ai péché contre le ciel et envers toi, je ne mérite plus d'être appelé ton fils."
Mais le père dit à ses serviteurs : "Vite, apportez la plus belle robe et l'en revêtez, mettez-lui un anneau au doigt et des chaussures aux pieds. Amenez le veau gras, tuez-le, mangeons et festoyons, car mon fils que voilà était mort et il est revenu à la vie; il était perdu et il est retrouvé !"
Et ils se mirent à festoyer.
Son fils aîné était aux champs. À son retour, quand il fut près de la maison, il entendit de la musique et des danses. Appelant un de ses serviteurs, il s'enquit de ce que cela pouvait bien être. Celui-ci lui dit : "C'est ton frère qui est arrivé, et son père a tué le veau gras parce qu'il l'a recouvré en bonne santé." Il se mit alors en colère et refusa d'entrer. Son père sortit l'en prier. Mais il répondit à son père : "Voilà tant d'années que je te sers sans avoir jamais transgressé aucun de tes ordres, et jamais tu ne m'as donné un chevreau, à moi, pour festoyer avec mes amis; et puis ton fils que voici revient après avoir dévoré ton bien avec des prostituées, et tu fais tuer pour lui le veau gras !"
Mais le père lui dit : "Toi, mon enfant, tu es toujours avec moi, et tout ce qui est à moi est à toi. Mais il fallait bien festoyer et se réjouir, puisque ton frère que voilà était mort et il est revenu à la vie; il était perdu et il est retrouvé[31] !" »

Jésus a raconté beaucoup d'histoires de ce genre sur Dieu et sur l'homme. Elles enseignent que Dieu est tout autre que nous ne nous le figurons et que l'homme doit donc se comporter tout différemment dès lors qu'il veut agir en accord avec lui. Il ressort de ces paraboles que Jésus est un conteur qui invite à l'amour et à la tolérance. On lira et on aimera encore longtemps ses paraboles et ses dictons.

Tout ce que j'avais écrit sur Jésus était juste. C'était un phi-

31. Lc 15, 11-32.

losophe itinérant et un conteur. Mais pour moi, c'était clair : il était bien plus encore. C'était un prophète. Difficile à expliquer à des étrangers ! Ils s'imaginaient qu'un prophète était quelqu'un capable de faire des prédictions sur l'avenir. Tels sont les voyants des autres peuples. Mais les nôtres sont bien particuliers. Dans quels pays y en avait-il à menacer leur peuple de disparition ? Quelle était la nation à croire en un Dieu auprès duquel il n'y en a pas d'autre ? Le caractère particulier de nos prophètes était lié à l'unicité de notre Dieu ! C'était ce sur quoi il me fallait sans cesse revenir. C'était peut-être là une clef pour comprendre Jésus.

Il n'y avait que notre Dieu à exiger de nous, en même temps que notre adoration, le renoncement à tous les autres dieux. Il n'y avait que lui à nous demander à la fois de le reconnaître et de changer radicalement notre comportement.

Partout dans le monde, ce sont les forts qui s'imposent. Mais notre Dieu a choisi les faibles : il a soutenu des esclaves fuyant l'Égypte et en a fait son peuple. Il a appuyé les prisonniers de guerre déportés à Babylone. Se tourner vers lui signifie se tourner vers les pauvres et les faibles. C'est pourquoi les puissants et les maîtres le ressentent comme une menace et nous haïssent.

Même si je réussissais à faire comprendre à Métilius que Jésus était un prophète de ce Dieu-là, ne devrait-il pas nécessairement le rejeter ? Il avait dû apprendre dans nos Écritures que les non-voyants étaient toujours intervenus en politique ? Ne me ferait-il pas remarquer que, du moment que ce Jésus était tel, il était politiquement dangereux !

Car qu'avaient fait les prophètes ? Ils avaient poussé notre peuple à reconnaître un Dieu un et unique et à changer notre façon de vivre. Ils l'avaient fait comme on éduque des enfants : à coups de menaces, de punitions et de promesses. En cela, ils avaient été durs et impitoyables.

Jésus, lui aussi, menaçait de jugement ce monde. Un « homme » mystérieux viendrait faire comparaître tous les humains à son tribunal. Ce jugement surviendrait de façon inattendue et imprévisible, non seulement sur les vauriens et les scélérats, mais même sur les gens menant une vie normale :

Et comme il advint aux jours de Noé,
Ainsi en sera-t-il encore au jour du Fils de l'homme.

On mangeait, on buvait, on prenait femme ou mari,
jusqu'au jour où Noé entra dans l'arche ;
et vint le déluge qui les fit tous périr.
De même, comme il advint aux jours de Lot :
On mangeait, on buvait, on achetait, on vendait,
on plantait, on bâtissait ;
mais le jour où Lot sortit de Sodome,
Dieu fit pleuvoir du ciel du feu et du soufre,
et il les fit tous périr[32].

Ce jugement ne toucherait pas seulement certains groupes ou certains peuples, mais tout le monde. Il séparerait les gens vivant étroitement liés dans la vie :

En cette nuit-là, deux seront sur un même lit :
l'un sera pris et l'autre laissé ;
deux femmes seront à moudre ensemble :
l'une sera prise et l'autre laissée[33] *!*

Ce jugement devait profondément inquiéter. Chacun devait se demander : Que faire ? Comment l'affronter ? Selon Jésus, il ne comporterait qu'un critère : celui de l'aide apportée ou refusée au prochain. À la fin des temps, l'« homme » ferait comparaître tous les peuples — mais il ne leur demanderait pas quelle religion, quelle philosophie ou quelle couleur de peau avait été la leur. Il dirait à ceux qui se tiendraient devant lui :

Venez, les bénis de mon Père,
recevez en héritage le royaume !
Car j'avais faim et vous m'avez donné à manger.
J'avais soif et vous m'avez donné à boire.
J'étais étranger et vous m'avez accueilli.
J'étais nu et vous m'avez vêtu.
J'étais malade et vous m'avez soigné.
J'étais en prison et vous m'avez visité[34].

---

32. Lc 17, 26-30. L'« Homme » est une figure céleste qui, suivant Dn 7, détruit les empires de la « bête ».
33. Lc 17, 34-35.
34. La citation suivante est extraite de Mt 25, 31-46.

Aucun doute : Jésus menaçait comme tous les prophètes. Mais il le faisait de façon spéciale. Il ne parlait pas du jugement de Dieu, mais de celui d'un « homme » mystérieux. Devant celui-ci, personne n'était certain d'avoir raison. Mais tout le monde avait une chance. Car le juge n'aurait comme unique critère que l'aide apportée aux autres, non pour avoir une récompense lors de ce jugement, non pas même pour aider cet « homme » mystérieux, mais seulement pour aider. Les justes répondraient avec étonnement :

Seigneur, quand nous est-il arrivé de te voir affamé
et de te nourrir ?
assoiffé et de te désaltérer ?
étranger et de t'accueillir ?
nu et de te vêtir ?
malade ou prisonnier et de venir vers toi ?
Et le Roi leur fera cette réponse :
En vérité, je vous le dis,
dans la mesure où vous l'avez fait au plus petit
d'entre mes frères,
c'est à moi que vous l'avez fait.

Pouvait-on faire comprendre cela à des Romains ? Était-il possible de leur faire saisir ce que même dans notre peuple beaucoup ne comprenaient pas ? Les Romains ne se sentiraient-ils pas profondément troublés en entendant dire qu'un « homme » viendrait juger tous les peuples — y compris eux ! Un « homme » jugerait toutes les offenses, toutes les humiliations et toutes les oppressions auxquelles on aurait soumis les autres, et cela comme s'il les avait lui-même subies ? Il était évident qu'il fallait cacher à nos occupants ce discours de Jésus sur le jugement.

Et qu'en était-il des promesses ? Comme la plupart des prophètes, Jésus annonçait un retournement de la situation et suscitait l'espérance. Nombreux étaient jadis ceux qui voyaient dans l'injustice et le malheur la preuve que Dieu avait abandonné à Satan l'empire de ce monde. Partout régnait le Malin. On le trouvait tapi derrière les possédés incapables de mener une vie humainement digne. Il se cachait derrière l'oppression que faisaient peser les soldats ennemis. Il était derrière tout ce qui nuisait à l'homme. Mais Jésus faisait briller l'espoir de la victoire sur cet empire du Malin. Il disait :

Je voyais Satan tomber du ciel comme l'éclair !
Voici que je vous ai donné le pouvoir
de fouler aux pieds serpents et scorpions,
et toute la puissance de l'ennemi,
et rien ne pourra plus vous nuire[35].

La plupart des gens étaient comme fascinés par le mal. Le monde n'est-il pas plein de guerres et de batailles ? Ces guerres ne prouvent-elles pas le triomphe du mal ? Mais Jésus donnait une autre interprétation des choses : le monde est le champ de bataille du mal et du bien. C'est même là le signe que le mal sera finalement vaincu :

Si un royaume est divisé contre lui-même,
ce royaume-là ne peut subsister.
Et si une maison est divisée contre elle-même,
cette maison-là ne pourra se maintenir.
Or si Satan s'est dressé contre lui-même et s'est divisé,
il ne peut pas tenir ! Il est fini[36].

Le Royaume de Dieu viendra se substituer à celui du Malin. Il se réalise là où le mal perd son pouvoir sur l'homme, là où les démons sont chassés, les malades guéris, les affamés rassasiés et les désespérés consolés. Il commence là où les hommes abandonnent tout pour s'engager dans le grand renouveau.

Car le Royaume de Dieu est semblable à un trésor qui était caché dans un champ et qu'un homme vient à trouver. Il le recache, s'en va, ravi de joie, vendre tout ce qu'il possède, et achète le champ.
Le Royaume des cieux est encore semblable à un négociant en perles fines. En ayant trouvé une de

35. Lc 10, 18 sq.
36. Mc 3, 24-26.

grand prix, il s'en est allé vendre tout ce qu'il possédait et il l'a achetée[37].

Jésus était plus qu'un philosophe itinérant et un poète. C'était un prophète, un prophète très particulier. La plupart des prophètes brandissaient la menace du jugement divin en alléguant qu'on avait manqué aux normes existantes. Chez lui, c'était très différent : c'était les gens dévalorisés en regard des normes existantes qui prenaient le pouvoir : les enfants, les pauvres, les étrangers, les doux et les eunuques. Il n'y avait plus désormais qu'un critère de jugement valable : le comportement envers le prochain, envers tous ceux qui avaient besoin d'aide. Jésus était vraiment un prophète très spécial

Où était-il plus qu'un prophète ? Ne s'était-il pas comparé à Jonas et à Salomon, le maître de sagesse, en disant : « Il y a ici plus que Jonas. Il y a ici plus que Salomon[38] » ? N'avait-il pas proclamé bienheureux ceux qui vivaient ce que les prophètes et les rois n'avaient pas vu[39] ? Ce à quoi ces derniers avaient aspiré n'était-il pas plus grand qu'eux ? Sa déclaration serait donc exacte : la Loi et les prophètes auraient été valables jusqu'à Jean. Mais à partir de ce moment le Royaume de Dieu serait conquis[40]. Est-ce qu'avec lui ne commençait pas quelque chose de nouveau qui surpassait même les prophètes ?

Le peuple chuchotait qu'il était le Messie. Était-ce impossible ? Rien n'indiquait qu'il voulait chasser les Romains par la force. Cependant n'aspirait-il pas au pouvoir ? Mais cela n'avait que peu transpiré. Il avait effectivement dû promettre à ses disciples qu'ils siégeraient sur douze trônes et qu'ils dirigeraient Israël avec lui[41]. J'avais aussi entendu des bruits selon lesquels il y avait eu une dispute parmi ses disciples pour savoir lesquels auraient droit aux places d'honneur à sa droite et à sa

37. Mt 13, 44-46.
38. Mt 12, 41-42.
39. Cf. Lc 10, 23-24.
40. Cf. Mt 11, 12-13 et Lc 16, 16.
41. Cf. Mt 19, 28 et Lc 22, 29 sq. Cette parole adressée aux « douze apôtres » ne peut que difficilement dater d'après Pâques. Après la trahison de Judas, on peut mal s'imaginer l'invention d'une promesse qui aurait aussi conféré à celui-ci, en tant que l'un des Douze, le pouvoir sur Israël.

gauche[42]. Mais Jésus avait sévèrement condamné ces pensées. Dans le nouveau Royaume, il n'y aurait plus de hiérarchie. Que celui qui voulait être le premier se fasse l'esclave de tous ! Il y aurait cependant bien restauration du peuple, car il y aurait une réunification des douze tribus d'Israël : elles reviendraient en Palestine — en même temps que les païens — des quatre points cardinaux. Il y aurait un nouveau Temple au centre de l'Empire. Il y aurait un grand banquet. Les pauvres deviendraient riches, les affamés seraient rassasiés, les affligés seraient transportés de joie.

Telles étaient, parmi d'autres, les histoires qu'on se colportait. Mais cela restait mystérieux. Une seule chose était claire : lors du grand retournement, Jésus et ses disciples joueraient un rôle capital. Peut-être lui-même serait-il ce Fils d'Homme dont on reparlait çà et là. Pour le moment, il circulait dans le pays avec son groupe à la façon d'une troupe de partisans d'un autre monde. Il lui était même arrivé de qualifier ses disciples de brigands venus ravir le Royaume de Dieu par la force[43]. Rien d'étonnant à ce que les gens lui aient prêté le rôle de Messie.

Pourtant, moi, je ne voulais le faire voir aux Romains que comme un philosophe itinérant et un poète. J'entendais masquer le prophète, sans parler de ce personnage qu'il était devenu dans l'attente et dans l'espérance des gens. Mais s'il apparaissait tout d'un coup comme un prophète ? Si les Romains le découvraient d'une autre façon que je ne le leur avais présenté ?

Quel rôle jouait-il vraiment ? Cela restait un mystère. Si je savais au moins quel rôle il prenait dans ma vie ! Il y avait longtemps qu'il avait cessé d'être le simple objet de mon enquête. Autrement, je n'aurais pas éprouvé cette répugnance à la simple idée que mes renseignements pourraient le faire tomber entre les mains des Romains — tout autant que je répugnais à l'idée de voir mon activité mettre Barabbas en danger. En trahissant et en livrant un des deux, ce serait une partie de moi-même que j'aurais livrée et trahie !

Qu'est-ce que je cherchais exactement chez Jésus ? Au cours de mes lectures de littérature grecque et romaine, j'en étais venu

42. Mc 10, 35-45.
43. Mt 11, 12.

à l'idée que j'étais peut-être en quête d'une doctrine valable pour tous les hommes, juifs et païens. Jésus ne l'offrait-il pas ? Ce qu'il annonçait à la façon d'un philosophe itinérant n'est-il pas intelligible aux Grecs ? Et ce qu'il racontait à la façon d'un conteur n'était-il pas acessible aux Romains ? Quand il relativisait les commandements qui nous séparaient des autres peuples, les règles du sabbat et de la pureté, il avait peut-être une arrière-pensée ? Et s'il renforçait certains préceptes par lesquels nous ressemblions aux autres nations, l'interdiction du meurtre, de l'infidélité, du serment ? Tout en restant profondément enraciné dans notre peuple,ce prophète était compréhensible à tous. Tout ce qu'il disait et faisait arrivait au nom du Dieu qui avait choisi les faibles et les marginaux et qui était plus puissant que les pharaons et les rois !

Jésus pouvait-il résoudre mes problèmes ? Des problèmes qui tournaient tous autour des préjugés et des tensions existant entre juifs et païens. Ne me trouvais-je pas en terrain neutre, quelque part entre Pilate et Barabbas, entre les juifs et les païens ? Dans cette zone frontière, j'avais dû me coucher humblement sous le joug romain. Est-ce que ce n'était justement pas là où je me retrouvais avec Jésus — homme libre fidèle à la fois à lui-même et à son peuple ?

Mais ne courait-il pas aussi le danger de n'attirer à lui que des gens voyant en lui un philosophe itinérant et un poète ? Des gens attentifs à cela seul qui pourrait facilement porter au-delà des frontières de notre peuple ? Des gens qui joueraient de lui contre notre nation ? Qui se refuseraient à voir en lui le prophète d'un peuple opprimé ?

C'était une chance de n'avoir pas à répondre à toutes ces questions d'un seul coup ! Maintenant, il ne s'agissait que d'envoyer aux Romains un rapport réaliste et inoffensif sur lui. Conscient de ne dire qu'une demi-vérité, je joignis à mon texte un billet à Métilius. Je lui expliquai en passant que ce n'était là qu'une première approximation. On pouvait encore en dire plus sur Jésus. Puis je scellais mon rapport et ma lettre. Il se trouvait que Baruch avait exprimé le vœu de se rendre à Jérusalem pour la Pâque. Je le chargeai de transmettre ma lettre à son destinataire. Il croirait qu'il s'agissait d'une correspondance commerciale où je traitais d'une prochaine livraison de grain à la cohorte romaine.

Baruch me demanda une permission prolongée. Pendant toutes ces semaines où je m'étais instruit en dévorant des livres il avait fait mon travail. Il s'était montré efficace. Mais je remarquai que ses pensées vaguaient autre part.

Celui qui a appris chez les Esséniens à mépriser la richesse ne peut ensuite que difficilement travailler à la multiplier, pensai-je en soupirant.

Lors de mes entretiens avec lui, je notai combien sa communauté lui manquait. Il savait qu'elle ne l'accepterait plus en son sein. Il en était exclu. Mais il n'avait encore trouvé aucun nouveau foyer. Pas même dans notre famille.

*

Cher Monsieur Kratzinger.

Vous attirez mon attention sur un point intéressant : pour des raisons tactiques, André doit minimiser le « caractère unique » de Jésus. Mais, si on veut faire valoir le « critère de la différence », ce caractère unique est justement ce qui doit permettre de distinguer les vraies et les fausses traditions sur Jésus. N'aurais-je donc pas dû dès le départ souligner la nature incomparable de Jésus, au lieu de relativiser son message par toutes ces comparaisons ?

Mais, à vrai dire, je doute de la possibilité de mettre en œuvre le critère de la différence. Le fait qu'une parole de Jésus ne témoigne d'aucune dépendance par rapport à la tradition juive ne prouve en rien qu'elle n'a pas été dite. Jésus pouvait être influencé par la tradition orale. Ou par des traditions contenues dans des écrits disparus.

Le critère de la différence néglige surtout tout ce que Jésus a de commun avec le judaïsme, comme si — à la différence des autres hommes — il fallait renoncer à le comprendre à partir de son insertion historique. Le critère d'« indérivabilité » (comme on a aussi appelé le critère de la différence) est-il autre chose que du dogmatisme camouflé ? Jésus semble descendre directement du ciel. Et ce dogmatisme a un accent antijuif ! Ce qui est indérivable, c'est ce qui met Jésus en opposition au judaïsme.

Laissez-moi donc reformuler le critère de la différence : peuvent prétendre à l'authenticité les traditions sur Jésus historiquement possibles dans le cadre du judaïsme de l'époque, mais qui portent en même temps un accent particulier faisant comprendre comment le christianisme primitif a pu se développer en se séparant du judaïsme. On peut « dériver » du judaïsme, non seulement Jésus, mais tout le christianisme primitif.

Vous avez du reste raison de supposer que le « camouflage » de Jésus en philosophe itinérant et en conteur campagnard doit aussi remettre en question certaines images modernes d'un Jésus « inoffensif ».

Vos réactions sont très éclairantes. Je me réjouis de votre prochaine lettre.

Cordialement vôtre.

Gerd Theissen.

15

TEMPLE ET RÉFORME DE LA SOCIÉTÉ

Quelques jours après le départ de Baruch avec mon rapport pour Métilius, je reçus la nouvelle que tout était changé. On avait arrêté Barabbas en même temps que deux autres zélotes. Au moment de l'arrestation, ils s'étaient défendus. Ils avaient grièvement blessé un soldat romain qui avait ensuite succombé à ses blessures. Il me fallait me rendre aussi vite que possible à Jérusalem. En commentant moi-même mon rapport à Métilius, je pouvais peut-être faire quelque chose pour mon ami. Je devais lui porter aide, car je lui devais la vie.

Accompagné de Timon et de Malchus, j'empruntai la route de Judée passant par la Samarie, donc en évitant le détour que Baruch avait fait par la Pérée[1]. Je voulais aller à Jérusalem le plus rapidement possible afin d'y être avant la Pâque.

En route, je me creusais la tête sur la façon d'aider Barabbas. Devais-je le faire valoir comme une figure zélote marquante, donc comme quelqu'un à ménager ? Me fallait-il expliquer comment il m'avait défendu ? Ou n'était-ce pas mieux de taire tout cela ? Peut-être était-il préférable d'intervenir en faveur des trois prisonniers et de laisser dans l'ombre ma relation avec mon ami ? Mais les Romains n'exécuteraient-ils pas à coup sûr les

1. Selon Josèphe, il fallait trois jours pour aller de Galilée à Jérusalem par cette route (*Autobiographie* 269). On évitait souvent la Samarie à cause des tensions entre juifs et Samaritains. Selon les évangiles de Matthieu et de Marc, Jésus ne passait pas par là pour se rendre à Jérusalem (cf. Mc 10, 1 ; Mt 19, 1). Au contraire, selon Luc et Jean, il traversa cette région (Lc 9, 51sq., Jn4, 1sq.).

trois hommes en représailles pour le soldat tué ? Mes démarches avaient-elles la moindre chance de réussite ? Telles furent les pensées qui me poursuivirent pendant les trois jours de voyage de Galilée à Jérusalem. Je trouvai finalement une idée.

Aussitôt arrivé à Jérusalem, je me fis annoncer chez Métilius. Il me reçut dans son bureau, au prétoire. Je trouvais chez les Romains une ambiance d'alarme. Métilius me fit l'impression d'un homme tendu. Mais il m'accueillit comme une vieille connaissance.

« Tu arrives au bon moment. Il nous faut régler d'urgence le problème de ce Jésus de Nazareth. J'ai lu ce que tu m'as écrit. Mais il s'est produit quelque chose de nouveau : un incident dans la cour du temple. Est-ce que tu en as entendu parler ?

— Non. Je viens d'arriver.

— Hier, Jésus a perturbé le trafic du temple. »

Métilius marchait de long en large, d'un air inquiet.

« Nos soldats de garde au porche du temple nous ont rapporté que Jésus était venu dans la cour ouverte aux juifs et aux païens. Il y a provoqué du trouble en chassant les vendeurs d'animaux pour le sacrifice, en renversant les tables et en empêchant les ouvriers d'y transporter des outils. C'est resté un incident minime. Depuis l'histoire de l'aqueduc, nos soldats ont la sagesse de se tenir à distance et d'éviter toute provocation. Les autorités juives du temple paraissent dans une certaine mesure tenir la situation en main. Après l'incident, elles sont tout au moins entrées en discussion avec Jésus[2]. »

Je réfléchis fiévreusement sur la façon dont je pourrais « vendre » cet incident comme une manifestation sans conséquences d'un philosophe itinérant. Il me fallait tenter de le faire, quand ce ne serait que pour rester crédible.

« Il est probable que cette provocation avait surtout pour but de susciter une discussion avec les autorités du Temple. Il arrive parfois que les philosophes itinérants recourent à des moyens spectaculaires pour attirer l'attention sur eux.

— Possible ! Mais je dois suivre l'affaire. Car ce n'est pas le seul incident de ces derniers temps. Récemment, nous avons coincé quelques zélotes qui n'étaient sûrement pas inoffensifs. »

2. Cf. Mc 11, 15-19 ; 27-33.

Il voulait sûrement parler de l'incarcération de Barabbas et de ses deux compagnons. Ici, je pouvais l'assurer en toute vérité qu'il n'y avait aucune relation avec l'incident du Temple. Mais je commençais par l'interroger :

« A-t-on connaissance d'un rapport entre Jésus et ces zélotes ?

— C'est justement de ce point que j'aimerais discuter avec toi. Qu'en penses-tu ? »

Je réfléchis un instant avant de répondre : « L'activité des zélotes est tournée contre les Romains, l'incident dans le Temple contre les instances juives.

— Il pourrait pourtant y avoir un rapport entre les deux choses : les zélotes sont aussi en lutte avec l'aristocratie liée au Temple. Une critique du Temple, c'est aussi une remise en cause de ces aristocrates. Si les grands prêtres ont des difficultés, cela ne peut en tout cas qu'arranger les terroristes.

— Et quel sens cette action dans le Temple pourrait-elle avoir ? »

Métilius resta debout, secoua les épaules et me répondit : « Je n'ai que des suppositions.

« Premièrement : Jésus empêche les ouvriers de porter des outils à travers le Temple. Ce serait une protestation contre la poursuite des travaux qu'on y fait. Voici un demi-siècle qu'on y travaille, et il n'est toujours pas fini. Peut-être Jésus refuse-t-il cette construction.

« Deuxièmement : Jésus renverse les tables des marchands. Veut-il dire qu'on doit aussi "renverser" l'édifice et le "démolir" ? Annonce-t-il sa destruction ? En tout cas je ressens cet acte comme une violente agression contre le Temple.

« Troisièmement : il entrave le commerce des changeurs d'argent et des marchands d'animaux de sacrifice. C'est avec l'argent changé qu'on achète les bêtes. Sans ce trafic, plus de culte sacrificiel. Jésus serait-il contre les sacrifices sanglants ? Est-il fondamentalement contre le Temple ? Car à quoi sert celui-ci, si on ne peut plus y faire d'offrandes ?

« Mais, comme je te l'ai dit, ce ne sont que des hypothèses. »

Comme toujours, Métilius faisait preuve d'un esprit pénétrant. N'avait-il pas raison ? Et cela, bien qu'il ne connût pas les prédictions de Jésus suivant lesquelles le Temple serait détruit pour faire place à un autre qui ne serait pas fait de main d'homme[3]. L'incident du Temple devait avoir une relation avec cette prophétie : cette purification du lieu était probablement une de ces actions symboliques par lesquelles nos prophètes rendent sensibles leurs prédictions. Il n'en était que plus important de conférer au tout une interprétation lénifiante. Aussi déclarai-je :

« Je doute que Jésus veuille détruire le Temple. Il est vraisemblable qu'il veut seulement en faire disparaître quelques abus; à commencer par l'amalgame du Temple et du commerce. D'où son intervention contre les vendeurs et les ouvriers. Contre tous ceux qui sont au service du Temple. Il veut que celui-ci soit accessible gratuitement. Cela correspond à sa prise de parti pour les pauvres. »

Métilius secoua la tête. Il n'était pas totalement persuadé.

« Je voudrais encore te raconter ce que j'ai pu apprendre sur la discussion qui a suivi cet incident. On a demandé à Jésus de s'expliquer. On l'a sommé de dire de quel droit il dérangeait le commerce dans la cour. Il a répondu par une contre-question : les représentants du Temple devaient lui dire si Dieu était oui ou non derrière le baptême de Jean.

— Et quelle réponse ont-il donnée ?

— Aucune. Ses adversaires se sont tus. Il leur a déclaré : Si vous ne me dites pas si Dieu est présent ou non derrière le Baptiste, je ne vous dirai pas non plus de quel droit je dérange le commerce du Temple[4].

— Peut-être voulait-il se débarrasser d'une question aussi gênante ?

— J'ai un autre point de vue. Tu m'as expliqué un jour la signification du Temple pour votre peuple et pour toute la société : le sacrifice qu'on y fait délivre les gens de leurs péchés. Or le Baptiste propose un baptême jouant le même rôle. Supposons que les fonctionnaires du Temple aient admis que ce baptême venait de Dieu, ils auraient alors dû répondre à la question : pourquoi donc accomplissez-vous des sacrifices pour le péché dans le Temple ? Pourquoi n'allez-vous pas vous-mêmes vous plonger dans le Jourdain en vous offrant en quelque sorte vous-mêmes en sacrifice ? Bref, je crois que Jésus veut fonda-

3. Cf. Mc 14, 58.
4. Cf. Mc 11, 27-33.

mentalement détruire le Temple tel qu'on le comprend actuellement. En présentant le pardon des péchés comme indépendant du Temple, on nie l'importance de celui-ci.

— Tu as peut-être raison. Toute une série de philosophes itinérants, en particulier les pythagoriciens, rejettent les sacrifices sanglants.

— Si mon opinion est exacte, Jésus ne serait une menace que pour le Temple, pour les grands prêtres qui y sont liés et pour le peuple de Jérusalem, mais non pour les Romains. Nous ne voulons pas nous mêler des querelles religieuses intestines. Mais je dois continuer mes investigations pour savoir s'il existe un lien avec les zélotes. Comment se fait-il que ceux-ci interviennent à Jérusalem au même moment ? As-tu pu savoir quelque chose sur leurs rapports avec Jésus ? »

J'avais prévu cette question. Sur ma route, j'avais réfléchi à la réponse : « Selon mes informations, commençai-je, parmi les gens qui suivent partout Jésus, il y aurait un zélote, peut-être même deux autres. Le surnom donné à l'un d'eux, Simon le zélote, le prouve à coup sûr. Pour le second, Judas Iskarioth, c'est possible. Car Iskarioth pourrait correspondre à sicaire[5]. Enfin on peut soupçonner un certain Simon Barjona. Beaucoup de gens qualifient en effet les zélotes de Barjonim, autrement dit de gens errants dans des contrées désertes. Mais les surnoms de Judas et de Simon peuvent aussi prendre d'autres significations[6]. »

Métilius se sentit conforté dans son opinion.

« Il y a donc une relation entre Jésus et les zélotes ? »

Je m'attendais à cette réaction et répondis : « J'ai examiné la question de plus près et je suis arrivé à un résultat surpre-

5. Dans l'Empire romain, on appelait « sicaires » à la fois les bandits et les combattants de la résistance. Josèphe utilise cette appellation pour un groupe particulier de résistance contre Rome. Il dépeint la façon dont, sur la place du marché, les sicaires transperçaient leurs victimes de leur petit poignard pour crier aussitôt à l'assassin dans la foule affolée. Une de leurs premières victimes fut un grand prêtre. Mais, selon Josèphe, ils ne commencèrent à frapper l'opinion publique qu'au temps du procurateur Félix (vers 52-60). Cf. *La Guerre juive* 2, 254.

6. En araméen, *Iskarioth* pourrait signifier simplement « l'homme de Karioth ». Il faut très probablement traduire *Barjona* (ainsi qu'est nommé Pierre en Mt 16, 17) par « fils de Jona ».

nant. J'ai d'abord été très surpris de découvrir parmi les disciples immédiats de Jésus un douanier du nom de Lévi, autrement dit un de ces publicains et trafiquants d'impôts détestés que les zélotes combattent avec acharnement. J'ai alors réfléchi. Si parmi les disciples de Jésus il y en a un surnommé le zélote, on peut en conclure à coup sûr que tous ne sont pas zélotes — autrement cela n'aurait plus de sens d'en distinguer un par ce sobriquet.

— Mais cela ne contredit pas mon idée, répliqua Métilius.

— Bien d'accord ! Mais j'ai étudié la question à fond. J'ai réussi à entrer en contact avec certains zélotes. Ils m'ont dit que Simon avait bien été un des leurs, mais qu'ils le considéraient maintenant comme un traître parce qu'il avait rejoint Jésus. Ils perçoivent en effet celui-ci comme dangereux : il est partisan de la non-violence et il refuse leurs méthodes. S'il continue à gagner des partisans chez eux et dans la population, cela signifierait une perte considérable pour la résistance.

— Si je te comprends bien, il y a donc deux sortes d'instigateurs de troubles qui se disputent les mêmes disciples et les même sympathisants : d'un côté les zélotes, de l'autre Jésus ?

— Je dirais plutôt que les zélotes posent un problème brûlant et que Jésus en propose la solution. Ou plus précisément, il m'a fait entrevoir une solution.

— Précise un peu ce que tu veux dire. »

Métilius me regardait très intéressé. Il n'avait manifestement pas d'idée sur la façon dont les autorités romaines devaient se comporter dans cette situation. Il paraissait prêt à accepter avec reconnaissance n'importe quelle suggestion.

Je pris ma respiration. C'était la chance que j'avais espérée, peut-être l'unique, de sauver Barabbas. Mais tout dépendait de la façon dont je pourrais persuader Métilius.

« Dans les villages de Galilée, je me suis enquis des raisons pour lesquelles des jeunes gens quittaient leur maison et leur ferme pour se joindre aux zélotes dans les montagnes. La cause en est la situation économique affligeante des petites gens. S'ils se trouvent endettés à la suite d'une mauvaise récolte ou d'un malheur quelconque, ils ne peuvent payer les impôts et ils préfèrent la fuite chez les zélotes à l'esclavage ou à la prison pour dettes. Ces jeunes ne sont pas des terroristes-nés, mais ils le deviennent en raison des circonstances. Si on leur offrait une alternative à leur existence de terrorisme, une possibilité réelle de revenir à la vie normale, ils seraient nombreux à se détourner du banditisme.

— Je fais donc une proposition en trois points. »

Métilius me prêtait une attention extraordinaire. Il était, les deux mains sur la table, penché en avant, comme s'il voulait être sûr de ne manquer aucune de mes paroles. Je continuai :

« Premièrement : le préfet romain de Judée et de Samarie proclame une amnistie générale pour tous les méfaits commis par tout membre d'un groupe de zélotes. Cette amnistie vaut pour tous ceux qui sont prêts à revenir à la vie normale. »

Métilius se détendit. Il se redressa et recommença à marcher avec inquiétude de long en large. Le bref regard qu'il me jeta me fit voir sa profonde déception. Je sus que j'avais perdu. Je poursuivis pourtant :

« Deuxièmement : une remise générale des dettes permettra aux petites gens qui auraient pu fuir chez les zélotes de trouver une nouvelle chance[7].

« Troisièmement : l'État installe dans des zones frontières les gens démunis de terre, surtout des zélotes. Ces gens sont habitués à se battre et pourraient jouer un rôle de défenseurs contre les ennemis extérieurs.

« Seule la lutte contre les véritables origines du mal peut permettre de redonner une paix durable à ce pays. »

Après un temps de silence, Métilius dit : « Et qu'est-ce que Jésus a à voir avec cette solution ? »

Je répondis : « Son mouvement prouve que beaucoup de zélotes seraient effectivement prêts à renoncer à leur vie antérieure s'ils en avaient seulement la possibilité. Le retour à l'existence normale leur est barré, soit parce qu'ils ont commis quelque méfait, soit parce qu'entre-temps on a vendu leur petite propriété. La vie de Jésus, vagabonde et détachée de tout, leur offre un moyen d'échapper à leur existence de bandit. Or cette vie est dure : elle suppose le renoncement total. Si ceux qui étaient auparavant zélotes la préfèrent à leur ancienne forme

7. Au cours de la guerre juive, un des plus principaux hauts faits des insurgés zélotes consista à incendier les archives des dettes. Ils espéraient ainsi gagner tous les endettés et les pauvres à leur révolte contre les Romains. Cf. *La Guerre juive* 2, 427.

d'existence, à plus forte raison salueront-ils avec joie le retour à la vie normale.

— Mais ce Jésus leur assure-t-il l'amnistie et la remise de leurs dettes ?

— Il ne peut s'exprimer au nom de l'État et des créditeurs des gens. Mais il garantit à tous l'amnistie divine. Dieu remet tous les péchés dès lors que quelqu'un se convertit et commence une vie nouvelle ! Et il nous oblige à nous remettre nos dettes les uns aux autres[8].

— Les philosophes itinérants ont souvent de belles idées. Mais la réalité politique est plus dure !

— Une amnistie ne serait-elle pas aussi souhaitable politiquement ? La situation est tendue. Après la mort des manifestants de l'an dernier, la population reste inquiète ; elle n'a pas encore digéré le meurtre des pèlerins galiléens innocents et elle n'a pas non plus admis l'exécution du Baptiste. Pour détendre l'atmosphère, quoi de mieux qu'un signe manifeste de bonne volonté ? Les Romains doivent montrer qu'ils veulent tirer un trait sur les conflits passés. Autrement, il y aura escalade de la violence et cela renforcera les éléments de la population qui voient dans la force la seule façon d'endiguer la force. C'est bientôt la Pâque. Une fête serait la meilleure occasion d'annoncer une amnistie générale pour les délits zélotes. »

Métilius secoua la tête d'un air résigné.

« Mais une remise générale des dettes n'est-elle pas totalement irréaliste ? Comment l'État pourrait-il amener tous les créanciers de ce pays à renoncer à la récupération de leurs créances ?

— Chez nous, ce serait possible. Nous avons une vieille loi qui oblige à remettre les dettes tous les sept ans[9]. Elle n'est que rarement appliquée, mais elle existe. Il faudrait la remettre en vigueur. Il serait possible d'en discuter avec les grands prêtres et le Sanhédrin. Celui-ci est le premier intéressé à la détente. »

8. Cf. le Notre Père Mt 6, 12. Quand Jésus enseigne à demander à Dieu de pardonner et à être soi-même prêt à pardonner aux créanciers, il pense aussi sûrement aux dettes d'argent.

9. Dt 15, 1 sq.

Métilius me regarda avec irritation : « Ta proposition est si radicale que je ne sais pas que te dire.

— Ce qui me paraît le plus pressant, c'est l'amnistie. Il faudrait la proclamer bientôt, avant que ne naissent de nouveaux troubles.

— Seul le préfet peut en décider ! Et il ne dispose lui-même que de pouvoirs limités.

— On doit tout au moins lui soumettre mon projet. »

Métilius hésitait : « Ces idées viennent-elles de Jésus ? »

Je fis signe que non : « Elles sont de moi. »

« Je perçois une certaine parenté entre tes propositions et ses façons de voir. Tu veux réformer la société, Jésus veut réformer le Temple — et peut-être la totalité de votre religion. Jésus pense que le Temple ne fonctionne plus comme lieu central de la rémission des péchés ; qu'on peut trouver le pardon d'une autre façon : en se faisant baptiser ou en se joignant à lui. Toi, tu dis que la société ne fonctionne plus du fait d'une répartition insupportable des charges et qu'il nous faut trouver de nouveaux moyens de remettre les dettes. Jésus offre une amnistie de Dieu. Toi, tu demandes une amnistie de l'État. Ces idées collent vraiment bien ensemble.

— Puis-je répondre par une comparaison ? » Je racontais alors à Métilius une parabole de Jésus, mais en laissant tomber l'allusion à la venue prochaine du Royaume de Dieu :

> *Dieu est comme un maître qui veut régler ses comptes avec les intendants de ses biens. On lui amène tout d'abord un homme qui lui doit un million. Comme il ne peut pas payer, le maître ordonne de vendre sa femme, ses enfants et tous ses biens et d'utiliser le produit de la vente pour éteindre la dette. Mais le créditeur se jette à ses pieds en le suppliant : « Prends simplement patience ! Je te rendrai tout ! » Le maître en eut alors pitié et le renvoya libre en lui remettant sa dette.*
>
> *À peine dehors, cet homme rencontra un de ses compagnons qui lui devait une somme minime. Il le saisit à la gorge, le serra à l'étouffer et lui dit : « Rends-moi ce que tu me dois. » Son débiteur tomba à ses pieds et le supplia : « Prends seulement*

patience ; je te rendrai tout ! » Mais le créditeur ne voulut pas y consentir et le fit jeter en prison jusqu'à ce que l'autre lui ait remboursé sa dette.
Quand les autres virent cela, ils furent consternés. Ils coururent à leur maître et lui racontèrent ce qui s'était passé. Il fit venir l'homme et lui dit : « Que tu es méchant ! Je t'avais remis toute ta dette parce que tu m'en avais prié. N'aurais-tu pas pu avoir pitié de ton compagnon comme j'ai eu pitié de toi ? » Là-dessus, furieux, il le livra au bourreau jusqu'à ce qu'il ait remboursé toute sa dette[10].

Métilius m'avait écouté avec attention. Il me demanda avec scepticisme : « C'est une comparaison. Exige-t-elle vraiment qu'on remette les dettes ?

— Non, bien sûr, dis-je. Mais les pauvres, les gens endettés à qui Jésus raconte sa parabole, pensent immanquablement à leurs dettes. »

Métilius enroula les feuilles de papyrus de mon rapport et les remit soigneusement dans leur étui de cuir. Il considérait manifestement la partie officielle de ma visite comme terminée. Mais il ne me renvoya pas encore. Il se donna le temps de remettre l'étui sur le rayon d'une petite armoire et de jeter par la fenêtre un bref coup d'œil sur la rue où se pressaient les pèlerins, comme chaque année avant la fête de la Pâque. Puis il revint à moi, me mit la main sur l'épaule et me posa une question à laquelle je ne m'attendais alors pas du tout :

« André, pourquoi ne libérez-vous pas vos extraordinaires philosophes de toutes les tâches subalternes ? »

Je restai sans voix. Métilius n'avait-il rien de plus important à faire que de discuter de questions religieuses ? Il poursuivit :

« Tu m'as proposé un projet de réformes radicales qui conduit à un changement total de notre politique. Puis-je te dire pour ma part ce que vous devriez changer dans votre religion ? »

Métilius s'assit sur la chaise en face de moi. Il se concentra.

« Depuis notre dernier entretien, j'ai rencontré un juif d'Alexandrie avec lequel je me suis longuement entretenu sur

10. Mt 18, 23-35.

votre foi. À mon avis, il faut comprendre vos lois de façon symbolique. Le précepte du sabbat doit dire que l'homme ne peut se tourner vers Dieu que dans le calme intérieur. La circoncision est un symbole de la maîtrise des passions et des instincts. On ne doit pratiquer à la lettre ni le sabbat ni la circoncision[11]. Si de telles idées s'imposaient, le judaïsme pourrait devenir une philosophie influente. Vous vous feriez des disciples chez beaucoup de gens qui sont prêts à adorer un Dieu les obligeant à faire du bien aux faibles, mais qui en sont retenus par la circoncision et par le précepte sabbatique.

— Ce juif alexandrin parle pour un petit groupe qui va s'amenuisant dans le judaïsme. »

Métilius fit un geste d'impatience :

« Ce que peuvent penser quelques juifs d'Alexandrie m'intéresse aussi. Qu'en penses-tu ? »

Je le regardai droit dans les yeux. Était-ce une comparution ? Il parut deviner ma pensée.

« Je ne m'y intéresse pas en tant que fonctionnaire romain. Je m'y intéresse personnellement. Je voudrais être au clair sur votre philosophie.

— Le problème est que la foi juive n'est pas une philosophie, commençai-je en hésitant. Ce n'est pas le simple objet d'une persuasion intérieure, mais c'est quelque chose qu'on accomplit visiblement. C'est une forme de vie. Nous sommes heureux de devoir vénérer Dieu dans nos actions, petites et grandes, et même en respectant les interdits alimentaires et en observant les nombreux petits rites qui font partie de notre tradition. Il ne suffit pas d'entendre les commandements de Dieu et de les comprendre en leur sens le plus profond ! Il faut aussi les observer[12] !

Mais tous ces commandements contiennent beaucoup de

---

11. Dans son écrit *Sur la migration d'Abraham*, Philon d'Alexandrie critique les juifs qui interprètent symboliquement les lois. Il donne comme exemple les idées esquissées ci-après sur le sabbat et la circoncision (*De migr.* 89-93).

12. Quand le roi Izates d'Adiabène (1re moitié du Ier s. ap. J.-C.) se convertit au judaïsme, un commerçant juif lui affirma tout d'abord que la circoncision cessait d'être nécessaire du moment qu'on s'attachait à la foi juive. Cependant, un certain Éléazar de Galilée affirma qu'il ne suffisait pas de lire la Loi, mais que l'essentiel était « d'accomplir ses commandements ». Ce sur quoi le roi se fit circoncire (Josèphe, Ant 20, 38 = XX, 1, 4).

choses qui rendent difficile l'échange entre juifs et non-juifs. Pourquoi faites-vous une distinction entre deux séries de préceptes, les lois morales, qui sont absolument obligatoires pour la vie commune des hommes, et les lois rituelles qui reposent sur la tradition mais qui ne sont pas nécessairement liées à la croyance en un Dieu un et unique ? Est-ce que la prédication de Jésus ne va pas en ce sens ?

— Jésus ne dit nulle part qu'on ne doit pas circoncire les enfants ! Il n'a jamais remis fondamentalement en question le précepte du sabbat !

— Mais ne pourrait-il pas conduire les gens à se faire de telles idées ?

— Des gens comme ce juif alexandrin pourraient bien en arriver là. Mais ils ne réussiraient pas à s'imposer chez nous. Tu sous-estimes l'importance qu'ont pour nous nombre de ces commandements traditionnels — même ceux que nous ne respectons que parce qu'ils sont dans notre tradition. En y obéissant, nous nous assurons de façon publique et visible que nous restons fidèles à notre foi.

— Mais ne pourrait-on pas faire autrement ? Un jour où je demandais à un de vos grands maîtres ce qui était important, il me répondit : "Ne fais pas à ton prochain ce que tu ne voudrais pas qu'on te fît. C'est là toute la Torah. Le reste n'est qu'interprétation. Va et apprends cela[13] !" À quoi bon tous les autres commandements ? Pourquoi la circoncision et l'interdit du sabbat ? »

Je dus réfléchir. Métilius était-il vraiment intéressé par notre religion ? Ou cherchait-il en elle de nouveaux courants susceptibles de faciliter la résolution des conflits entre juifs et païens ? Les Romains entendaient-ils promouvoir ces tendances pour des raisons politiques ? Je dis enfin :

« Qu'est-ce qui arriverait si nous permettions à des juifs d'épouser des femmes ne partageant pas notre foi ? Ou à des païens incirconcis d'épouser nos femmes[14] ? Le partenaire païen

---

13. On prête cette parole à Rabbi Hillel (vers 20 av. J.-C.) (cf. *bShab* 31a). Autre question est de savoir s'il la proféra vraiment. Mais le fait qu'on ait mis la règle d'or dans la bouche des maîtres les plus célèbres montre combien on y accordait de valeur.

14. Même la famille princière des Hérode exigeait des beaux-fils qu'ils se fissent circoncire (cf. Josèphe, Ant 20, 139 = XX, 7, 1).

retournerait bien vite adorer ses vieux dieux. Il élèverait ses enfants dans sa foi. Notre Dieu ne serait plus qu'un dieu à côté des autres, même si on le reconnaissait comme supérieur. La foi en un Dieu un et unique ne peut se maintenir que si ceux qui se marient dans une famille juive en acceptent les pratiques. Aussi longtemps que notre foi diverge de notre entourage, nous devons aussi diverger de celui-ci par notre façon de vivre.

— Mais tous les peuples ne doivent-ils reconnaître un jour le vrai Dieu ?

C'est ce que nous espérons. »

Métilius se leva et pointa le doigt vers la fenêtre donnant sur la rue :

« Et ces pèlerins de tous les pays ne seraient plus seulement des juifs, mais des gens de toutes les nations ? Tous auraient accès au Temple[15] ?

— Dès maintenant le Temple est ouvert à tous ceux qui se convertissent à Dieu. »

Métilius me remercia de l'entretien. Il me promit de soumettre mon projet d'amnistie à Pilate. Si c'était nécessaire, celui-ci m'entendrait moi-même. Puis il prit congé de moi. Ah ! Si tous les Romains étaient comme lui ! Il y avait en tout cas une chose que je ne pouvais plus ignorer : depuis notre première rencontre, il avait acquis une intelligence de plus en plus poussée de notre religion. Se trouvait-il lui-même entre les deux fronts ?

*

Cher Monsieur Kratzinger.

J'ai commencé par sourire devant votre lettre si sympathique. Vous avez en effet consulté ma biographie et constaté qu'en 1968 j'avais l'âge de la rébellion. J'aurais été marqué par cette époque révolutionnaire. Je ne le nie pas. Je ne voudrais d'ailleurs pas le nier, quand ce ne serait que du simple fait que j'étais opposé au manque de tact dont on faisait preuve à l'époque pour la génération précédente.

15. Le judaïsme pensait que les temps messianiques verraient un « pèlerinage des peuples » à Sion. Cf. Is 2, 2 ; Mi 4, 2 ; Is 56, 7 ; 60, 3 ; Tb 13, 13.

Le contenu de votre réponse m'a laissé songeur. En écrivant, je n'étais pas conscient de ce qui vous a sauté aux yeux à la première lecture; de la façon dont j'ai repris les expériences de ma génération : l'espérance exaltée de réformes, l'échec dû aux structures des pouvoirs existantes, mais aussi à nos propres illusions, la douche froide qu'en éprouvèrent certains, la chute de certains autres dans la violence et dans la terreur. Mon portrait de Jésus n'est-il pas la projection de ma génération ? Vous montrez beaucoup de tact en me laissant moi-même tirer la conséquence de cette idée : ce portrait pourrait avoir déjà vieilli.

Il y a du vrai dans ce que vous dites. L'intrigue de mon récit traduit bien les expériences de ma génération. Mais cela ne vaut pas pour l'image de Jésus. Elle reste ouverte à des interprétations diverses. Elle ne devient univoque qu'à partir de la perspective d'André. J'ai volontairement bâti le récit de façon que personne ne puisse avoir l'idée que j'aurais voulu donner l'image de « Jésus en soi ». Mon Jésus reste toujours un « Jésus » vu dans la perspective d'expériences sociales données.

Cette perspective est-elle arbitraire ? Le cadre de mon roman est celui de Josèphe. Mon interprétation est plausible. Ne faut-il pas la dire nécessaire, à la lumière des récits bibliques de l'Exode et de l'exil ? Ne s'impose-t-elle pas non plus à partir du moment où l'on renonce à la bonne conscience rationaliste des « Lumières » ? N'y aurait-il pas quelque chose de disparu à tout jamais si on réduisait la religion à un dialogue entre Dieu et l'âme ?

Au reste je suppose que vous avez vous aussi connu l'âge rebelle. Comment cela s'est-il passé pour vous ? Vous n'avez naturellement pas besoin de répondre à cette question indiscrète.

Avec mon grand merci et mon meilleur souvenir.

Gerd Theissen.

16

LA GRANDE PEUR DE PILATE

Le jour suivant était celui de la Pâque. À ma grande surprise, je fus convoqué très tôt le matin chez Pilate. C'était pressé, avait dit le messager. Pilate s'était-il décidé à une amnistie ? Avait-on découvert mes relations avec Barabbas ? Je passai de l'espoir aux pressentiments les plus sombres. Ce fut une journée difficile. Comme je voudrais ne l'avoir jamais vécue !

Pilate paraissait grave. Il m'accueillit amicalement et me conduisit dans une petite pièce avec une seule fenêtre. Il renvoya sa garde du corps en lui ordonnant d'attendre à la porte son appel. Son propos ne devait manifestement pas tomber dans toutes les oreilles. Une fois seuls, il commença :

« J'ai pris connaissance avec intérêt de ton projet d'amnistie et de remise de dettes. Cela me rappelle des choses qui m'avaient passionné pendant ma jeunesse : le projet de Solon concernant la remise de leurs dettes aux citoyens d'Athènes et la lutte de nos deux Gracchus pour résoudre les conflits sociaux[1]. Tu vois que je ne refuse pas à priori tes idées. Mais venons-en au fait : une amnistie générale dépasse ma compétence. Elle aurait une telle portée politique que seul l'empereur peut la déclarer. »

1. Entre 594 et 563, Solon imposa à Athène une réforme sociale. Il supprima en particulier l'esclavage pour dettes. Aucun créancier n'eut plus le droit de vendre en esclavage son débiteur ni de réduire au servage son fermier. Entre 133 et 123/122, les deux Gracchus s'étaient efforcés de promouvoir à Rome un partage des terres équitable.

Je ne pus cacher ma déception. Pilate continua :

« Mais ce qui relève de mon pouvoir, c'est une amnistie pour des cas particuliers. Or les trois zélotes qu'on a arrêtés il y a quelques jours constituent un cas nouveau. De plus, cette nuit, on a incarcéré une quatrième personne. On doit me soumettre son dossier aujourd'hui. Tu connais bien le personnage : il s'agit de Jésus de Nazareth. On le soupçonne de susciter des mouvements messianiques. Le grand prêtre pense que le mieux serait de régler le problème avant la Pâque pour qu'il passe inaperçu. »

J'étais profondément consterné. Ils avaient arrêté Jésus ! Mon cœur battait la chamade. Je tremblais de tout mon corps. La situation était extrêmement inquiétante.

Pilate continua : « J'ai lu tes analyses sur ce Jésus. Si je pouvais y prêter foi, je le classerais comme inoffensif. Ce pays doit reconnaître le droit de vivre aux philosophes et aux poètes. Mais si c'est un aspirant-Messie, il constitue un danger pour l'État ! »

Là, il me fallait peser soigneusement tous mes mots ! Heureusement, j'avais vraiment tourné et retourné dans ma tête tous les arguments me permettant de défendre Jésus. J'allais d'emblée au plus important :

« Un des premiers principes de Jésus, c'est de ne pas s'opposer aux méchants : si quelqu'un frappe sur la joue droite, on doit tendre la joue gauche. Qui dit cela ne peut être dangereux ! »

Pilate resta impassible : « Ce comportement ne met pas l'État en danger à la manière habituelle. Mais il peut lui susciter de très grands embarras ! Oui, il peut le paralyser autant que des cohortes entières d'insurgés zélotes.

— Mais si dans le pays tout le monde se comportait comme Jésus, il n'y aurait plus de combattants de la résistance ! objectai-je.

— L'expérience m'a appris beaucoup de choses. Ce que tu me dis me rappelle une histoire lourde de conséquences qui s'est produite au début de mon gouvernorat[2]. Peu après ma nomination en Judée par Tibère, je fis introduire à Jérusalem, de nuit, et en secret, les images de l'empereur qui servaient de guidons de bataille. Le lendemain, cela provoqua une agitation

2. Cette histoire, mise ici à la première personne, est tirée de Josèphe, *La Guerre juive* 2, 169.

intense chez les juifs. Ils étaient persuadés qu'on foulait aux pieds leur loi : elle interdisait de dresser des images dans la ville. Il n'y eut pas que les citadins à se révolter ; les gens de la campagne affluèrent aussi. Ils se précipitèrent en masse chez moi, à Césarée, pour me supplier d'éloigner les enseignes de la ville et de respecter la loi de leurs pères. Je refusai. Sur quoi, ils se jetèrent face contre terre autour de mon palais. Ils restèrent ainsi cinq jours et cinq nuits sans quitter la place. Le sixième jour, je pris place à mon tribunal dans le grand stade et les fis comparaître comme si je voulais leur donner une réponse. J'avais ordonné à mes soldats de les encercler à un signal donné. En se voyant tout d'un coup entourés de trois rangées de troupes en armes, ils furent saisis de panique. Je menaçais de les faire massacrer s'ils refusaient plus longtemps les images de l'empereur et je faisais déjà signe à mes soldats de dégainer leurs épées. Mais, comme s'ils s'étaient donné le mot, ils se jetèrent tous par terre et tendirent le cou en criant qu'ils étaient prêts à mourir plutôt que d'enfreindre la loi de leurs pères. Suffoqué de l'ardeur de leur foi, j'ai donné l'ordre d'éloigner les enseignes de Jérusalem.

« André, j'ai commencé mon service ici par une défaite que j'ai due, non pas à une troupe armée ou à de dangereux combattants de la résistance, mais à des gens sans défense. Ils ne se sont pas contentés de me tendre la joue, mais le cou. Ils ne m'ont pas seulement demandé de les frapper, mais de les tuer. Ce malheureux début de mon gouvernorat m'a valu bien des problèmes. Par la suite, j'ai toujours dû faire attention à maintenir mon autorité. Crois-moi : un État peut se trouver plus désarmé devant des gens qui viennent manifester sans armes que devant des légions de soldats.

— Mais ce Jésus de Nazareth n'a-t-il pas dit : ne répliquez pas aux méchants ?

— Ah ! Vraiment ? Mais il ne s'en tient pas lui-même à ses principes ! Il y a quelques jours, il a lui-même provoqué des troubles dans le Temple. Il a en chassé les marchands, il a renversé les tables des changeurs et des vendeurs de colombes. C'étaient des voies de fait contre les personnes et contre les biens[3] ! N'est-ce pas un zélote ?

3. Cf. Mc 11, 15-17.

— Mais il s'est clairement distancé des zélotes. Il a déclaré qu'on devait rendre à l'empereur ce qui était à l'empereur, et à Dieu ce qui était à Dieu[4].

— Oui, oui ! J'ai lu ton rapport, me répondit Pilate un peu agacé, mais qu'est-ce que cela prouve ? Cette histoire de monnaie ne correspond-elle pas parfaitement à cet incident dans le Temple ? Il est tombé sur les changeurs d'argent ! Ces changeurs sont là pour changer les monnaies de toutes les origines en monnaie syrienne, la seule valable dans le lieu saint. Bien sûr, les pièces syriennes ne représentent pas l'empereur. Mais c'est bien pis : la face est celle du dieu syrien Melkart, celui que nous appelons Héraclès. Si on doit rendre à l'empereur la monnaie d'argent parce que son image est gravée dessus, il est tout aussi logique de demander de rendre à Melkart ses pièces. Concrètement, ne les donnez en tout cas pas à notre Dieu, à ce Dieu qui est dans le Temple de Jérusalem et qui ne supporte aucun autre dieu auprès de lui !

— Mais ne pourrait-on conclure tout aussi bien que ce Jésus n'aurait rien à objecter contre l'utilisation de l'argent du Temple pour des usages aussi profanes qu'une conduite d'eau ? »

Pilate se mit à rire : « Sous cet angle, on pourrait même tirer parti de ses principes. »

J'insistai : « Il y a un autre aspect sous lequel il va dans le sens des Romains : il refuse la campagne des zélotes contre le paiement des impôts. »

Pilate haussa les épaules : « Qu'est-ce que cela prouve ? Le fait qu'il veuille rendre à l'empereur sa monnaie ne signifie pas grand-chose. Selon votre vision des choses, l'empereur a enfreint la loi de votre Dieu. Il s'est fait faire son image. Le fait d'être prêt à lui rendre sa monnaie sacrilège n'est pas une garantie suffisante de loyauté envers l'État. On pourrait aussi bien y lire le mépris : rendez donc à cet empereur impie sa monnaie impie ! Dieu est plus que l'empereur ! Voilà ce que je suspecte derrière les paroles de Jésus. »

Je dus une fois de plus repartir du début : « Et pourtant ce Jésus propose l'unique voie permettant à notre pays de sortir de la crise.

4. Cf. Mc 12, 13-17.

— L'unique voie ? Je peux te dire exactement ce qu'est la voie assurée. Au lieu de 3 500 soldats, il faudrait faire stationner ici deux légions. Les gens reviendraient alors à la raison et le pays retrouverait la paix.

— Mais il se porte bien sans légions !

— Dans l'Empire romain, rien ne marche sans légions !

— Mais chez nous, cela marchait. L'origine des troubles dans le pays, c'est l'hostilité entre les gens du pays et les étrangers : les Grecs et les Syriens des républiques voisines, et les Romains. Les juifs du pays se sentent écrasés et les détestent. Comme ils sont eux-mêmes en plein marasme économique alors que les affaires des autres sont florissantes, la situation contribue à nourrir cette haine. Faisons-la disparaître, et on verra cesser les actions terroristes, les manifestations de force et même les troubles minimes. Les étrangers disent toujours que tout irait mieux si nous, les juifs, reconnaissions leurs dieux. Si nous admettions que notre Dieu s'insère dans la grande famille des dieux, alors nous ferions nous aussi partie de la grande famille des peuples où tous se sentiraient parents. Mais, pour nous, ce n'est pas une solution. Notre religion nous oblige à nous en tenir à ce seul Dieu : même si cela nous isole des autres peuples. Rien ne peut nous détacher de notre foi. D'autant que vos meilleurs philosophes savent bien, eux aussi, qu'il n'y a qu'un seul Dieu.

— Et comment ce Dieu remplacera-t-il nos légions ?

— Jésus enseigne que nous ne devons pas seulement aimer nos compatriotes, mais aussi les étrangers. Il appelle à aimer ses ennemis. Pour lui, Dieu fait briller son soleil sur tous, sur les Romains et sur les Grecs, sur les Syriens et sur les juifs. Quand nous abolissons les frontières entre les peuples, nous lui ressemblons.

— Aimer ses ennemis ! Impossible ! Chez nous, tous les enfants le savent : l'homme de vertu fait du bien à ses amis et cherche à nuire à ses ennemis[5].

— Jésus apporte une nouvelle doctrine. Est-elle impossible parce qu'elle est neuve ? Pour nous, juifs, ce serait un moyen de maintenir notre foi et de nous ouvrir à tous les peuples, ainsi

5. On peut citer comme exemple Xénophon, *Souvenirs de Socrate* II, 6, 35 : on doit surpasser ses amis par le bien qu'on leur fait, ses ennemis par le mal qu'on leur inflige.

que l'ont annoncé nos anciennes promesses[6]. Chez nous, cette doctrine a une chance.

— Chez vous ! Vous n'avez pas besoin de défendre votre pays ! C'est nous, les Romains, qui nous en chargeons. C'est le travail de notre armée ! J'ai assez longtemps servi dans celle-ci pour savoir que la seule garantie de la paix, c'est la résistance par la force à l'ennemi. Des doctrines comme celles de ce Jésus peuvent convenir à des peuples soumis. Mais elles ne valent rien pour nous. Elles démoraliseraient nos soldats. C'est pourquoi ce Jésus est un songe-creux, un songe-creux dangereux, car les gens chuchotent qu'il est le nouveau roi ! »

J'objectai : « Tout ce que j'ai découvert sur Jésus montre qu'il n'entend être ni roi ni Messie !

— Mais d'autres l'espèrent ! C'est bien là le problème. Pour ma part, je veux bien que n'importe quel faible d'esprit se prenne pour un roi. Je n'ai rien contre. Cela ne devient dangereux que quand d'autres y croient. C'est dangereux même quand l'intéressé n'y croit pas lui-même. La simple attente portant sur lui crée le trouble. Car tout le monde s'imagine que le temps du grand bouleversement est arrivé. Même des faibles d'esprit inoffensifs deviennent alors un risque pour la sécurité.

— Bon ! C'est peut-être un songe-creux. Mais c'est justement pour cela qu'il faut le libérer ; pas en douce, mais dans le cadre d'une amnistie. Même si les gens espèrent qu'il sera le nouveau roi, comment pourrait-il être dangereux, puisqu'il défend une doctrine qui a un effet démoralisant sur les soldats ? Où trouverait-il des troupes ? Et que vaudraient des troupes qui aimeraient leurs ennemis au lieu de s'y opposer ? »

Pilate ne m'écoutait plus du tout. Il s'était levé et était allé à la fenêtre. Je remarquai qu'il avait l'esprit ailleurs. Ses yeux regardaient dans ma direction, mais ne me voyaient pas. Ses mains s'agitaient comme pour formuler quelque chose. Mais aucun son ne venait sur ses lèvres. Finalement, il s'assit de nouveau dans son fauteuil en soupirant. Il dit tout bas : « J'ai peur... »

Je le regardai avec étonnement. Il reprit :

6. Cf. par exemple Is 2, 2-5. L'oracle prophétique promet qu'un jour tous les peuples se rendront en pèlerinage à Jérusalem.

« J'ai peur de voir les choses m'échapper. Non ! Je ne peux pas ! »

Me parlait-il à moi, ou se parlait-il à lui-même ? Il s'abîma dans ses réflexions. J'avais presque l'impression qu'il m'avait oublié. Puis son regard retrouva sa clarté. Sa voix reprit son assurance et sa fermeté :

« Je me suis sérieusement demandé si, à l'occasion de la Pâque, je devais libérer ces trois prisonniers dont je te parlais au début. Oui, j'étais résolu à le faire. C'est à ce moment que j'ai appris ce qu'il en était de ce nouveau mouvement messianique autour de Jésus. La fête s'approche. Les foules affluent vers Jérusalem. La situation peut devenir critique. Le risque est grand.

— Mais ne peut-on pas repousser l'exécution des trois bandits ? Si la fête se passe dans le calme, on verrait peut-être les choses sous un autre angle ? »

Cependant, tout en parlant, je notai déjà l'inutilité de mes propos. Pilate secoua la tête :

« Le risque est trop grand. Je ne peux pas les libérer tous. On pourrait l'interpréter faussement. Oui, certains illuminés pourraient en arriver à croire à notre faiblesse. Nous n'avons pas le droit de le laisser penser, surtout pas maintenant où le peuple est en pleine fermentation. Je retiens pourtant ton avis. Pas tout entier ! Une partie seulement. J'en libérerai un. Un ! C'est un risque limité. Je pourrai voir si la mansuétude paye. »

Je tentai encore une fois d'intervenir : « Ne pourrait-on en libérer deux ? Un zélote et Jésus ? Ce serait une façon de satisfaire les différentes factions de la population.

— Non ! Un suffit ! Je laisserai le peuple choisir. Je mettrai en balance Jésus et un zélote. Je pourrai alors voir qui a le plus de partisans parmi les gens. On saura bien si ce Jésus a ici quelques chances avec ses idées. Ou si je dois aussi compter sur une résistance prolongée du peuple. »

J'étais atterré. De mon idée d'une amnistie destinée à une réconciliation du peuple, Pilate faisait une expérience lui permettant de mieux calculer ses chances de pouvoir. J'avais la gorge serrée. Je sentais une sueur froide me couler dans le dos. Je me trouvais une fois de plus pris dans les griffes de la Bête. J'essayais de ne rien laisser remarquer. Pilate me jeta un coup d'œil et me dit :

« Ce ne serait que justice si je les faisais tous exécuter. Mais notre conversation m'a fait penser qu'il y a deux types différents de fauteurs de trouble. Je crois qu'ils sont tous les deux dangereux. Je vais faire un test pour savoir lequel des deux a le peuple derrière lui. Tu vois que je donne une chance à ton idée.

— Et qui mettras-tu en balance avec Jésus ?

— Un certain Barabbas.

Je me sentis impuissant devant la catastrophe. Impossible de cacher davantage mon épouvante. Je me mis à trembler de tous mes membres. Pilate me regarda avec étonnement :

« Tu peux vraiment être content. C'est toi qui m'a donné l'idée d'une amnistie. Tu m'as persuadé qu'il y a bien là deux mouvements différents. Il faut choisir entre les deux. Ton alternative est une bonne idée ! Vraiment une bonne idée ! »

Je me repris autant que je le pus, rassemblai toutes mes forces et remerciai Pilate d'avoir accueilli ma suggestion d'amnistie, tout en maudissant intérieurement cette idée qui m'avait conduit à un conflit sans issue. Pilate trouva encore quelques mots de reconnaissance pour mon travail. C'était une bonne chose d'avoir pu me parler avant d'avoir eu à se prononcer sur le cas « Jésus ».

Je ne sais pas comment je pus revenir du prétoire jusqu'à mon logement. En moi, c'était le chaos. Quoi qu'il advînt, ce ne pouvait être qu'épouvantable. Et pourtant tout en moi s'insurgeait contre cette fin ! Une fin à laquelle j'avais puissamment contribué. Une fin que je n'avais pas voulue. Et pourtant Pilate m'avait dit : « C'est ton idée ! C'est une bonne idée ! » J'entendais encore en moi sa voix et je sursautai comme si chaque parole était un coup de fouet.

Les maisons dansaient devant mes yeux. Leurs portes me regardaient farouchement comme un ennemi. J'entendais partout les gens chuchoter, et leurs voix me fouaillaient : Regardez filer le traître, celui qui croyait pouvoir rouler les Romains ! Il est maintenant tombé dans son propre piège. Il a bien réussi son coup ! Il a tout bousillé !

Quel que fut le choix final, je me sentais coupable de la mort de celui sur lequel le sort tomberait. Et pourtant je ne cessai de me redire : tu ne les as pas trahis ; ce n'est pas toi qui les as fait emprisonner ; tu as fait tout ton possible pour eux ; tu voulais les faire amnistier ; tu n'es pas coupable.

Étais-je vraiment innocent ? Peut-être au début de notre entretien Pilate avait-il eu l'intention de les relâcher tous les deux, Jésus et Barabbas ? N'était-ce pas seulement au cours de notre conversation qu'il avait eu l'idée d'une alternative ?

Aucun doute possible : j'avais été à l'origine de la décision de mettre en balance Jésus et Barabbas. Étais-je aussi coupable ? Non ! criai-je, non ! Tout en moi se révoltait contre cette idée. Je suis innocent ! Je ne cessai de me le répéter : Je suis innocent ! Mais à peine l'avais-je crié que d'autres voix retentissaient en moi et me chuchotaient : C'est ta faute ! Je ne pouvais les étouffer. Mon retour fut une vraie torture.

Rentré chez moi, j'envoyai Malchus se renseigner sur la suite des événements. Il devait rester à proximité du prétoire et me faire part de la décision. Je me sentais trop faible pour assister moi-même à tout cela.

Je passai plusieurs heures d'angoisse. Enfin Malchus revint avec la nouvelle : à la demande du peuple, on avait relâché Barabbas qui s'était aussitôt volatilisé. On avait crucifié Jésus à la sortie de la ville. Avec deux autres zélotes.

La décision était tombée. Je retrouvai un certain calme. Je me sentis assez fort pour me rendre à la sortie de la ville. Je voulais au moins apercevoir Jésus de loin. En Galilée, je l'avais suivi à la trace. Je ne l'avais jamais rencontré. Maintenant je voulais l'entrevoir, lui qu'on avait crucifié comme un bandit. Timon et Malchus m'accompagnèrent.

De la seconde muraille de la cité, nous pouvions voir le lieu de l'exécution. On avait dressé trois croix. On y voyait suspendus trois hommes torturés et pantelants, tordus dans l'angoisse de l'agonie. Les gens chuchotaient que l'un était déjà mort. Les Romains l'avaient exécuté parce qu'ils craignaient que ce ne fût le Messie.

De loin je regardai la croix où pendait Jésus. C'était celle du milieu. À sa gauche et à sa droite, il y avait les deux zélotes condamnés. Peut-être étaient-ce les deux jeunes gens qui nous avaient conduits hors des grottes ? Qui sait ? Au-dessus d'eux déclinait le soleil. Il brillait de tous ses feux sur la croix de Jésus et sur celles des zélotes, sur le mort et sur les deux mourants.

Il éclairait les soldats et les spectateurs qui avaient suivi les événements, les uns avec curiosité, les autres avec consternation.

Nous nous tenions dans l'ombre du Galiléen. Nous le sentions : ces hommes n'étaient pas des criminels. Nous avions connu les zélotes. Nous avions entendu parler de Jésus. Malchus me dit : « Si le soleil pouvait voir et sentir comme nous, il devrait s'assombrir de colère. Si la terre pouvait éprouver ce que nous éprouvons, elle devrait en trembler. »

Mais le soleil ne s'assombrit pas et la terre ne trembla pas. Ce fut un jour ordinaire. Mais en moi c'était la nuit. Ce ne fut qu'en moi que tremblèrent les fondements de la vie. Des voix ne cessaient de chuchoter : C'est ta faute ! C'est ta faute ! Elles se faisaient de plus en plus fortes. Je perdis la force de les contredire. Elles renversaient toutes mes objections. La tête me tournait. Je finis par m'évanouir.

Timon et Malchus me ramenèrent à la maison. Par la suite, ils me racontèrent que j'avais sombré dans la fièvre trois jours et trois nuits. J'avais déliré en criant à l'aide contre une bête qui me menaçait, et je n'avais cessé de me débattre.

Je n'avais moi-même que des souvenirs confus de ces moments. Je me rappelai une succession de scènes épouvantables. Je me retrouvais continuellement devant les trois crucifiés. Mon angoisse était faite de leurs douleurs. Quand je commençai à retrouver le calme, je me mis à prier avec des phrases sans suite. Je me lamentai[7] :

Mon Dieu, mon Dieu,
pourquoi m'as-tu abandonné ?
Pourquoi restes-tu en silence ?
Pourquoi es-tu si loin ?
Nuit et jour je t'appelle à l'aide !
Mais tu restes inflexible.
Je le sais : tu as sauvé nos ancêtres.
Mais cela même n'est plus que vain souvenir en moi.
À peine resté-je un homme !
Je suis comme une bête, un ver, le néant.

7. Sur des thèmes du Ps 22. Les récits évangéliques de la passion citent ou font allusion à ce psaume.

Tous se gaussent de moi.
Tous triomphent de ma défaite.
Des ennemis sans nombre me cernent.
Ils m'encerclent.
Des gueules de fauves me menacent.
Je suis en leur pouvoir.
Je me dissous.
Mes os se disloquent.
Mon cœur me fait mal,
j'ai la gorce desséchée,
ma langue colle à mon palais.
Je gis dans la poussière
comme si j'étais mort.
Assailli de tous côtés,
je ne vois plus d'issue.
Pourtant c'est toi qui m'a appelé à la vie.
Sans toi je ne puis reprendre souffle.
Sois proche,
car personne ne me vient en aide.

Pendant trois jours j'oscillai entre la vie et la mort. Mais je retrouvai enfin une certaine tranquillité. Le sort avait tranché une vie. Je n'y avais été pour rien. Il fallut encore longtemps pour l'accepter. Longtemps encore les images des derniers événements me déchirèrent. Mon imagination continuait à me torturer. Une ombre planait sur ma vie. La nuit, je continuai encore souvent à crier quand soudain des cauchemars faisaient ressurgir en mon âme enfiévrée un animal monstrueux.

*

Cher Monsieur Kratzinger.

À la suite de mon dernier chapitre, vous m'avez transmis votre point de vue avec des mots personnels qui m'ont beaucoup ému. Vous aussi, vous vous êtes jadis révolté, au moment où on discutait chez nous du réarmement. À l'époque, vous avez justifié des prises de position politiques en recourant au sermon sur la Montagne. Aujourd'hui, ces mêmes tentatives se heurtent à votre scepticisme. Vous partagez les arguments de Pilate contre André. Vous avez vous aussi fait l'expérience de ce que peuvent être des espérances crucifiées.

Vous avez évidemment raison. Aucun ministre de la Défense nationale ne saurait faire savoir à un agresseur qu'il ne répondra pas. Le ministre des Finances ne peut pas se contenter d'amasser des trésors dans les cieux. Le ministre de l'Économie ne peut pas prendre pour modèles les lys des champs et les oiseaux du ciel. Aucun ministre de la Justice n'est en droit de dissoudre les tribunaux. Les appels du sermon sur la Montagne ne valent-ils donc que dans le domaine personnel ? En regard de leurs exigences radicales, devons-nous nous contenter de reconnaître notre imperfection ?

J'en suis arrivé à la conclusion que ce sermon doit déterminer notre action politique de manière indirecte : une société doit être organisée de façon à autoriser une expérience de fidélité parfaite à l'Évangile. Car une société n'est vraiment humaine que si n'est pas perdu celui qui renonce à porter plainte et à faire des procès. Elle ne devient vraiment humaine que si elle permet de manifester de l'amour à l'ennemi. Elle n'est vraiment humaine que si elle admet que des marginaux puissent vivre dans l'insouciance. L'action politique ne peut prendre comme fil conducteur le sermon sur la Montagne, mais elle peut créer les conditions dans lesquelles des individus et des groupes pourront le faire.

Attention à bien me comprendre ! Je ne veux pas dire que la société devrait mettre quelque part en réserve une niche spéciale pour le sermon sur la Montagne, à la façon d'une « réserve naturelle ». Ce qui importe au contraire, c'est que l'organisation de la société tout entière soit pensée de telle sorte que soit possible l'expérience d'une fidélité radicale à l'Évangile. Alors les groupes de disciples pourront vraiment agir sur la société et devenir « lumière du monde » et « sel de la terre ».

Peut-être ne renoncerez-vous pas tout à fait aux songes de votre époque rebelle.

Cordialement vôtre.

Gerd Theissen.

17

QUEL ÉTAIT LE COUPABLE ?

Je restai encore trois jours à Jérusalem. Du fait que ni Métilius ni Pilate ne m'envoyèrent plus chercher, je considérai ma mission comme terminée. Je me gardai bien de me rendre de moi-même au prétoire. Peut-être pourrais-je me tirer de l'affaire sans me faire remarquer.

Je fus heureux de pouvoir retourner à mes occupations habituelles. Je continuai donc à circuler dans le pays comme commerçant en grain et en olives, et je trouvai un dérivatif dans mon travail quotidien. Mais je ne pus me libérer de ma tension intérieure. Un poids paralysait désormais ma vie. Je tuais le temps en trimant jusqu'à m'éreinter.

Me retrouvant un jour à Césarée, je me rendis au culte de la synagogue. À ma grande surprise, j'y aperçus Métilius. Je voulus me cacher. Mais il m'avait déjà vu. Je fus tout ébahi quand je crus le voir prononcer le Shema. Ou tout au moins ses lèvres bougèrent pendant la confession de foi de tous les juifs en un Dieu un et unique[1].

« Écoute, Israël, le Seigneur Dieu est unique. Et tu dois servir le Seigneur, ton Dieu, de tout ton cœur, de toute ton âme et de toutes tes forces ».

Pendant la seconde partie du service, Métilius suivit avec attention la lecture de la Torah, un chapitre du livre des Nom-

1. *Shema*, premier mot de la confession de foi juive, signifie « Écoute ! » Il sert à désigner cette confession tout entière. On dit celle-ci trois fois par jour. On la retrouve dans le culte synagogal.

bres suivi d'un extrait des Prophètes. Il écouta toujours aussi attentivement la courte allocution du prédicateur. S'était-il fait craignant-Dieu ? Ou même prosélyte[2] ? Ou bien était-il là à espionner ? Voulait-il entrer en contact avec des juifs ? Il me paraissait étrange que le chef de l'espionnage romain assistât au service divin dans une synagogue juive.

Après le culte, il me salua amicalement. Il m'invita chez lui « en privé » comme il me le déclara. Il venait d'apprendre que la légion VI, la « Ferrata », la « légion de fer », était mutée à Antioche et il était heureux de pouvoir prendre congé de moi.

Sa maison était située assez près du port qu'avait fait construire Hérode. De là, nous avions une vue merveilleuse sur la mer et sur la ville[3]. L'entrée du port se trouvait au nord, car c'était à cet endroit que le vent venant de cette direction était le plus agréable. De chaque côté de cette entrée, il y avait trois statues, plus grandes que nature, dressées sur des colonnes. Les maisons bordant le port étaient de pierre blanche et les rues de la ville, disposées à intervalles réguliers, convergeaient vers lui. En face, au sommet d'une colline, il y avait un temple dédié à l'empereur, de taille et de beauté stupéfiantes. À l'intérieur se dressait une gigantesque statue de l'empereur Auguste, qui ne le cédait en rien au Zeus olympien, son modèle, et une seconde statue de la déesse Rome. Comme Hérode avait construit la ville en l'honneur de l'empereur, il l'avait appelée Césarée.

Le panorama était vraiment magnifique. Comme Césarée était une belle ville, avec son amphithéâtre, son théâtre et ses marchés ! Les Romains pouvaient vraiment s'y sentir comme chez eux.

Métilius appela des esclaves qui nous apportèrent des fruits. Nous conversâmes tout en mangeant. Je l'interrogeai :

« Tu viens à notre service synagogal ?

— Pourquoi pas ? J'ai appris à saisir l'hébreu et l'araméen.

2. Certaines personnes de situation élevée, qui sympathisaient avec la foi juive, se faisaient « craignant-Dieu », sans vouloir pour autant passer totalement au judaïsme, c'est-à-dire sans se faire circoncire. Le centurion Corneille de Césarée (Ac 10, 1 sq.) était l'une d'elles.

3. La description que nous donnons ici de Césarée suit de près celle de Josèphe, *La Guerre juive* 1, 413 sq.

— Fais-tu cela pour comprendre notre religion ? Comme une sorte d'étude ? »

Je pris une datte. Elle avait une douceur agréable. Métilius me fit un signe d'approbation :

« C'est ainsi que cela a commencé. Professionnellement, j'avais à m'occuper de votre croyance. J'avais lu vos saintes Écritures. Beaucoup de choses m'y ont frappé. Avant tout la foi en un seul Dieu. Elle ne nous est pas étrangère. Un de nos philosophes m'a renvoyé au Grec Xénophane qui avait vécu vers l'époque de la domination étrusque sur Rome. Il avait déjà parlé d'un seul Dieu, le plus grand parmi les dieux et les hommes, totalement différent des formes et des idées que s'en donnent les hommes[4]. Vos Écritures sont encore plus radicales, car elles disent : Je suis le Seigneur, et il n'y a aucun dieu à côté de moi[5]. Xénophane, lui, continuait à parler de dieux.

— Veux-tu te faire juif ? demandai-je de façon provocante.

— Pas exactement répondit-il. Il me serait difficile de continuer à exercer ma profession de soldat. Comment pourrais-je respecter le sabbat, si je me trouve de service ce jour-là ? Comment me soustraire aux sacrifices[6] ? Je compte rendre de temps en temps visite à vos synagogues et vous emprunter ce qui m'éclaire : la foi en un seul Dieu. Mais sur ce point aussi j'ai des difficultés. » Il hésita, puis poursuivit : « Puis-je te poser une question ? Peut-être n'aurai-je bientôt plus personne avec qui m'entrenir de votre religion !

— Naturellement », répondis-je ; et j'ajoutai en souriant : « Mais je ne suis pas le meilleur interlocuteur possible ! Sans formation théologique, et membre d'une famille qui cache des figurines idolâtriques chez elle !

— Cela ne fait rien !, me rassura Métilius. Peut-être n'en comprends-tu que mieux mon problème. La philosohie stoïcienne m'a appris que toute la réalité est pénétrée de raison divine :

4. Xénophane, fragments n° 23. Xénophane vécut approximativement entre 570 et 475/470 av. J.-C. Il fait partie de ceux qu'on appelle les présocratiques.

5. Is 45, 5. Les chapitres 40-55 ne sont pas d'Isaïe, mais d'un prophète inconnu du temps de l'exil à Babylone (Deutéro-Isaie, le Second Isaïe). Ce fut le premier prophète à formuler sans équivoque la foi en l'existence d'un Dieu unique.

6. C'est pour cette raison que les juifs étaient dispensés du service militaire.

on peut la déceler partout, dans l'ordre de la nature, dans l'alternance du jour et de la nuit, dans le cours des étoiles. Nous, stoïciens, appelons la raison Dieu. C'est un dieu qu'on peut connaître. Mais vous dites que Dieu a créé un jour le monde de rien ! Comment le croire ? Personne ne pouvait être là le jour de la création ! Personne n'a pu en être, ni voir ce qui se passait ! Personne ne peut en témoigner, alors que c'est possible au sujet de la raison partout présente.

— Tu es à chaque instant témoin de la création. On peut tout aussi continuellement faire l'expérience de la création à partir du néant que celle de la raison dans les choses.

— Je ne comprends pas.

— C'est d'autant plus difficile à décrire que c'est évident, si évident qu'on ne peut plus le percevoir. Car cette création englobe tout. Notre propre perception, notre vision, notre pensée, notre existence même.

— Je ne comprends toujours pas.

— À tout moment, il y a passage de l'être au néant. Chaque instant se passe avant même que nous ne l'ayons enregistré. Mais aussitôt que je l'ai constaté, il est déjà passé.

— Mais il a existé.

— Ce qui fut vrai n'est déjà plus. C'est définitivement passé. Tout s'enfonce dans le néant. Nos ancêtres, qui furent autrefois, n'existent plus. Nous passerons. Même les montagnes cesseront d'exister un jour.

— Mais la création serait le phénomène inverse : un passage du non-être à l'être !

— De cela aussi tu es à chaque instant témoin : l'instant futur n'est pas encore. Nous-mêmes ne sommes pas encore ce que nous deviendrons ! Il y a sans cesse passage du néant à l'être. C'est ce que nous voulons dire quand nous affirmons que Dieu crée chaque instant à partir du néant ! Et il le maintient jusqu'à ce qu'il retombe dans le néant !

— C'est comme si les choses pouvaient à chaque instant devenir autres. Mais elles restent pourtant les mêmes ! Et c'est justement là que, selon la philosophie stoïcienne, la raison divine se manifeste : dans la régularité, l'ordre, la loi, la permanence !

— Selon notre foi, Dieu a aussi suscité l'ordre du monde. Et il le recrée à neuf à chaque instant. Il ne le laisse jamais sombrer dans le chaos.

— Mais il pourrait à chaque instant transformer les choses ?

— Il le pourrait ! Nous ne croyons pas que l'ordonnance du monde soit déjà définitive. C'est la raison divine qui se montre en elle. Mais elle doit constamment se réaliser à neuf dans le monde entier. Elle pointe vers un au-delà de l'instant présent. »

Métilius soupira. Il se pencha sur la table près de laquelle nous étions assis et attrapa une grappe de raisin noir. Au bout d'un moment, il reprit : « Devant ces questions, je ressens souvent un terrible vertige. Je peux comprendre les gens qui disent que tout cela, c'est de l'abstraction, sans signification pour la vie.

— Cela en a beaucoup pour nous. Un stoïcien dira : J'ai dans la vie le devoir de vivre en accord avec la nature. Autrement dit en accord avec l'ordonnance divine éternelle qui se fait voir en elle. Il accepte le monde tel qu'il est. Mais nous, nous ne croyons pas à un ordre éternel. Il y a continuellement création. Chaque instant est arraché au chaos et au néant. Nous croyons au devoir de vivre en accord avec le vrai Dieu dont la création tend à un nouvel ordre.

— C'est bien pourquoi vous êtes si rebelles : le Dieu qui crée tout à partir du néant, qui peut aussi faire des perdants des vainqueurs et des conquérants des exilés !

— Oui ! C'est bien cela. Il y a un cantique où nous chantons :

Il renverse les puissants de leurs trônes,
il élève les humbles.
Il comble de bien les affamés,
renvoie les riches les mains vides[7].

— Tu comprends qu'un officier romain puisse avoir des difficultés avec ce Dieu-là ? Et pourtant il y a en lui quelque chose qui m'attire. Je ne sais pas quoi. Je voudrais le suivre, même en un autre pays.

— Préférerais-tu rester en Palestine ?

— J'ai beaucoup aimé ce pays. Mais, c'est paradoxal, c'est juste au moment où j'ai acquis de la sympathie pour sa foi que je voudrais en partir. »

7. Tiré du « Magnificat » de Luc (1, 52-53).

Je me tus.

« Comme soldat, je vis ici dans un milieu antijuif. Nos soldats ne sont pas des Romains. Ce sont des Syriens et des Grecs. Ils vous détestent. Si je pouvais donner un conseil à l'empereur, ce serait de les envoyer n'importe où et de les remplacer par des Romains[8].

— Mais n'y a-t-il pas aussi chez vous beaucoup d'antisémites ?

— Bien sûr. Mais ici c'est une tradition bien ancrée. Je me suis fait raconter d'où elle vient. Les derniers rois juifs indépendants, les Asmonéens, avaient soumis les villes grecques et syriennes avoisinantes et avaient réduit leurs habitants en esclavage. Depuis, ces cités ne craignent rien tant qu'un royaume juif puissant. Ils sont particulièrement méfiants à l'égard de tous les rois juifs.

— Mais il n'y a pourtant plus de rois juifs !

— Pas directement, mais il y a des gens, soit à affirmer qu'ils sont eux-mêmes le roi juif attendu, soit à attendre d'autres qu'ils se présentent comme roi ou messie, comme ce Jésus que nous avons récemment exécuté.

— Et vos soldats détestent de tels prétendants au trône ?

— Et comment ! Que nos soldats n'ont-ils pas fait pour tourner en dérision ce Jésus ? Après sa condammnation, alors qu'il était déjà défiguré par la torture, ils ont rassemblé toute la cohorte, l'ont revêtu d'une tunique de pourpre, ont tressé une couronne d'épines et la lui ont mise sur la tête. Puis ils ont commencé à le saluer : Salut, roi des juifs ! Et ils l'ont frappé avec un roseau, ont craché sur lui, se sont agenouillés devant lui en lui rendant hommage[9]. Ils ont tourné le pauvre homme en dérision. Ce faisant, ils ne faisaient qu'exprimer leur haine des juifs.

— Et pourquoi vos officiers ne sont-ils pas intervenus ?

— Tous ne pensent pas comme moi. À Pilate même il ne

8. Environ quinze ans après la mort du roi juif Agrippa Ier (44 ap. J.-C.), la même cohorte qui avait pris part à l'exécution de Jésus exprima publiquement sa haine contre les rois juifs. Ses soldats traînèrent des images de la fille du roi au bordel et fêtèrent ostensiblement sa mort à Césarée. L'empereur Claude pensa alors sérieusement à la déplacer (cf. Josèphe *Autobiographie* 19, 356. 364-366).

9. Mc 15, 16-20.

fait pas bon parler des juifs. Et l'homme fort à Rome, Séjan, doit être leur ennemi acharné.

— Alors c'est la haine contre les juifs qui est la cause de l'exécution de Jésus ! m'écriai-je.

— Elle aussi. Mais il y a plusieurs raisons conjointes, opina Métilius, des raisons sur lesquelles tu en sais peut-être plus que moi. »

Je redevins méfiant. Voulait-il me faire parler sur Jésus ? Les Romains devaient s'efforcer de recueillir des informations sur son mouvement. Celui-ci pouvait-il refleurir et recruter des partisans ? Mais Métilius poursuivit :

« Pourquoi le peuple à Jérusalem s'est-il prononcé pour Barabbas et non pour Jésus ? »

Je haussai les épaules. Je ne le savais vraiment pas. Métilius dit :

« J'ai entre-temps appris beaucoup de choses sur cet étonnant incident dans le Temple. Jésus a proféré un oracle contre le sanctuaire : "Cette maison faite de main d'homme sera détruite et une autre, non faite de main d'homme, sera érigée[10]." En expulsant de la cour changeurs d'argent et marchands d'animaux, il voulait illustrer cet oracle. Mais des prédictions et des provocations de ce genre ne lui ont guère valu d'amis à Jérusalem. La ville presque tout entière vit du pèlerinage, les prêtres et les grands prêtres qui profitent des offrandes au Temple, tous les ouvriers qui y travaillent, les hôteliers qui hébergent les pèlerins, les marchands d'animaux de sacrifice, et jusqu'aux tanneurs qui travaillent les peaux des bêtes offertes. Celui qui attaque la sainteté du lieu touche au fondement économique de ces travailleurs et de leurs familles. Pilate en a fait l'amère expérience lorsqu'il a voulu introduire les images de l'empereur à Jérusalem et employer l'argent de la caisse du Temple à des fins profanes. »

J'eus l'idée que la doctrine de Jésus concernant le pur et l'impur avait dû en inquiéter beaucoup : s'il n'y a plus de nourriture pure, plus de vases purs, plus de marchandises pures, plus d'hommes purs, on pouvait aussi bien faire ses achats chez les païens que chez les juifs. Je pensai à notre si rentable affaire

10. Mc 14, 58.

d'huile d'olive vierge dans les communautés de la diaspora des villes syriennes. Mais j'orientai la conversation sur un autre point :

« Le Conseil d'État juif, le Sanhédrin, a livré Jésus. N'aurait-il pas pu le laisser courir ? Pourquoi a t-il agi ainsi ? »

Pour Métilius, on ne pouvait en ce domaine que faire des suppositions : « Sans doute beaucoup de membres du Sanhédrin tirent-ils profit du Temple. Tous les grands prêtres vivent de la dîme et d'autres offrandes au sanctuaire, ainsi que le prévoit la loi. Ils étaient donc intéressés au caractère intangible de la sainteté de l'édifice sacré et de la loi. Or Jésus était très critique à l'égard du Temple et ne s'en tenait pas à toutes les prescriptions légales. Ne devaient-ils pas craindre de voir disparaître la loi, donc la base de leur existence ?

— Mais il a pourtant été exécuté pour des motifs politiques, en tant que prétendant messianique ? »

Métilius approuva : « Exact ! L'oracle contre le Temple et son comportement en matière religieuse n'ont joué aucun rôle devant Pilate. Celui-ci l'a condamné parce que, comme prétendant messianique, il mettait en danger l'Empire romain. Telle a été la raison décisive.

— Et c'est sous ce chef d'accusation que le Conseil d'État juif l'a livré aux Romains ? Pourquoi ?

— Les motifs du Conseil d'État sont très clairs : comme toute instance politique, il est intéressé au maintien de son pouvoir. Il sait que celui-ci est limité. Pour nous, Romains, le Sanhédrin n'a de raison d'exister que s'il contribue davantage à la tranquillité du pays que si nous la prenions nous-mêmes en main. Il doit donc à tout prix éviter les troubles. C'est son intérêt capital. Car, sitôt qu'il cesserait de contrôler la situation, les Romains interviendraient. En cas de besoin, ils dissoudraient le Conseil[11].

— Mais, dans le cas de Jésus, cette crainte était-elle justifiée ? Était-il vraiment un fauteur de troubles ?

— Peut-être était-il totalement inoffensif. Mais son mouve-

11. Sur ce point, l'évangile de Jean porte un jugement étonnamment réaliste : le Sanhédrin procède contre Jésus avec l'argument suivant : « Si nous le laissons ainsi, tous croiront en lui et les Romains viendront et supprimeront notre Lieu saint et notre nation » (Jn 11, 48).

ment aurait facilement pu déboucher sur des troubles. Des gens qui étaient venus avec lui pour la Pâque à Jérusalem l'avaient salué comme Messie[12]. Il avait dérangé les vendeurs dans la cour du Temple. Il avait suscité l'espérance que se produirait bientôt quelque chose de décisif : le royaume de Dieu allait arriver. La situation était tendue.

— On ne le tenait donc pas lui-même pour si dangereux que cela ?

— Non. Le danger, c'était la grande foule de la fête de Pâque. Nous avons notre expérience. C'est à cause de cette masse de gens que, les jours de fête, le préfet romain vient avec une cohorte renforcer la garnison permanente, pour étouffer d'avance tout trouble. Ne connais-tu pas l'histoire de ce pet qui faillit déclencher une guerre[13] ? »

Je fis non de la tête. Métilius me raconta la chose : « Un jour la foule s'était réunie à Jérusalem pour la fête des pains sans levain. La cohorte romaine avait pris position sur le toit de la colonnade autour du Temple — comme je te l'ai dit, les jours de fête, ils sont toujours en armes à surveiller le rassemblement du peuple pour éviter tout début de soulèvement — un soldat leva sa toge, s'accroupit et tourna de façon inconvenante son derrière vers les juifs tout en lâchant le bruit correspondant. Le peuple se mit violemment en colère, déclencha un vrai tapage et exigea du préfet la punition du soldat. Quelques jeunes, peu maîtres d'eux-mêmes, et d'autres gens qui penchaient de toute façon pour la révolte, marchèrent au combat, prirent des pierres et commencèrent à les jeter sur les soldats. Le préfet craignit alors que tout le peuple ne l'attaquât. Il fit donc avancer un renfort de troupes lourdement armées. À leur entrée dans les cours, les juifs furent saisis d'une panique irrésistible. Ils tournèrent le dos et cherchèrent à fuir du sanctuaire vers la ville. La poussée de la masse entassée aux portes fut telle qu'ils se piétinèrent et s'étouffèrent eux-mêmes, ce qui valut trois mille morts.

« Voilà ce qui peut se produire à chaque fête. Les gens sont énervés. Sans doute les soldats peuvent-ils les forcer à contenir

12. Cf Mc 11, 1 sq.

13. L'incident suivant, rapporté par Josèphe (*La Guerre Juive* 2, 224), eut lieu sous le procurateur Cumanus (48-52 ap. J.-C.).

leur ardeur. Mais d'un autre côté la présence de ces soldats renforce l'excitation des gens. En particulier quand ceux-ci se livrent à des provocations antisémites. C'est pourquoi je pense que l'empereur devrait retirer ces troupes pour les remplacer par des soldats romains. Des provocations aussi inutiles que ce pet en deviendraient plus rares.

— Mais Jésus n'a jamais provoqué les gens de cette manière !

— Il s'est aussi montré provocant, certes d'une tout autre manière, en perturbant le commerce des animaux de sacrifice et des changeurs d'argent. Si un pet suffit presque à déclencher une guerre, que ne naîtra-t-il pas d'une attaque contre les commerçants du parvis du Temple ! Le Conseil d'État juif, le Sanhédrin, a donc agi justement en livrant Jésus.

— L'a-t-on arrêté aussitôt après l'incident du Temple ?

— Non, cela aurait été imprudent. Cela n'aurait pu que redoubler l'excitation. Nous savons bien que, pris en lui-même, Jésus était sans danger. Mais s'il y avait eu quelqu'un d'un peu excité, cela aurait pu avoir des conséquences incalculables. Le Sanhédrin l'a donc fait arrêter à la faveur de la nuit, alors qu'il était seul avec ses partisans les plus intimes.

— Comment alors a-t-on su où le trouver ?

— Un de ses disciples l'avait trahi pour de l'argent. »

Je demandai à Métilius : « Tiens-tu ce Jésus pour coupable ? Est-ce à bon droit qu'il a été condamné ? »

Métilius hésita : « Je crois qu'il était innocent ! Il aurait peut-être suscité des difficultés. Mais ce n'était pas un crime !

— Et, à ton avis, qui est coupable de sa mort ? »

Métilius réfléchit longuement. Puis il me dit : « C'est une erreur de chercher un coupable. Peut-être même est-ce parfaitement vain de s'interroger sur une faute. Son exécution a plusieurs raisons. Il y a les tensions entre les Syriens et les juifs : sans l'antisémitisme régnant dans la cohorte, et jusque chez le préfet, tout se serait passé autrement. Autre raison : les tensions entre juifs et Romains : sans la peur qu'ont les Romains de tout trouble messianique, Jésus n'aurait pas été arrêté. Raison encore, les tensions entre citadins et ruraux : peut-être le peuple de Jérusalem aurait-il demandé la libération de l'autre s'il n'avait été méfiant à l'égard des prophètes de la campagne qui attaquent leur Temple. Raison toujours, les tensions entre l'aristocratie et le simple peuple : l'aristocratie entend maintenir son pouvoir ; c'est pourquoi elle livre aux Romains ceux qu'elle suspecte de susciter des troubles. C'est pourquoi elle veille avec tant de méfiance sur la loi, base de ses revenus et de son pouvoir. Tout converge. Ce Jésus s'en est trouvé écrasé. Il a été broyé par les contradictions dont souffre le peuple tout entier.

— Mais le principal responsable n'est-il finalement pas Pilate ? N'est-ce pas sa faute ?

— Si on cherche un certain type de responsabilité, c'est bien lui. C'est lui qui a prononcé le jugement. Il est responsable au niveau juridique.

— Mais pourquoi l'a-t-il condamné ? Pourquoi ne l'a-t-il pas laissé partir comme un songe-creux[14] ?

— Je crois que Pilate avait peur de se sentir débordé par ces tensions et ces conflits. Il a préféré faire mourir Jésus et survivre lui-même.

— Crois-tu qu'il y réussira ? Que désormais il va pouvoir continuer à commander sans souci ? »

Métilius haussa les épaules : « Dans ce pays, beaucoup de choses sont encore indécises. Que de fois j'ai dû changer d'opinion sur la situation ! Que de choses j'ai dû apprendre ! Je n'ose plus faire de pronostics. Je ne suis même plus sûr que l'affaire Jésus soit désormais liquidée.

— Qu'est-ce qui peut encore se produire, puisqu'il est mort ?

— Il a des disciples. Après la mort du Baptiste aussi, on a commencé par penser que c'était une affaire terminée. Puis Jésus est venu.

— Sais-tu quelque chose sur ses disciples ?

— Ils se sont rassemblés à Jérusalem. Ils croient que Jésus n'est pas mort. Ils prétendent l'avoir vu en vision.

---

14. Les Romains auraient sûrement laissé courir un fou. En l'an 62 ap. J.-C., un prophète venu de la campagne, un certain Jésus, fils d'Ananie, provoqua un scandale en annonçant le malheur sur Jérusalem, le Temple et le peuple. L'aristocratie juive l'arrêta, le fit comparaître et le livra aux Romains. Le procurateur en arriva cependant à la conclusion que ce prophète était un fou et le remit en liberté (Josèphe, *La Guerre juive* 6, 300-309). Impossible de méconnaître le parallèle avec le cas « Jésus de Nazareth ». Celui-ci provoqua lui aussi le scandale avec sa prophétie critiquant le Temple. Lui aussi venait de la campagne. Lui aussi dut comparaître devant deux instances.

— Après la mort du Baptiste, il y avait des gens qui voyaient en Jésus le Baptiste ressuscité des morts.

— Alors ce sinistre jeu va recommencer à zéro ! Mais ces disciples ne le croient pas revenu à la vie. Pour eux, il serait allé vers Dieu. Dieu l'aurait réveillé d'entre les morts.

— Mais c'est absurde !

— Pourquoi ? Pas plus absurde que de croire en un Dieu qui crée à chaque instant le monde à partir du néant. Je dois le confesser : quand je t'interrogeais sur la création à partir de rien, j'avais derrière la tête l'idée de cette question au sujet de Jésus. Peut-on penser quelque chose de ce genre : la recréation d'un homme à partir de la mort ? Y a-t-il une création dans le temps présent ? Mais peut-être ces idées nous conduisent-elles trop loin. Peut-être ne s'agit-il que d'une réaction d'obstination de disciples qui ne peuvent pas admettre la mort de leur maître. Ou de quelque chose de ce genre. »

L'entretien avec Métilius avait pour moi un résultat positif ; j'espérais que son déplacement me dispenserait désormais de toute mission venant des Romains. Il y aurait bien un moment où Pilate lui-même serait rappelé. Peut-être même bientôt, s'il n'arrivait pas à s'imposer dans tous ces conflits, petits ou grands. Alors je serais définitivement libre.

*

Cher Monsieur Kratzinger.

À vos yeux, ce dernier chapitre contient des réflexions de types bien différents : d'un côté une froide analyse des facteurs qui peuvent avoir conduit à l'exécution de Jésus ; de l'autre, à travers la réflexion sur « la création à partir du néant », une allusion à la foi pascale. Vous avez raison de penser que, en écrivant ce texte, je ne me contente pas de présenter une foi passée, mais que je cherche à interpréter celle-ci pour aujourd'hui.

Bien sûr, on a des preuves que cette idée de création à partir du néant existait déjà depuis le IIe s. av. J.-C. On la trouve tout d'abord dans 2 Ma 7, 28. Philon la défend. Paul la présuppose (Rm 4, 17). Il est probable que, dans 2 Co 4, 17, il interprète sa « vision » sur le chemin de Damas en reférence à des images de la foi en cette création.

Je vous accorde volontiers que je n'aurais pas pu écrire ces passages si je n'avais pas connu la « théologie de la création » danoise. C'est là que j'ai découvert que l'existence et l'inexistence, la création et l'anéantissement sont de chaque instant. Nous recoupons ici le même mystère que celui dont s'occupent les philosophes et les théologiens hantés par la question : Pourquoi y a-t-il quelque chose plutôt que rien ? C'est à ce mystère que nous nous heurtons dans la foi pascale !

Mon « exégèse narrative » débouche ici sur une « herméneutique narrative ». Autrement dit, il ne s'agit pas seulement pour moi de la signification que l'on pouvait jadis donner à la foi pascale, mais de celle que nous pouvons lui conférer aujourd'hui.

Cordialement vôtre.

Gerd Theissen

18

LE SONGE DE L'HOMME

La conversation avec Métilius m'avait fait comprendre une chose : tout groupe ou tout individu cherche à s'affirmer au dépens des autres. Nous avons tous appris qu'il faut épargner les faibles. Mais, en cas de conflit, la peur de périr nous pousse à sacrifier les autres à notre avantage.

Telle avait bien été la position du Conseil d'État : « Il vaut mieux qu'un seul périsse plutôt que de voir le peuple tout entier perdre son indépendance. » On avait donc sacrifié une personne à l'intérêt de la collectivité[1].

Pilate avait agi selon le même principe : mieux valait pour lui la mort d'un seul plutôt qu'une menace sur son pouvoir. Il avait tremblé de ne pouvoir garder sous son contrôle les mouvements messianiques possibles, au cas où il n'aurait pas supprimé Jésus.

Le peuple ne pensait à rien d'autre. Pour sauvegarder ses intérêts, il avait demandé la crucifixion de Jésus. Il avait eu peur de la ruine économique qui aurait pu découler d'une désacralisation du Temple et de la ville où affluaient les pèlerins du monde entier.

Barabbas lui-même avait tiré profit de cette loi. Un autre était mort à sa place.

Ainsi tout le monde m'apparaissait-il empêtré dans son besoin

---

1. Cf. Jn 11,47-50.

d'assurer sa survie aux dépens d'autres qu'on excluait et qu'on condamnait.

Bien sûr, dans ce jeu cruel, je n'avais joué qu'un rôle de comparse. Mais cette constatation ne me soulageait guère. N'étions-nous pas tous des bêtes acharnées à survivre aux dépens de congénères plus faibles ? N'étions-nous pas tous en train de continuer à nous manger les uns les autres, poursuivant ainsi ce que, dans la nature, on n'observe le plus souvent qu'entre espèces différentes ? Personne ne vit qu'en supplantant son prochain ! Nul ne peut se soustraire à cette donnée. Et pourtant je ne l'accepterai jamais. Même si on me prouvait mille fois que Dieu avait organisé ce monde ! Personne ne pourrait me faire avaler cela !

J'étais dégoûté d'avoir pris part à ce jeu. Je ressentai de l'horreur à la pensée que je devais continuer à le faire. Je ne voyais aucune issue, sinon dans un bouleversement total de l'ordre de ce monde. C'est justement ce dont j'avais parlé avec Métilius. Mais maintenant cette idée me paraissait absurde ! Qui était en état d'opérer ce changement ? Était-ce à nous, les hommes, de réviser la création ? Ou devions-nous attendre de Dieu qu'il la reconstruise à neuf ?

J'étais revenu à mon logement. Mais je roulais en moi-même de sombres pensées. Je ne cessais de me torturer l'esprit sans résultat.

C'est dans cet état d'esprit que je reçus un soir une visite : Baruch, debout devant ma porte ! Il y avait presque six mois que nous ne nous étions pas revus. Il arrivait au bon moment. Mon activité au service des Romains avait tout au moins un côté positif : j'avais pu lui rendre goût à la vie. Je l'avais trouvé réduit à l'état de loque humaine. Maintenant il était là, en pleine santé. Cette fois, c'était moi qui étais désorienté, perdu, fini !

Nous nous assîmes dans la chambre haute. La nuit était tombée. Nous n'avions pour éclairage que celui d'une petite lampe à huile. Baruch me raconta qu'il m'avait cherché à Séphoris, puis qu'il s'était mis en route pour me retrouver. Il m'apportait une lettre scellée déposée chez moi par un étranger. Puis il se mit à parler d'autre chose. Les mots se bousculaient dans sa bouche. À Jérusalem, il s'était joint à une communauté nouvelle. Ses membres vivaient dans la clandestinité. Ils avaient mis tous leurs biens en commun. Les affamés étaient rassasiés, les affligés consolés. Hommes et femmes, esclaves et hommes libres, tous avaient les mêmes droits[2].

Baruch était-il retombé sous la coupe d'une secte ? Ici encore, n'avais-je pas perdu mon temps ? Cependant je n'écoutais qu'à moitié. Ma pensée était ailleurs. Je croyais avoir reconnu l'écriture apposée sur la lettre : elle était sûrement de Barabbas ! Très excité, je brisai le sceau.

Baruch continuait à raconter son histoire. Il parlait, parlait. De repas en commun. D'amitié et d'amour. D'Esprit divin. De miracles. De guérisons. Je dressai l'oreille en l'entendant me dire :

« Notre communauté se rattache à ce Jésus de Nazareth auquel tu t'es jadis intéressé ! »

Je me défendis : « Jésus est mort ! Il a échoué, comme tant d'autres prophètes.

— Non, il n'est pas mort !, affirma-t-il. Après sa mort, on l'a vu sous une forme totalement nouvelle[3] ! » Impossible de freiner son débit.

J'avais pu le ramener une fois à la vie, mais pas à celle d'un commerçant ! Je n'avais pu lui donner ce qu'il avait jadis cherché au désert chez les Esséniens : la sécurité au sein d'une communauté soustraite à la malice de ce monde. Maintenant il avait trouvé ce à quoi il avait aspiré !

À vrai dire, j'aurais dû me réjouir de son enthousiasme. Ne contrastait-il pas du tout au tout avec son attitude d'autodestruction dans le désert ? Mais marquait-il autre chose qu'une retombée dans le songe d'une vie totalement différente, celle dont il avait rêvé à Qumrân ? Voulait-il m'entraîner dans son rêve ? En fait, cela ne fit que ranimer mon sentiment de faiblesse et de vulnérabilité. Tout ce qui avait trait à Jésus ne pouvait que raviver mes blessures et me faire mal. Tout me rappelait la façon dont les meilleures intentions du monde pouvaient dans certaines

---

2. Cf. la présentation de la communauté primitive dans Ac 2, 42-47 ; 4, 32-37 et, de façon générale, en Ac 1-6.

3. La tradition la plus ancienne concernant les apparitions se retrouve en 1 Co 15, 3-7. Paul y cite une tradition qui lui a été transmise. Il a personnellement connu trois ans après sa conversion — donc dans les années 30 — les témoins qui y sont cités, Pierre et Jacques. On ne peut avoir aucun doute sur l'authenticité subjective de cette tradition.

conditions déboucher sur leur contraire. Impossible à Baruch de comprendre ce qui se passait en moi.

Mais peut-être Barabbas avait-il trouvé une solution ? Peut-être l'avais-je regagné à la vie, lui au moins ? Sans plus prêter attention au flux de paroles de Baruch, je lus sa lettre :

Barabbas souhaite à André *Shalom* !

Brûle cette lettre aussitôt que tu l'auras lue. Car personne ne doit la trouver chez toi ! Personne ne doit savoir ce qu'elle contient. Je t'écris avant tout pour te remercier. J'ai entendu parler de ton intervention en ma faveur. J'ai échappé de peu à la mort. Cela a coûté cher : un autre est mort à ma place. Deux de mes amis ont été crucifiés avec lui. Depuis, je me demande pourquoi cela en a touché d'autres. Pourquoi Jésus et pas moi ?

Je sais que Jésus te tenait à cœur. Tu as défendu la douceur de sa voie de rébellion et tu as refusé ma forme de résistance. Maintenant je me trouve indissolublement lié à lui. Je ne cesse de réfléchir à ce que cela veut dire pour moi.

S'il est mort à ma place, je suis désormais obligé de vivre à la sienne. Tu me diras probablement que je lui dois de l'imiter. Mais j'en suis arrivé à une autre conclusion. Nos chemins vont en un sens opposé, et ils se renvoient pourtant l'un à l'autre.

Pour prendre au sérieux la révolution par la douceur que défendait Jésus, les forts de ce monde doivent savoir que sa seule alternative, c'est une rébellion violente aux risques incalculables. Sans cela, des hommes comme Jésus n'auront aucune chance. Ils n'auront de poids que si nous sommes derrière.

La réciproque vaut pour nous. Notre difficile chemin n'offre de chance que si l'autre chemin est aussi praticable. Nous pouvons secouer l'ordre existant, mais nos méthodes ne nous permettent de créer aucun ordre nouveau. Nous sommes en danger de nous trouver dépassés par les conséquences de notre violence : la violence engendre à son tour la violence. Si nous réussissons à nous imposer un jour, nous serons assignés au pardon et à la réconciliation.

C'est en nous complétant que nous devons poursuivre chacun notre route : elles sont différentes et souvent opposées. Je sais que Jésus ne prendrait pas la nôtre. Mais nous n'en sommes pas moins renvoyés les uns aux autres. Sur son chemin, il court le risque de se trouver récupéré par les puissants. Nous sommes en danger de perdre de vue notre but.

Finalement, c'est quand même ensemble que nous poursuivrons notre route. Oui, elles se sont déjà rejointes : deux de mes frères ont été crucifiés en même temps que lui. Ils lui appartiennent. Lui est mort comme

« roi des juifs », et les nôtres sont morts à sa suite[4]. Je reconnais qu'il nous est supérieur. Mais il a besoin de nous. Il a besoin de la saleté de notre travail. Il a besoin de nous dans sa suite. Tandis que ses disciples l'abandonnaient, nous mourions avec lui. Si jamais je tombe entre les mains des Romains et que je dois suivre son destin, je serai uni à lui.

Dieu nous prenne tous en pitié !

Ton ami

Barabbas.

Pendant ma lecture, Baruch n'avait cessé de parler. Je n'y avais guère prêté attention. La voix du lointain Barabbas s'était faite proche, la sienne lointaine. Encore restait-elle importante. Sans elle, j'aurais été saisi d'un désespoir impuissant. Car je devinais tout de suite qu'un jour Barabbas finirait comme Jésus. Son chemin n'était pas plus praticable que le sien. Toutes mes belles idées, à moi aussi, n'étaient qu'illusions. J'avais rêvé de réformes. Pour cela, il aurait fallu disposer du pouvoir. Or celui-ci était entre les mains des Romains. Aussi longtemps que ceux-ci croiraient pouvoir étouffer toute insatisfaction par des troupes armées, ils ne trouveraient aucun intérêt à améliorer la situation. Tout allait de travers. Tout était absurde. On ne pouvait rien faire.

Heureusement, en ce moment, je pouvais tout au moins faire quelque chose : brûler la lettre. Je tins la feuille de papyrus sur la flamme d'une lampe à huile. La flamme commença à monter. Des reflets intermittents faisaient danser la pièce. Le visage effrayé de Baruch tremblotait dans l'ombre passagère. Il s'aperçut pour la première fois que j'avais l'esprit ailleurs.

« Que fais-tu ? me demanda-t-il consterné.

— Je brûle cette lettre. » Je brûlais moi-même de dégoût et d'horreur, et je réduisais en cendres toutes mes croyances. Je ressentais une envie de tout détruire.

« Baruch, lui dis-je, il faut parfois détruire une lettre, et sa foi par-dessus le marché.

— Que veux-tu dire ? »

4. On avait crucifié deux « voleurs » en même temps que Jésus (Mc 15, 26 sq.).

Comme nos pensées nous éloignaient l'un de l'autre ! Était-il possible de vraiment nous comprendre ce soir-là ? J'en doutai.

« Baruch, repris-je, n'oublie pas pourquoi les Esséniens t'ont chassé. Tu avais montré que la rumeur au sujet de leur trésor n'était qu'illusion ! Tu avais compris qu'elle ne servait à rien d'autre qu'à livrer les gens à la merci de la communauté et à les pousser à lui faire don de leurs biens ! Ne vois-tu pas que les disciples de Jésus vivent d'une illusion semblable ?

— Mais aucun d'eux ne prétend avoir quelque trésor caché !

— C'est pourquoi ils parlent d'un trésor dans le ciel. Ils croient en un mort qui a pris pour eux le pouvoir là-haut. Sans cette croyance, ils ne pourraient amener personne à livrer volontairement tous ses biens à la communauté.

— C'est un vivant qui a conquis pour nous le pouvoir au ciel et sur la terre. Mais si Dieu peut redonner vie à un mort, ne peut-il également revivifier nos cœurs de l'Esprit de vie et nous rendre capables de choses que personne ne tiendrait jamais pour possibles ?

— Où est donc la différence entre un trésor caché sur terre et un représentant caché au ciel ? Ils sont l'un et l'autre incontrôlables ! Ils peuvent tous les deux être illusoires ! Tout groupe a besoin de quelque mensonge touchant l'existence pour faire rester les gens ensemble, les Esséniens tout comme vous.

— Tu oublies une différence : personne n'a jamais vu le trésor des Esséniens. Mais nombreux sont ceux qui ont vu Jésus. Beaucoup ont trouvé la vérité dans ses paroles. Il est apparu à plusieurs après sa mort.

— Et si ces apparitions n'étaient qu'imagination et hallucinations ?

— Pourquoi Dieu n'utiliserait-il pas imagination et hallucinations pour nous transmettre sa bonne nouvelle ?

— Quelle bonne nouvelle ?

— Que Dieu est aux côtés de Jésus, même après sa mort.

— Ne faudrait-il pas plutôt dire que ses disciples ont repris place aux côtés de Jésus ?

— L'Esprit de Dieu les a poussés à le faire.

— À quoi reconnais-tu ici l'esprit de Dieu ?

— Parce que Dieu a toujours agi ainsi avec nous. De tous temps il a choisi les faibles et les rejetés. Exactement de la même façon, il a élu le crucifié.

— Je doute que l'Esprit de Dieu puisse jamais s'emparer d'un groupe d'hommes. Tout groupe a besoin de victimes et de marginaux. Chez vous, avec toutes mes questions sceptiques, ne me trouverais-je pas rejeté dans le désert tout comme tu le fus par les Esséniens ? »

Baruch protesta. « Nous n'avons aucun trésor caché pour appâter les gens. Il y a eu un jour un couple qui a effectivement voulu cacher un trésor. Mais on l'a découvert !

— Et qu'est-ce qui leur est arrivé ?

— Ils avaient vendu un champ et avaient soi-disant donné tout le produit de la vente à la communauté, mais ils en avaient en réalité gardé la moitié. Au cours d'une réunion de communauté, on s'est aperçu qu'ils avaient péché contre l'esprit de notre église[5].

— Est-ce qu'on leur a pardonné ?

— Le jugement est tombé comme un glaive : ils sont morts tous les deux en quelques minutes. »

Furieux, je bondis et m'écriai : « N'as-tu pas fait toi-même l'expérience de ce qui se passe quand quelqu'un pèche contre l'esprit d'une communauté ? Tu as été condamné à mourir de faim. Et vous mettez à mort deux de vos membres parce qu'ils n'ont pas fait les choses aussi parfaitement que vous l'auriez voulu ?

— Personne n'a voulu leur mort. Cela s'est passé tout seul.

— Baruch, criai-je, comment peux-tu appartenir à une communauté de ce genre ? Est-ce que cela correspond à l'esprit de Jésus ? Est-ce qu'il ne s'est pas souvent mis à table avec des publicains qui ne cessaient de camoufler de l'argent ? Est-ce qu'il s'est servi de son pouvoir pour faire périr des gens ? »

Baruch se tut, interdit.

Il dit alors tout bas : « Peut-être as-tu raison. Nous non plus, nous ne sommes pas parfaits. Pourtant il y a dans notre communauté beaucoup d'amour et d'entraide. Pourquoi en parles-tu avec tant de hargne ? Est-ce que tu veux aussi m'arracher à elle ? »

Le voulais-je vraiment ? Pourquoi avais-je cherché avec tant de zèle à blesser Baruch dans sa foi ? J'eus besoin d'un bon moment pour répondre :

5. Ac 5, 1 sq.

« Quand je t'ai arraché à la communauté essénienne, c'était très différent. C'était alors toi qui allais très mal. Aujourd'hui, c'est moi qui ai des problèmes. Avec ce Jésus, quelque chose s'est brisé en moi. J'avais beaucoup attendu de lui. Y compris la solution de problèmes personnels. Maintenant j'ai perdu toutes mes illusions et je ne ne voudrais plus succomber à de nouvelles ! »

Pour Baruch, tout cela devait être assez hermétique. Mais cela me fit du bien de l'entendre me dire : « Viens donc chez nous ! »

Je secouais la tête : « Je ne suis pas fait pour votre communauté. Je suis un commerçant fortuné. Que pourrais-je faire dans une communauté qui méprise l'acquisition des richesses et qui traite sans égard ceux qui en ont ? »

Entre l'enthousiasme de Baruch et mon abattement, il y avait un monde. Nous cherchâmes encore un peu à atténuer l'arrière-goût amer de notre dialogue de sourds en nous accordant sur des détails quotidiens sans importance. Notre entretien se poursuivit tard dans la nuit. Nous nous séparâmes enfin pour aller dormir, Baruch dans une chambre au rez-de chaussée, moi au premier étage. Mais je savais que je ne trouverais pas de sitôt le sommeil, en dépit de ma fatigue. Longtemps, je fixai la nuit.

Au-dessus de moi luisait le ciel étincelant d'étoiles. Loin de moi, des millions d'astres scintillaient à une distance infinie. Ma propre vie était si minuscule — simple grain de poussière sur cette terre. Qu'était donc le monde dans sa totalité ? Était-ce autre chose qu'un amas contingent de boue et de poussière, de lumière et de ténèbre, d'eau et de terre ? Là trouvaient à vivre différents organismes faits de poussière, dressés les uns contre les autres dans une lutte pour la vie, chacun cherchant à écraser l'autre, à l'exploiter, à le rabaisser, à le sacrifier. Et les hommes qui en prenaient conscience en étaient désespérés. Ils se cabraient. Ils cherchaient à fuir. Les uns se révoltaient violemment et tombaient eux-mêmes dans la spirale de la violence et de la contre-violence. Les autres, pris dans des rêveries sanguinaires, faisaient périr le monde dans les flammes — causant par là une souffrance plus grande que celle même pour laquelle ce monde méritait sa condamnation ! D'autres se retiraient au désert, construisaient une contre-société, cherchaient à devenir saints dans l'engrenage maudit du monde. Mais eux aussi envoyaient leurs boucs émissaires dans le désert lorsqu'ils le jugeaient nécessaire. Et les victimes elles-mêmes n'en devenaient pas plus instruites ! Même elles ne s'insurgeaient pas quand on en sacrifiait d'autres. Et tous ceux qui prenaient part à ce jeu cruel y trouvaient de bonnes raisons. Les uns entendaient garantir le repos et la paix, les autres imposer la justice, les troisièmes accomplir les commandements de Dieu. Personne qui ne trouvât de justification ! Et tous s'engouffraient dans la cruelle logique de ce monde.

Je fus une fois de plus saisi de nausée. Et une fois de plus des mots de nos Écritures me revinrent à la pensée :

Je regarde encore toute l'oppression
qui se commet sous le soleil :
Voici les larmes des opprimés
et ils n'ont pas de consolateur ;
et la force du côté des oppresseurs
et ils n'ont pas de consolateur.
Alors je félicite les morts qui sont déjà morts
plutôt que les vivants qui sont encore vivants.
Et plus heureux que tous les deux
est celui qui ne vit pas encore
et ne voit pas l'iniquité
qui se commet sous le soleil.
Et je vois que tout travail et toute réussite
n'est que jalousie de l'un pour l'autre :
cela est vanité et poursuite du vent[6].

Était-ce cela la vérité ? Mais si c'était la vérité, toute la vérité, pourquoi fallait-il participer à ce jeu absurde ? Pourquoi ne pas faire grève ? Pourquoi ne pas dire : je ne veux pas de cette vie ? Je m'en retire librement ? Si les morts sont plus heureux que les vivants, ne serait-ce pas plus logique ?

Je regardai ma main et m'imaginai l'aspect qu'elle prendrait dans la mort. Je tâtai mon visage pour entrevoir la forme du crâne mort qu'il recouvrait. Je tentai d'imaginer mon corps froid

6. Qo 4, 1-4.

et sans vie. Mais en touchant mon propre corps, je sentais qu'il était chaud. Mon cœur battait régulièrement. Ma poitrine se soulevait et se contractait. Mes yeux voyaient le ciel brillant d'étoiles. Mes oreilles entendaient le déferlement de la mer. Mon nez percevait l'odeur de sable et d'eau salée. Je voyais, j'entendais, je sentais les odeurs. Je vivais, je respirais, j'éprouvais. N'était-ce pas un miracle, que poussière et terre vivent, pensent, ressentent, doutent et même puissent désespérer ? Combien de causes devaient s'engrener parfaitement l'une sur l'autre en mon corps pour que je puisse vivre cet instant sans souffrance physique ? Et si ce n'était là que moment transitoire, en perdait-il toute valeur pour autant ?

Je pensai à Barabbas. Ne devait-il pas avoir, lui aussi, des pensées similaires ? Qu'en serait-il de ce corps, maintenant en pleine vie, mais voué à la peine capitale ? Mon ami venait une fois de plus de se voir gratifié de la vie. N'était-ce pas une bonne chose, même si paraissait absurde tout ce qui avait conduit à ce résultat ? Ce don constamment renouvelé de la vie n'était-il pas merveilleux, même s'il avait sa sombre contrepartie de victimes : tous ceux qui, comme Jésus, se trouvaient déchirés par les conflits de ce monde ?

Je le devinais : ma vie était un fragment d'une vie qui m'était prêtée. En moi se poursuivait quelque chose de la vie de tous les humains, des privilégiés comme des déshérités, du Jésus circulant en toute liberté en Galilée et du Jésus victime crucifiée. Je percevais le devoir de maintenir cette vie. N'était-ce pas trahison que de la rejeter ? Et si ma propre existence venait quelque part à être sacrifiée, dans les geôles romaines ou dans les grottes de la terreur, ne se continuerait-elle pas à travers tous ceux qui se refuseraient à n'admettre de possibilité de vie qu'aux dépens d'autres vies ? N'y avait-il pas au plus profond de moi un pressentiment d'une vie qui ne serait plus opposée à celle des autres, mais qui trouverait à s'accomplir en communion avec eux ? Où tous, heureux et malheureux, se trouveraient profondément liés comme le sont les membres d'un corps ? Où s'accomplirait le songe de Baruch, celui où tout serait à tous ?

Je m'endormis. Pendant mon sommeil, j'eus de nouveau ce rêve qui m'avait si longtemps poursuivi. Jusqu'ici, il n'avait jamais pris forme que fragmentaire. Maintenant il prenait cohérence en s'unifiant[7].

J'étais au bord de la mer. La tempête soulevait les flots. Des vagues écumantes se précipitaient et claquaient sur le sable. Puis une forme s'éleva du chaos. On pouvait en distinguer les traits : un lion avec une crinière dégoulinante s'avança vers la plage, sortit ses griffes et hurla : « C'est à moi qu'appartient le pays. À moi, et à personne d'autre ! » Je regardai autour de moi et vis quantité de gens, terrorisés, se cacher devant la bête. Cependant, certains restaient debout. Alors le lion sauta sur eux, en saisit un et le broya entre ses dents tandis que s'éteignait pitoyablement sa plainte. Aussitôt les autres se jetèrent à terre et demandèrent grâce. Triomphant, le lion se rengorgea devant leur hommage. Puis il aperçut un groupe où tous n'avaient pas plié le genou. Furieux, il se mit à cracher contre eux. En le voyant approcher, deux d'entre eux cherchèrent à fuir. Mais il les rattrapa et les tua. Il avait ainsi atteint son but : tous se jetèrent à ses pieds. Le lion se redressa et gronda : « Je ne suis pas un monstre ! Je ne suis pas un monstre ! Je crée la paix ! La paix sur la terre ! » Puis son image disparut.

Et de nouveau je me trouvai au bord de la mer grondante. Du milieu des vagues déferlantes se leva un nouveau monstre : un ours aux larges épaules sortit des flots d'un pas lourd. Il se précipita sur les gens et les obligea à se répartir en deux groupes. Il dota les uns de fouets et enchaîna les autres. Ceux qui avaient un fouet commencèrent à forcer les autres à travailler. De temps à autre, on voyait un des forçats s'effondrer d'épuisement. Aussitôt l'ours se précipitait sur lui et le dévorait. D'autres réussirent à se défaire de leurs liens. Ils tentèrent de s'échapper dans un fourré sans se faire remarquer. Mais en quelques bonds l'ours fut sur eux et les tua. Parfois les deux groupes se joignaient, rejettaient fouets et chaînes et cherchaient à fuir. Mais l'ours était plus rapide : avec des gestes furieux, il

7. Ce songe est une reprise très libre de Daniel 7. Les autre animaux qui sont présentés dans le livre de Daniel figurent les quatre grands empires des Babyloniens, des Mèdes, des Perses et des Grecs. Un écrit apocalyptique juif de la fin du Ier s., celui qu'on appelle le IVe livre d'Esdras, raconte ce rêve d'une façon nouvelle. Dans ce dernier ouvrage, le songe se termine par les Romains.

les remettait en groupe en provoquant un bain de sang. Puis il se dressa et mugit : « Je mets de l'ordre ! De l'ordre ! Je crée un monde d'ordre ! »

Une fois encore, je me retrouvais au bord de la mer grondante. Les vagues giclaient en hauteur, comme si elles voulaient inonder le ciel. Elles accouchèrent d'un nouveau monstre : un aigle jaillit des flots. Dans ses serres, il tenait un globe. Celuici était surmonté d'une croix avec des bras tournés vers le bas. Il étendit les ailes et couvrit de son ombre le pays tout entier. Saisis de panique, les gens s'égaillèrent et, en criant, cherchèrent refuge dans des grottes et des fossés. Mais tous n'y trouvèrent pas abri. Certains tentaient de se faufiler parmi ceux qui les avaient précédés dans les grottes et dans les fossés, mais on les repoussait par la force : personne ne voulait les recevoir. Perdus, ils se mirent à errer de-ci, de-là dans la plaine ouverte : hommes, femmes, enfants, vieillards. Il était rare de voir quelqu'un leur ouvrir son refuge et en agripper un pour le mettre à l'abri. Menaçant, l'aigle plana longtemps sur tous ceux qui erraient, jusqu'à ce qu'ils fussent complètement glacés de frayeur. Puis il laissa tomber son globe. On entendit sur la plaine le bruit d'une violente déflagration. Une fumée noire obscurcit le ciel. Il y eut une odeur de pourriture et de sang. Une fois la fumée dissipée, la plaine apparut couverte de cadavres et d'ossements. L'aigle grinça : « Je crée de l'espace vital ! Place à la vie, à la vie sur cette terre ! » Puis son image sombra dans le néant.

Mais l'horreur n'était pas encore à son terme. La mer tempêta et déferla de nouveau sur la terre, toujours aussi furieuse. De nouveaux monstres se glissèrent sur la plage. Cette fois, il s'agissait de deux gigantesques pieuvres qui s'installèrent l'une à côté de l'autre en cherchant de leurs tentacules à agripper le monde entier. À chaque extrémité de ces tentacules, il y avait deux orifices, un grand et un petit, gardés par des surveillants. Sous la contrainte de ces derniers, les gens halaient de l'argent qu'ils fourraient dans les grands orifices. Les pieuvres l'aspiraient avec avidité. À travers les petits orifices, un peu d'argent roulait jusqu'aux surveillants. Pour l'obtenir, il leur fallait fouetter les autres en les forçant à nourrir les pieuvres. Beaucoup de gens mouraient de faim. Beaucoup étaient malades, d'autres tout nus. Certains erraient à l'étranger. Il arrivait que, saisis du courage du désespoir, certains de ceux qu'on maltraitait saisissent leurs surveillants. Alors les pieuvres envoyaient à leurs sbires des épées et des lances grâce auxquelles ils pouvaient rétablir l'ordre ancien. Certains des rebelles étaient mis en prison, beaucoup massacrés. Et on recommençait à servir les tentacules des pieuvres. Il arrivait aussi de temps à autre qu'un groupe de surveillants soit délogé par un autre. Alors une des pieuvres rentrait sa tentacule de telle sorte que l'autre pouvait fourrer la sienne dans l'orifice ainsi formé. Les deux monstres prenaient alors appui l'un sur l'autre, se cabraient et cherchaient à s'intimider avec des gestes de menace. Ils firent surgir de la mer beaucoup de petits monstres. On put tout d'abord voir des mufles en forme de trompes, puis des têtes rondes qui se tournaient lentement de-ci, de-là sur des troncs lourdauds. C'étaient des dragons ou de gigantesques crapauds qui rampèrent vers la terre. Ils prirent position en deux groupes opposés. Chaque fois qu'un des deux côtés avait le renfort d'un nouveau crapaud géant, l'autre faisait à son tour venir du renfort. Il y eut de plus en plus de monstres cuirassés à se combattre. Ils crachaient du feu. De toutes les trompes s'échappaient une flamme. Un incendie menaça de dévorer la terre. Les hommes, qui s'étaient jusque-là abrités derrière les monstres cuirassés, furent saisis de panique. Affolés, ils se mirent à fuir dans tous les sens. J'étais dans l'attente d'une immense catastrophe.

Soudain les ténèbres bouchèrent la vue. Pendant un instant, on ne vit plus ni la terre, ni la mer, ni les étoiles, ni la lune, ni les arbres, ni les buissons. Les plaintes des hommes se turent, et les animaux disparurent. Du pays se leva un reflet dans le ciel. On put voir une forme d'homme. Une chaude lumière se répandit autour d'elle. Dans son rayonnement, on put à nouveau voir la terre. Je vis les bêtes au fond de l'abîme. Elles étaient mortes. Les pieuvres avaient rentré leurs tentacules et s'étaient recroquevillées sur elles-mêmes. Les monstres cuirassés étaient tout ratatinés. De partout se levaient des gens. Ils reprenaient souffle. Ils regardaient pleins d'espérance la forme dans le ciel. Je ne pouvais pas encore la reconnaître. J'avais pourtant l'impression de l'avoir déjà vue. Ce fut soudain un trait de lumière : c'était l'homme dont j'avais rêvé dans la prison de Pilate. Celui qui, pendant mon songe, m'avait arraché des griffes de la bête. Il me tomba des yeux comme des écailles, tandis que j'entendais une voix qui clamait :

Heureux les artisans de paix
car ils seront appelés fils de Dieu.
Venez, les bénis de mon Père,
Recevez en héritage le Royaume
qui vous a été préparé depuis la fondation du monde.
Car j'ai eu faim, et vous m'avez donné à manger,
j'ai eu soif, et vous m'avez donné à boire,
j'étais un étranger, et vous m'avez accueilli,
nu, et vous m'avez vêtu,
malade, et vous m'avez visité,
prisonnier, et vous êtes venus me voir[8].

C'était Jésus, un Jésus métamorphosé. Je ne l'avais vu qu'une fois, de la muraille de Jérusalem. Il pendait alors à la croix, mort. Maintenant il rayonnait de vie, de paix et de liberté. Le règne de la Bête était terminé! Je m'éveillai, heureux et déconcerté.

Je me levai, sortis sur le balcon et, de l'étage, regardai la mer. Au delà d'une bande de sable blanc s'étendait une obscurité de plus en plus poussée vers l'ouest, celle même d'où avaient surgi mes rêves désordonnés. Aucune tempête n'agitait plus sa surface. Plus de lames à gronder sur la plage. Sur le pays, la lumière commençait à se répandre. Là où se rejoignaient le ciel et la mer, on voyait l'horizon se dessiner en bande pâle et des ombres colorées planer face au soleil levant, mais encore un instant invisible. Ses rayons perçèrent tout de l'orient, de la terre. Il apparut, brillant sur les collines et inonda la mer de sa lumière étincelante. La ville refléta timidement sa première clarté. Puis les bâtiments émergèrent de plus en plus clairement de la pénombre des rues, le temple et la synagogue, les maisons des juifs et celles des païens : tout fut illuminé de sa clarté naissante. L'astre se levait sur les bons et sur les méchants, sur les justes et sur les injustes. En moi, tout était chaleur et lumière.

Les monstres nocturnes surgis du chaos étaient vaincus. Effacée aussi la terreur devant la dureté de la vie. En moi le règne

---

8. Mt 5, 9 et 25, 34-36.

de la Bête avait pris fin. L'homme véritable s'était manifesté à moi. Et j'avais reconnu en lui les traits de Jésus. Il m'avait rendu la terre. Elle ne s'était pas améliorée depuis la veille. Tout comme hier, on verrait s'y poursuivre la lutte pour la vie. Mais celle-ci n'était pas tout. Ce combat ne devait pas absorber toute mon activité et tous mes sens. Je conclus un nouveau pacte avec la vie.

Je sentis clairement une voix s'élever de partout, me proposant cette alliance. Jamais plus je ne maudirai la terre, jamais plus je ne renierai la vie ! Jamais plus je ne me laisserai dominer par les bêtes de l'abîme ! J'entendais la voix des choses et elle se confondait avec la voix de Jésus. J'en avais la certitude: où que j'aille, elle m'accompagnerait toujours. Jamais je ne pourrais m'y soustraire. Je lui répondis en priant:

Seigneur,
tu me sondes et tu me connais.
Que je me lève ou m'assoie, tu le sais,
tu perces de loin mes pensées.
Que je marche ou que je me couche, tu le sens.
Mes chemins te sont familiers.
La parole n'est pas encore sur ma langue,
et voici, Seigneur, tu la sais tout entière.
Derrière et devant, tu m'enserres,
Tu as mis sur moi la main.
Merveille de science qui me dépasse,
hauteur où je ne puis atteindre!
Où irai-je loin de ton Esprit,
où fuirais-je loin de ta face?
Si j'escalade les cieux, tu es là.
Qu'au shéol je me couche, te voici!
Je prends les ailes de l'aurore
je me loge au plus loin de la mer,
même là ta main me conduit,
ta droite me saisit.
Je dirai: « Que me presse la ténèbre,
que la nuit soit pour moi une ceinture »,
même la ténèbre n'est pas ténèbre devant toi
et la nuit comme le jour illumine.
C'est toi qui m'as formé les reins,

qui m'a tissé au ventre de ma mère.
Je te rends grâce pour tant de prodiges :
Merveille que je suis, merveille que tes œuvres ![9]

Je restai longtemps debout devant notre maison, et je laissai résonner en moi le rêve de l'Homme. Le règne de la Bête ne pouvait durer éternellement. Un jour apparaîtrait l'homme, l'Homme véritable. Et tous reconnaîtraient en lui les traits de Jésus.

Puis je me rendis dans la chambre basse et éveillai Baruch. Nous mangeâmes ensemble, nous partageâmes le pain et bûmes à la même coupe et nous nous réjouîmes d'être ensemble.

9. Ps 139, 1-14.

EN GUISE DE CONCLUSION

Cher Monsieur Kratzinger.

Après avoir fini de lire ce livre, vous me demandez quelques indications bibliographiques. Vous aimeriez savoir de quelle littérature scientifique dépend mon portrait de Jésus et de son temps. Je ne voudrais mentionner que quelques titres particulièrement importants.

Le meilleur exposé sur Jésus est à mon avis celui de G. Bornkamm: *Qui est Jésus de Nazareth ?* (Le Seuil, 1973). Très important pour moi est aussi le livre de E.P.Sanders, *Jesus and Judaïsm* (Philadelphie 1985). Lui aussi m'a beaucoup appris. Vous trouverez chez B.Otzen, *Den Antike Jodedom* (Copenhague 1984) un bon exposé d'ensemble du judaïsme antique, liant histoire sociale et histoire religieuse. En ce qui concerne la Palestine de cette époque, les ouvrages de M. Hengel sont irremplaçables. Je pense en particulier au livre sur *Les Zélotes* (Leiden/Cologne 1976) et à l'ouvrage capital sur *Judaïsme et hellénisme* (Tubingen 1973).

Il ne vous a pas échappé que j'ai repris dans le présent ouvrage nombre de réflexions empruntées à mon livre sur le milieu social du mouvement de Jésus (*Le Christianisme de Jésus, ses origines sociales en Palestine*, Desclée 1968). J'ai également beaucoup appris des recherches en science d'histoire sociale de mes collègues.

Il me faut remercier les nombreux lecteurs qui ont revu dans un esprit critique les premiers projets de cet ouvrage, Daniel Burchard, Gerhard et Ulrike Rau, Elisabeth et Catharina Seebass, Gunnar et Oliver Theissen, et surtout ma femme. Wega Schmidt-Thomée a plusieurs fois réécrit et accompagné de ses remarques critiques ce manuscrit. David Trobisch m'a suggéré nombre d'améliorations de contenu et de style.

Je dois aussi vous remercier vous aussi, cher Monsieur Kratzinger. Tout au long de la rédaction de cette fantaisie littéraire, vous m'avez forcé à réaffronter sans cesse la recherche historico-critique. Vous avez inlassablement insisté pour que jamais je ne mélange histoire et fiction, poésie et vérité. C'est en ce sens que je me dois d'avouer finalement à mes lecteurs que vous êtes, vous aussi, une création de mon imagination, et un bon exemple de ce que des personnages fictifs peuvent contenir de vérité.

Adieu!

Gerd Theissen.

Appendice

PRINCIPALES SOURCES SUR JÉSUS ET SON TEMPS

LES ÉVANGILES ET LEURS SOURCES

a) L'*évangile de Marc* est le plus ancien de tous les évangiles. Il a servi de modèle à ceux de Matthieu et de Luc. Il fut écrit après le début ou peu après la fin de la Guerre juive (66-70 ap. J.-C.), car, en 13, 1 sq., il combine les prédictions sur la destruction du Temple et celles sur les événements de cette guerre. Le lieu de sa naissance reste discuté. La tradition ancienne de l'Église le situe à Rome, mais, à mon avis, il fut rédigé en Syrie pour des chrétiens vivant dans la mouvance de Paul. Comme cet apôtre, Marc affirme la pureté de toutes les nourritures (7, 18 sq.) ; il cite de la même façon que lui les paroles de l'institution de la Cène (14, 22-24), et présente également la Bonne Nouvelle comme *evangelion* (reprenant manifestement un terme déjà en usage. Cf. 1, 1). Théologiquement, il reste cependant indépendant de lui. L'évangile provient d'Églises où on avait une telle considération pour « Jean-Marc » qu'on lui attribua la paternité de l'ouvrage, bien qu'il ne fût pas apôtre. Ce Jean-Marc avait exercé avant tout son activité en Orient (cf. Ac 12, 12 ; 12, 25 ; 13, 5) et, avec Barnabé, appartenait à ce christianisme dont était issu Paul, mais dont celui-ci se sépara (Cf. Ac 15, 37 ; Ga 2, 11 sq.). La communauté de l'évangile de Marc devait se composer en grande partie de chrétiens issus du paganisme : on explique les usages juifs (7, 3) ; c'est un centurion païen qui confesse le premier le « Fils de Dieu » (15, 39).

b) La *Source des logia* (désignée par Q, de l'allemand *Quelle*, source) a été reconstituée à partir des évangiles de Matthieu et de Luc. En plus du matériau de l'évangile de Marc qu'ils citent en commun, ces deux écrits rapportent toute une série de paroles (en grec, *logia*) de Jésus dont l'énoncé et l'ordre sont tellement semblables que l'on doit supposer un modèle écrit commun ou une tradition orale incroyablement bien établie. À mon avis la première hypothèse est plus probable. Étant donné que l'arrière-plan linguistique est araméen, cette source a dû naître dans le monde syro-palestinien de langue araméenne. Elle reflète donc une situation où le christianisme n'était pas encore sorti du judaïsme. On peut comprendre tous les *logia* comme adressés à Israël. Cette collection de paroles de Jésus est née avant la Guerre juive : c'est dans un monde en paix que l'on attend la venue de Jésus comme Fils de l'homme (Lc 17, 26 sq.) ; au lieu d'annoncer la destruction du Temple, on dit qu'il sera « abandonné » (de Dieu) (Lc 13, 34 sq. ; Mt 23, 37 sq.) ; par ailleurs le récit de la tentation — et celui du centurion de Capharnaüm — est le seul de Q à supposer l'autodéification de Gaïus Caligula (37-41 ap. J.-C.) : l'empereur est le maître du monde opposé à Dieu, celui qui exige la prosternation. La *Source des logia* a donc dû naître entre 40 et 65 ap. J.-C. Étant donné qu'elle n'envisage pas encore la mission auprès des païens, pourtant reconnue par le concile apostolique de 46/48, il serait possible de la dater du début de cette époque.

c) L'*évangile de Matthieu* est très probablement né en Syrie. Il fait parvenir l'appel de Jésus jusque dans ce pays (4, 24). Le rédacteur semble voir les choses à partir du nord-est de la Palestine : pour lui, la Judée est « au-delà du Jourdain » (19, 1). Le Temple est déjà détruit, ainsi que le montre l'insertion matthéenne 22, 7 dans la parabole du grand festin. L'évangile est né après celui de Marc et, vers 110, devait être d'usage courant à Antioche (de Syrie) : l'évêque de cette ville, Ignace, le cite. Il a probablement été rédigé entre 80 et 100. L'évangéliste s'adresse à une Église de tradition juive. Beaucoup de passages qu'il ajoute à Mc et à Q (son « bien propre ») sont d'imprégnation juive : c'est ainsi qu'en 5, 17-19 on constate que la Torah reste éternellement valable. Ces Églises judéo-chrétiennes s'étaient ouvertes à la mission auprès des païens, mais sans pour autant en arriver à une critique de la Torah aussi radicale que celle de Paul. Cette ouverture aux païens se reflète dans la construction du livre : pendant sa vie, Jésus refuse encore cette mission (10, 6) et ce n'est qu'après sa résurrection qu'il envoie ses disciples vers tous les peuples (28, 19). Il est difficile de penser que l'apôtre Matthieu en fut le rédacteur : il aurait été fort vieux. Il est probable qu'il existait déjà plusieurs évangiles qu'on attribua par la suite à différents rédacteurs afin de les distinguer les uns des autres. Dans les cercles où cela se produisit, on préféra Matthieu aux autres évangiles synoptiques (Mt, Mc, Lc). En dehors de l'évangile de Jean, ce fut le seul attribué à un apôtre.

d) Il est difficile de penser que l'*évangile de Luc* puisse venir d'Orient. Pour le rédacteur, le vent chaud du désert n'est pas comme en Palestine le « vent d'est », mais le « vent du sud » — comme c'est le cas dans toutes les régions méditerranéennes situées à l'ouest de la Palestine (cf. Lc 12, 55). Il est probable que cet évangéliste a beaucoup voyagé. Les Actes des Apôtres rapportent à la première personne du pluriel un voyage en Asie Mineure (16, 11 sq.). Il connaît étonnamment bien le Temple. Il a dû aller une fois à Jérusalem à partir de Césarée et en passant par la Samarie. C'est ainsi que l'on pourrait expliquer sa relation positive aux Samaritains (cf. 9, 51 sq. ; 10, 30 sq. ; 17, 11 sq.). Il n'est pas totalement impossible qu'il ait été le compagnon de voyage de Paul, mais c'est cependant peu probable étant donné le portrait qu'il trace de celui-ci. L'époque de la composition du texte est discutée. Il est cependant certain que Luc connaît la destruction du Temple de Jérusalem : en 21, 20-24, il la rapporte de façon plus détaillée que les autres évangiles. Il est profondément consterné du sort de la ville : chez lui, Jésus pleure sur Jérusalem (19, 41) et demande aux femmes de la cité de pleurer elles aussi sur son destin (23, 27 sq.). Ceci montre que l'on n'est pas très éloigné de l'année 70. Le texte est né vers la même époque que celui de Matthieu (80-100). Tandis que le second représente un christianisme juif qui s'est ouvert aux païens, celui de Luc est un écrit destiné à une communauté pagano-chrétienne à laquelle on rappelle son origine juive.

e) La *tradition présynoptique* (on appelle synoptiques les trois premiers évangiles) : Lc 1, 1-3 et Papias, un évêque d'Asie Mineure (début du IIe s.), prouvent l'existence de traditions orales sur Jésus. Ce sont elles que les évangiles ont fixées par écrit, dans la mesure où ils ne s'appuyaient pas sur d'autres sources déjà rédigées (Mc et Q). Il faut distinguer la date, l'origine et le centre d'intérêt de chacune d'entre elles. Dans ce qui suit, nous dirons les raisons pour lesquelles on ne peut récuser leur fondement historique.

• En ce qui concerne leur localisation : nombreuses sont celles marquées par le milieu palestinien. Donnons quelques exemples de couleur locale : on ne peut parler du « Baptiste dans le désert » (Mc 1, 5) si on ne sait pas que le Jourdain traverse immédiatement le désert ! Car comment s'imaginer alors un « baptême » au milieu des sables ! L'histoire de la femme syro-phénicienne suppose la connaissance des relations existant entre les deux populations dans la zone frontière tyro-galiléenne. La parole, très dure, de chiens (= païens) auxquels on ne jette pas le pain des enfants (= juifs) (Mc 7, 27) n'est pas intelligible si on ne sait pas que les juifs de Galilée livraient le pain à la riche cité de Tyr.

• En ce qui concerne leur datation : il faut faire remonter nombre d'entre elles à une époque antérieure aux plus anciennes sources écrites disponibles. L'expression « roseau agité par le vent » (Mt 11, 7) renvoie probablement à une empreinte d'une monnaie d'Hérode Antipas des années 19/20, monnaie qui ne fut plus frappée par la suite. Le récit de la Passion de Marc suppose des auditeurs au courant de certaines choses : qui étaient Alexandre et Rufus (15, 21) ; ce qu'étaient les relations de famille de la seconde Marie mentionnée en Mc 15,40 ; si on voyait en elle la mère de Jacques et de Joset, ou seulement celle de Jacques ; quelle était « la » sédition (Mc 15, 7) au cours de laquelle avait été arrêté Barabbas.

• Les propagateurs des paroles de Jésus furent pour une bonne part des missionnaires itinérants et des prédicateurs qui avaient continué à vivre sans domicile fixe, suivant le style de Jésus. Ils nous ont conservé l'esprit des préceptes radicaux de leur maître. Seuls des prédicateurs sans foyer, sans possessions et sans famille comme Jésus lui-même pouvaient présenter et retransmettre ces préceptes de manière crédible sans avoir à s'adapter aux nécessités d'une existence « bourgeoise » ! Les besoins des communautés locales avaient par ailleurs beaucoup moins marqué les traditions de Jésus qu'on n'aurait pu le supposer : nulle part on ne voit celui-ci légitimer les autorités stables (presbytres, épiscopes, diacres) ! Aucune parole du Jésus terrestre ne demande de donner le baptême comme « rite d'entrée » dans la communauté ! Jamais on ne récuse la nécessité de la circoncision comme condition d'admission des païens !

• L'accord interne des traditions sur Jésus : nous devons supposer que les traditions sur Jésus reprises dans Q et dans Mc, et celles particulières à Mt et à Lc, aussi bien que celles sous-jacentes à l'évangile de Thomas, émanaient de canaux différents. Elles proposent cependant une vision homogène des choses. Ceci vaut aussi pour la forme des paroles de Jésus. Du fait qu'on peut le plus souvent prouver le caractère authentique d'une ou de plusieurs d'entre elles dans chacun des synoptiques, nous sommes assez certains qu'on a repris l'énoncé linguistique qui était à l'origine celui de Jésus ; et donc que celui-ci s'est bien exprimé sous forme d'avertissements, de proverbes, de béatitudes, de malédictions et de paraboles. On ne trouve nulle part ailleurs cette combinaison d'expressions sapientielles, poétiques et prophétiques : elle constitue une donnée caractéristique et forme un ensemble cohérent.

f) L'*évangile de Jean* diverge énormément des trois autres, par le style qu'il prête à Jésus, mais aussi par la façon dont il présente son ministère. On ne se trouve donc plus devant l'image habituelle de Jésus, mais devant son portrait fortement stylisé, celui que nous a transmis un cercle particulier de disciples. C'est ainsi que Jean suppose connus certains récits synoptiques (ex. celui de l'incarcération du Baptiste en 3, 24 ou celui du choix des Douze en 6, 70), peut-être même la totalité d'un évangile (Lc ?). Le cercle qui se désigne comme « nous » au début et à la fin de l'évangile (1, 14 sq. ; 21, 24) entend en effet proposer à l'Église une intelligence plus profonde de Jésus que celle existant précédemment : on le considère comme envoyé existant de toute éternité, venant du Père et retournant à lui. L'évangile de Jean date du tournant du Ier et du IIe siècle. Au milieu du IIe s., il était déjà connu en Haute-Égypte, ainsi que le prouve un papyrus (P 52). Il présuppose (cf. 21, 18 sq.) la mort de Pierre (64 ap. J.-C.). À celui-ci survécut longtemps un « disciple » au sujet duquel le bruit avait couru qu'il ne mourrait pas avant le retour de Jésus. Mais il mourut, lui aussi (21, 20-23). Tout indique la fin du Ier s. Il est dificile de situer le lieu de naissance du texte. L'Église primitive indique Éphèse. Mais comment penser que, dans cette cité côtière, on ait pu parler du « lac » de Galilée comme d'une « mer » (Jn 6, 16 sq ; 21, 1 sq.). Beaucoup d'indices conduisent à situer l'évangile en Syrie. La description d'une réception positive de la prédication de Jésus en Samarie pourrait être en relation avec la mission dans ce pays. Mais cela relève déjà plus de la préhistoire de l'évangile de Jean.

JOSÈPHE

Josèphe nous fournit la source la plus importante de l'histoire de la Palestine. Il naquit à Jérusalem en 37/38 et vécut à Rome de 64 à 66. Après son retour, il dirigea en tant que gouverneur militaire de Galilée le soulèvement juif dans le nord de la Palestine. Fait prisonnier par les Romains, il en reçut un traitement de faveur parce qu'il avait prophétisé à leur général Vespasien qu'il deviendrait un jour empereur. Quand celui-ci accéda effectivement à la tête de l'Empire, Josèphe retrouva sa liberté. Ses principaux écrits sont :

a) Le *Bellum judaïcum* (*La Guerre juive*), histoire du soulèvement juif de 66-74, déjà paru une première fois en 73. Il contient également un exposé de l'histoire juive à partir du IIe s. av. J.-C. Le livre cherche à montrer combien il est absurde de s'opposer à l'Empire romain mondial. Il mentionne Pilate, mais non pas Jésus. On peut comprendre ce silence sur Jésus et sur les chrétiens : ceux-ci ne furent poursuivis qu'après 66, à la suite de l'incendie de Rome. En outre Josèphe se tait à peu près complètement sur les mouvements messianiques en Palestine.

b) Les *Antiquitates Judaicarum*, ou *Antiquités juives* (Ant), sont une histoire des juifs parue en 90 ap. J.-C. Elles commencent avec la création et se terminent par la Guerre juive. Elles contiennent un paragraphe sur Jésus (Ant 18, 63 sq.) qui a pu être inséré là par un copiste de Josèphe, ou (ce qui me paraît plus probable) retravaillé par un chrétien. En Ant 20, 200, Josèphe parle de « Jacques, le frère de Jésus, celui qu'on appelle Christ », comme ayant été exécuté à Jérusalem en 62. Cette mention de Jésus est indubitable et on doit donc lui faire confiance car, en tant que Hiérosolymitain, Josèphe peut à coup sûr témoigner de la mort de Jacques.

c) La *Vita*, ou *autobiographie de Josèphe* ne contient qu'une brève esquisse de sa jeunesse mais rapporte surtout son activité comme gouverneur militaire de Galilée au cours de la guerre juive. L'auteur se défend contre des reproches qui lui ont été faits. L'intérêt de cet écrit réside dans le fait qu'il nous donne des informations de première main sur la Galilée du Ier siècle. Sans doute ces renseignements datent-ils de quarante ans après la mort de Jésus. Mais les données générales devaient déjà valoir au temps de celui-ci.

d) L'écrit *Contra Apionem (Contre Apion)* défend le judaïsme contre des attaques lancées par un écrivain du nom d'Apion.

La valeur historique des écrits de Josèphe dépend des sources auxquelles lui-même recourt. En tant que témoin oculaire ou contemporain des événements, son récit est de première main. Des fouilles (ex. celles de Massada) ont confirmé ses données. Mais, quand il s'agit d'époques précédentes, il est évidemment dépendant de sources. Les *Antiquités* nous fournissent des renseignements particulièrement précieux sur les conflits au temps de Pilate, renseignements qui s'accordent parfaitement avec les autres sources sur ce dernier (Philon, Nouveau Testament, monnaies et une inscription.). Mais il faut toujours tenir compte de ce que Josèphe a un point de vue pro-romain (plus accentué dans *La Guerre juive* que dans les *Antiquités*). Il écrit de façon captivante, et il faut donc en recommander la lecture. Ses oeuvres sont le meilleur commentaire des évangiles synoptiques.

PHILON

Philon est un théologien et un philosophe juif très cultivé qui vécut à Alexandrie de 15/10 av. J.-C. à 40 ap. J.-C. Il écrivit des interprétations extrêmement profondes de l'Ancien Testament en réinterprétant la Bible à la lumière des perspectives philosophiques de l'Antiquité. Il eut également une activité politique : en 40 ap. J.-C., il dirigea une ambassade des juifs alexandrins auprès de l'empereur Gaius Caligula pour faire front contre des excès antisémites à Alexandrie. Il a lui-même rédigé un écrit fort intéressant au sujet de cette démarche, la *Legatio ad Gaium* (*Ambassade à Gaius*). À côté de renseignements sur les Esséniens, nous lui devons une importante note sur Pilate.

Il ne mentionne pas Jésus, mais rapporte en revanche des exécutions injustes sous Pilate (au nombre desquelles il aurait sûrement évoqué celle de Jésus s'il l'avait connue). Son silence au sujet de celui-ci n'est pas significatif : il ne parle pas non plus du Baptiste.

LES ÉCRITS DE QUMRÂN

En 1947, dans des grottes situées près de la mer Morte, on a retrouvé des rouleaux écrits provenant d'une colonie à Qumrân, une des implantations de ceux qu'on appelait Esséniens (ce qui signifie probablement « pieux ») et qui formaient dans le désert une espèce de communauté monastique. On cite ces écrits en recourant au sigle Q (Qumrân) précédé du n° de la grotte dans laquelle on les a trouvés et des initiales de leur titre.

a) 1QS est le livre de la *Règle de la Secte*, trouvé dans la première grotte. Cette règle nous fait connaître les prescriptions sévères concernant l'admission dans la communauté et une liste de sanctions pouvant aller jusqu'à l'exclusion. La communauté de Qumrân se perçoit comme « Temple » de Dieu. On voulait être aussi saint que si l'on avait à vivre en permanence à proximité immédiate de Dieu dans le Temple.

b) 1QM est le livre de la guerre, trouvé dans la première grotte (guerre = *Milchamah*). Il décrit le rêve d'un conflit généralisé où Dieu et ses anges viendraient soutenir les gens de Qumrân luttant contre les Romains et contre Satan.

c) CD (= *Cairo Document*) désigne ce que l'on appelle l'écrit de Damas retrouvé dans une synagogue du Caire antérieurement aux fouilles de Qumrân. Il contient surtout des règles de vie pour des Esséniens qui ne vivaient pas à Qumrân et qui n'étaient donc pas soumis à des prescriptions aussi strictes.

d) 1QpHab est une interprétation du prophète Habacuc trouvée dans la 1er grotte (« p » signifie *pesher* = interprétation). Ce texte nous fait connaître le maître de justice qui fonda la communauté au IIe siècle av. J.-C.

Les écrits de Qumrân ne mentionnent jamais ni Jésus ni les chrétiens (pas plus qu'Hérode, ses fils ou Pilate). Mais ils sont importants pour la recherche sur Jésus à cause du contraste qu'ils offrent avec la prédication de celui-ci. Tout comme Qumrân, Jésus renforce certaines exigences du judaïsme, mais il lie ce renforcement de la loi à une prédication de la grâce d'un Dieu qui se tourne vers le pécheur. En revanche, dans les écrits de Qumrân, on se heurte logiquement à une rigidité légaliste.

TACITE

L'historien romain Tacite naquit vers 55/56 ap. J.-C. et vécut jusqu'au IIe siècle. Dans ses *Histoires*, il rapporte le soulèvement juif. Ses remarques générales sur les juifs sont très importantes pour pouvoir juger des juifs au Ier siècle. Dans ses *Annales*, il parle des « chrétiens » à l'occasion de l'incendie de Rome en 66 ap. J.-C. : « Ce nom vient de Christ, que le procurateur Ponce-Pilate avait condamné à mort sous le règne de Tibère. Cette superstition détestable, refoulée pour un temps, se répandit de nouveau, non seulement en Judée, où le mal était né, mais aussi à Rome où conflue tout ce que le monde produit d'affreux et de déshonorant et où elle a trouvé de nombreux adeptes » (An XV, 44, 3).

TABLE DES MATIÈRES

Achevé d'imprimer
par Corlet, Imprimeur, S.A.
14110 Condé-sur-Noireau
N° d'Éditeur : 8495
N° d'Imprimeur : 3250
Dépôt légal : mai 1988
Imprimé en France